BASKETBALL
COACHING THEORY
REVISED EDITION
Vol.2

バスケットボール指導教本 改訂版

[下巻]

公益財団法人
日本バスケットボール協会 編

大修館書店

まえがき

　団体種目のボールゲームで日本が初めて世界一になったのは，1962年，モスクワで開催されたバレーボール世界選手権です。当時，地元ソ連との決勝を勝ち抜いた「東洋の魔女」の活躍は，1964年の東京オリンピック金メダルへと続きます。スパイクを打たれても打たれても回転してレシーブし続ける粘り強さが，東洋の魔女として恐れられるゆえんでした。

　それから56年を経て，2020年にふたたび東京にオリンピックがやってきます。オリンピック憲章では，スポーツを，文化・教育と融合させ，生き方の創造を探求するものとしています。スポーツをすることは人権の1つであり，すべての個人はいかなる種類の差別も受けることなく，オリンピック精神に基づき，スポーツをする機会を与えられなければなりません。2011年に制定された日本のスポーツ基本法でも，「スポーツは，世界共通の人類の文化である」とされ，「日常的にスポーツに親しみ，スポーツを楽しみ，又はスポーツを支える活動に参画することのできる機会が確保されなければならない」とされています。

　2014年11月，日本は，国際バスケットボール連盟（FIBA）より資格停止処分を受けました。これは「日本バスケットボール協会（JBA）のガバナンス（組織統治）の確立」「日本男子代表チームの強化」「2リーグ並存状態（NBLとbjリーグ）の解消」を主とする改革要求に応えられなかったからです。このことによって，日本のバスケットボールは，オリンピック出場どころか国際試合すらできなくなってしまいました。しかし，その半年後に川淵三郎氏が会長に就任し，さまざまな改革に着手したことにより2015年8月に制裁が解除され，本年6月にはさらに本格的な変革がスタートしました。

　いま，この変革の歩みを止めてはなりません。バスケットボールファミリーだけのことではありません。日本のスポーツ界全体が，オリンピック憲章やスポーツ基本法に謳われている国民一人ひとりの権利を実現するためのメルクマールとして注目しています。

　文部科学省タスクホースによれば，スポーツを指導する者の役割は，競技者の目標達成のために最大限サポートすることです。暴力行為を根絶し，少子高齢化，高度情報化，グローバル化に対応した，新しい時代にふさわしいコーチングの実現が強く求められています。

　本書は，2014年に出版された上巻に引き続き，練習の量だけではなく質を重視し，コーチングの真の意義・価値を改めて見つめ直すために，JBAが総力を結集して編纂しました。バスケットボールコーチのみなさまには，当事者意識をもって日頃のご指導に活用していただきたいと切に願っております。

　バスケットボールで日本を元気にします。その夢に向かい，覚悟と勇気をもって挑戦を続けましょう。

　　平成28年7月

　　　　　　　　　　　　　　　　　　　　　　　　　公益財団法人日本バスケットボール協会
　　　　　　　　　　　　　　　　　　　　　　　　　　　　　　会長　三屋　裕子

バスケットボール用語の表記について

　同じ動きや内容を示す場合でも，さまざまな言葉が用いられる。バスケットボール用語のほとんどは英語から派生しているが，英語圏の人びとの間でも，その用語の使用法は統一されていない。日本語はカタカナ表記によって，外来語でも容易に日本語として使用することができるが，このことがバスケットボール用語の混乱を招く原因にもなっている。現在，さまざまなバスケットボール用語が氾濫しているが，本書では技術や戦術そのものの共通理解を図ることが目的なので，特殊な用語についてはその使用を避け，日本語で説明するようにした。また，同じ技術に２つ以上の呼び方がある場合は，一般に頻度の高い用語の直後に括弧書きでその他の語を示した。

　また，単語と単語の間をつなぐ「・」も多用すると見づらくなるので，比較的優しい初級英語レベルでイメージできる単語同士がつながる場合，これを省略している。例えば以下の用語同士やそれらとの組み合わせである。

　　　パス，ドリブル，ショット，ステップ，ストップ，ターン，バック，フロント，
　　　サイド，アップ，ダウンなど

　ただし，「ザ」「オブ」「ウィズ」が入る場合は，前後のつながりがわからなくなる可能性があるため，「・」を入れた。

　シュートについては，動作を示す場合は「シュートする」などとし，技術の名称を示す場合は「ジャンプショット」のように英語の動詞と名詞で区別した。

　なお，公益財団法人日本バスケットボール協会審判部作成の競技規則は，国際審判員の養成を目的としているため，なるべく原音に近い表記が用いられている。動詞と名詞の区別も原語に近い表記となっており，トラヴェリング，ピヴォット，プレィヤーなどの表記が用いられている。

　本書の場合，一般書店でも購入でき，読者層が広いことから，国語辞典に掲載されているカタカナの表記方法にしたがった。特に原語で名詞，動詞，形容詞の区別を必要としている場合でも，外来語としてカタカナが定着している用語については，日本語的な用法に従った。ただし，プレー，プレーヤーについては，学習指導要領の記述が変更されたことやバスケットボール競技でプレイ，プレイヤーという表記が増えていることを考慮し，本書改訂版ではプレイ，プレイヤーとした。

編集委員会

バスケットボール指導教本　改訂版［下巻］

目次

まえがき………iii
バスケットボール用語の表記について………iv

第1章　ファンダメンタルの指導　　　　1

1-1．状況判断………2

1．状況判断力の育成………2
状況判断力...2　育成年代の重要性...3　プレイ選択の判断...3　育成のポイント...4

2．状況判断力育成ドリル………4
ドリブルを用いたドリル...4　パスを用いたドリル...6
ドリブルとパスを用いたドリル...8　総合（シュート＋ドリブル＋パス）ドリル...9

1-2．シュート………11

1．発育発達段階に応じたシュートの指導法………11
ラーニングエイジの考え方...11　ミニ・中学段階のねらいと留意点...11
状況に応じたシュートの指導...12

2．インサイドでのシュートの指導法………12
破ってシュートする基本のレイアップ...12
コンタクトしながらのフック系シュート...14
ブロックショットをかわすシュート...15

3．アウトサイドからのシュートの指導法………21
ワンハンドショットのメカニズム...21　カットの方向を変えてからのシュート...21
ドリブルからのジャンプショット...22　タイミングを調整したシュート...23

4．クリエイティブなプレイヤーの育成………23
バリエーションを増やす...23　技術の進化に対応する...24

5．シューティングドリル………25

1-3．フットワーク………**35**

1．フットワーク指導の要点………35
2．フットワークドリル………36

1-4．**パス**………**41**
  1．パスの重要性………41
  2．パスが成功するために必要なこと………42
     パッシングレーンの確保...42　視野の確保...42　パスの選択...42
  3．パス指導の要点………45
     キャッチの指導...45　強くてスピードのあるパス...45　動きながらのパスの育成...45
     視野の育成...45　ドリブルからのパスの育成...46　パスの種類を増やすこと...48
     判断をともなうパス...49　ノーマークのプレイヤーへのパス...49
  4．パッシングドリル………49

1-5．**ドリブル**………**58**
  1．ドリブルを駆使する際の原則………59
     ドリブル使用の留意点...59　ボールアドバンス時の留意点...59
     ディフェンスと対峙した場面での留意点...59
     危険地帯から逃れるときの留意点...60
  2．場面に応じたドリブル（フルコート）………60
     広い空間をすばやく移動する場合（スピードドリブル）...60
     アウトナンバーのつめの場合（スタッター）...60
     サイドレーンに追い込まれた場合...62
  3．場面に応じたドリブル（ハーフコート）………64
     競り合っている相手をかわす場合...64
     コースに入ってきた相手をかわす場合...64
     ペリメターから少し離れた所で相手をかわす場合...66
     2人の間をすり抜ける場合...66
     ディフェンスの強いプレッシャーをかわす場合...68
     ポスト付近で相手をかわす場合...70
  4．ドリブリングドリル………70

1-6．**リバウンド**………**74**
  1．リバウンドの基本原則………75
     精神力...75　身体能力...75　予測能力...76　落下点の特徴...76
     リバウンドの技術ポイント...77　戦術的判断...78
  2．ディフェンスリバウンドの指導………79
     ボックスアウト（ブロックアウト）の技術...80　状況に応じたボックスアウト...82
     チェック＆ゴー...84　ジャンピングとキャッチング...84

アウトレットパス…85　ボックスアウトの練習…86
　3．オフェンスリバウンドの指導………87
　　　オフェンスリバウンドの練習…87　オフェンスリバウンドの留意点…88
　　　ブロックアウトの外し方…88　リバウンド後の動き…89
　4．リバウンディングドリル………91

第2章　1対1から3対3のオフェンスの指導　　　　　　　　　　　97

2-1．1対1のオフェンス（アウトサイド）………98
　1．パスを受けるための動き………99
　　　ディフェンスを振りきる動き…99　ディフェンスの逆をつく動き…102
　2．パスを受けてからの動き………103
　　　フロントターンからのプレイ…105　リバースターンからのプレイ…106
　3．ドリブルおよびシュートの際の工夫………107
　　　ドリブルコースをふさがれた場合…107
　　　ディフェンダーと競り合っている場合…107

2-2．1対1のオフェンス（インサイド）………108
　1．パスを受けるための動き………108
　　　ゴール下でのポジション確保…108　ローポストでのポストアップ…108
　　　逆サイドから移動してのポストアップ…111
　2．パスを受けてからの動き………112
　　　ディフェンスが左右いずれかに寄っている場合…112
　　　ディフェンダーが背後にいる場合…114
　　　ディフェンダーが背後から密着してきた場合…116
　　　ハイポストおよびショートコーナーでのプレイ…116

2-3．2人によるオフェンスプレイ………118
　1．アウトサイドプレイヤー2人によるプレイ………118
　　　パスによるプレイの展開…118　ドリブルによるプレイの展開…122
　2．アウトサイドプレイヤーとインサイドプレイヤーによるプレイ………124
　　　オンボールスクリーン…124　ポストにパスを入れてからのプレイ…125

2-4．3人以上でのオフェンスプレイ………128
　1．ボールサイドでのプレイ①：トップーウィングーローポスト………128
　　　ウィングへのエントリー…128　ウィングディナイに対するカウンタープレイ…130

スタックからのプレイ...130　ローポストにパスを入れたあとのプレイ...131
　　　サイドライントライアングル...132
　2. **ボールサイドでのプレイ②：トップーウィングーハイポスト**………134
　　　ウィングにパスしてからのプレイ...134　ハイポストにパスしてからのプレイ...135
　3. **アウトサイドプレイヤー 3 人によるプレイ**………136
　　　ダウンスクリーン...136　フレアースクリーン...137
　4. **インサイドプレイヤー 2 人とアウトサイドプレイヤー 1 人によるプレイ：ローポスト 2 人＋ウィング**………139
　　　インサイドプレイヤー 2 人による協力プレイ...139　ウィングからのドライブ...140
　5. **4 人以上のプレイヤーによるプレイ**………141
　　　スタッガードスクリーン...141
　　　スクリーン・フォー・ザ・スクリナー...142

第3章　マンツーマンディフェンスの指導　　　　　　　　　　　　　　　　143

3-1. マンツーマンディフェンスの原則………**144**
　1. **ディフェンスの考え方**………144
　　　現代バスケットボールのディフェンスの考え方...144
　　　育成年代のディフェンスの考え方...144　プレッシャーとは...145
　　　サイドライン・エンドラインの意味...145
　2. **マンツーマンディフェンスの基本**………146
　　　相手を読む...146　基本的なポジション...146　ディフェンスのビジョン...146
　　　ディフェンスでのコミュニケーション（トーク）...147
　　　ボールマンに対するディフェンス...147
　　　ワンパスアウェイでのディフェンス：ディナイ...149
　　　ツーパスアウェイ以上のエリアでのディフェンス...150
　　　シューターへの対応とリバウンド...151

3-2. マンツーマンディフェンスの実際………**152**
　1. **チームディフェンスの原則：共通理解の構築**………153
　　　ボールラインの原則...153　ディレクション...154
　2. **ドライブへの対応：ディフェンスローテーション**………155
　　　ディフェンスローテーションの実際...155
　3. **カッティングへの対応**………156

　　　　バンプ...157　ジャンプ・トゥ・ザ・ボール...157　バックドアカットへの対応...158

　　4．**ポストディフェンス**………**159**

　　　　フラッシュへの対応...159　ボールサイドでのポストディフェンス...159
　　　　インサイドへのヘルプディフェンス...162

　　5．**スクリーンプレイに対するディフェンス**………**164**

　　　　オンボールスクリーンに対するディフェンス：ピック＆ロールへの対応...164
　　　　オフボールスクリーンに対するディフェンス①：ダウンスクリーンへの対応...169
　　　　オフボールスクリーンに対するディフェンス②：バックスクリーンへの対応...171
　　　　オフボールスクリーンに対するディフェンス③：クロススクリーンへの対応...171

第4章　チームオフェンスの指導　　　　　　　　　　　　　　　　　　175

4-1．マンツーマンオフェンスの基本的な考え方………176

　　1．**チームオフェンスのデザイン**………**176**

　　　　効果的なオフェンスに必要な条件...176　オフェンスのデザイン...177

　　2．**代表的なマンツーマンオフェンス**………**178**

　　　　モーションオフェンスとセットオフェンス...178　モーションオフェンスの分類...179
　　　　モーションオフェンス...179　セットオフェンス...180

4-2．モーションオフェンス………181

　　1．**フリーランス・パッシングゲーム**………**181**

　　　　フリーランス・パッシングゲームの類型...181　パッシングゲームの基本原則...183
　　　　3アウト2イン...186　4アウト1イン...189　5アウト...192

　　2．**パターンオフェンス**………**193**

　　　　パターンオフェンスとは...193　リバースアクション...193　シャッフル...194
　　　　ホイール...196　フレックス...196　ミッド・トライアングル...198

4-3．セットオフェンス………200

　　1．**セットオフェンスの特徴**………**200**

　　2．**代表的なセットオフェンス**………**200**

　　　　スタック...200　ボックス...201　1-4（ワン・フォー）...202
　　　　UCLA...203　ホーク...204　サイド・トライアングル...204
　　　　ホーンズ...205

第5章　ゾーンの指導　209

5-1．ゾーンオフェンス………210

1. ゾーンオフェンスの基本原則………211
   ファストブレイク…211　リバウンド…211　ゾーンのタイプを見極める…211
   ギャップをつく…212　すばやくパスを展開する…213　ドリブルの活用…214
   オーバーロードの形成…215　カッティング…216　インサイドアタック…217
   スクリーンの活用…219

2. ゾーンオフェンスの実際………221
   2-1-2／2-3ゾーンに対するオフェンス…221
   3-2／1-2-2ゾーンに対するオフェンス…222
   1-3-1ゾーンに対するオフェンス…224

5-2．ゾーンディフェンス………226

1. ゾーンディフェンスの基本原則………227
   すばやくディフェンスに戻る…227　ボールプレッシャー…227
   ビジョンとスタンス…227　コミュニケーション…228　リバウンド…229

2. ゾーンディフェンスの実際………229
   偶数フロント・ゾーン…229　奇数フロント・ゾーン…230
   ゾーンディフェンスの応用…231

第6章　トランジションの指導　235

6-1．トランジションオフェンス………236

1. トランジションオフェンスの契機………236
   ディフェンスリバウンドからの展開…236　ターンオーバーからの展開…237
   シュート成功後のスローインからの展開…237

2. ファストブレイク（速攻）………238
   ファストブレイクのレーン…238　ファストブレイクにおける5人の役割…239
   2メン・3メンの実際…240　サイドラインファストブレイク（側線速攻）…241
   フラッシュ…242

3. アウトナンバー（オーバーナンバー）のつめ………242
   アウトナンバー攻撃の原則…242　アウトナンバー攻撃の実際…242

4．セカンダリーブレイク（アーリーオフェンス）………245
　　アウトナンバー後のプレイ…245　ナンバードブレイク…246
5．トランジションのドリル………249

6-2．トランジションディフェンス………252

1．事前の準備………252
　　セーフティ…252　スプリントバック（ハリーバック）…253
2．ボール運びに時間をかけさせること………253
　　リバウンダーへのプレッシャー…253　アウトレットパスのインターセプト…253
　　エンドラインからのスローインへの対応…253
3．アウトナンバー（オーバーナンバー）のディフェンス………254
　　アウトナンバーディフェンスの考え方…254
　　アウトナンバーディフェンスの実際…254
　　アウトナンバーディフェンスのドリル…254

第7章　スペシャルシチュエーション　　255

7-1．インバウンズプレイ………256

1．インバウンズプレイの特徴………256
2．インバウンズプレイの原則………257
　　インバウンズプレイの目的…257　スローインのポジション…257
　　さまざまな場面・状況設定…257　インバウンズプレイの手順…258
　　プレイヤーの役割とラインアップ…258　インバウンズプレイの要素と配置…259
　　練習をおこなう際の注意点…259
3．インバウンズプレイの実際………261
　　ベースラインからのインバウンズプレイ…261
　　サイドラインからのインバウンズプレイ…262
4．インバウンズプレイの防御………265
　　インバウンダーに対するディフェンス…265
　　インバウンズパスに対する方向づけ…266
　　スクリーンに対するディフェンス…266　ディフェンスの種類を変える…267

7-2．プレスオフェンス＆ディフェンス………268

1．マンツーマンプレスへの対応策………268
2．ゾーンプレスへの対応策………269

  3．ゾーンプレスの展開………271
   典型的なゾーンプレスのアラインメント...272　チェンジングディフェンス...274

7-3．ワンショットプレイ………**275**
  1．ワンショットプレイとは………275
  2．ワンショットプレイの実際………276
   1-4ベースライン...276　ワンサイドの1対1...276
   ハイピック...276　4コーナーからのスクリーンプレイ...276

7-4．ジャンプボール………**278**
  1．ジャンプボールとは………278
  2．ジャンプボールの規定………278
  3．ジャンプボールフォーメーション………279
   自チームのジャンパーが確実にボールをタップしてコントロールできる場合...279
   相手チームのジャンパーが確実にボールをタップしてコントロールできる場合...279
   どちらのジャンパーがボールをタップしてコントロールするのか判断できない場合...280

第8章　ゲームコーチング　　281

8-1．ゲームコーチングの基本………**282**
  1．ゲームに臨む姿勢………282
  2．ウォーミングアップ………283
  3．メンバーチェンジ………283
  4．タイムアウト………284
  5．ハーフタイム………285
  6．ゲーム後の対応………286

8-2．プレイの選択………**287**
  1．プレイを選択するための前提条件………287
  2．オフェンスでの対応例………287
   ゲームのテンポ...287　ディナイへの対応策...288
   下がり気味のディフェンス（サギングディフェンス）への対応策...288
   スイッチに対するカウンター...289　ゾーンディフェンスへの対応策...290
   プレスディフェンスへの対応策（プレスアタック）...291
  3．ディフェンスでの対応例………291
   ゲームのテンポ...291　ポイントガードに対するディフェンス...291

優れたシューターへの対応策...292　強力なインサイドプレイヤーへの対応策...293

　　　得点力の高いプレイヤーへの対応策...293

8-3．スカウティングとゲームの評価………295

　1．感覚とデータ，情報………295

　2．ゲーム前の準備………296

　　　スカウティング...296　オフェンスに関するチェック項目...296

　　　ディフェンスに関するチェック項目...296

　　　個々のプレイヤーに関するチェック項目...296

　　　ゲームデータの活用...296　スカウティングレポートの作成...301

　　　ウォークスルー...301

　3．ゲーム中の情報収集………301

　4．ゲーム後の評価………301

第9章　トレーニング　　　　　　　　　　　　　　　　　　　303

9-1．トレーニングの必要性と原則………304

　1．バスケットボールに必要なトレーニング………304

　　　バスケットボールプレイヤーに求められる能力...304

　　　バスケットボールプレイヤーの特性とトレーニングの留意点...305

　2．フィジカルトレーニングの原則………306

　　　トレーニング実施上の条件...306

　　　フィジカルトレーニングの原理と原則...306

　　　バスケットボールの代謝特性...307　筋力トレーニングの原理...307

9-2．トレーニングの実際………309

　1．バスケットボールプレイヤーに必要なトレーニング………309

　　　基本動作を習得するトレーニング...309

　　　ランニングスピードを高めるトレーニング...313

　　　ジャンプ力を高めるトレーニング...315

　　　回転運動を高めるトレーニング...315

　　　スタミナトレーニング...315

　2．レジスタンストレーニング………316

　　　筋力トレーニングの種類...317　筋力トレーニングの方法...317

　　　筋力トレーニングの種目...320　トレーニング頻度と効果...320

3. メンタルトレーニング………320
　　　メンタルトレーニングの実際…321　イメージ練習実施上の注意点…321

参考文献………325
さくいん………328
スカウティングシート………332
あとがき………336
執筆者一覧………337

〈図の記号〉

①〜⑤	オフェンスプレイヤー	↝	ドリブル
①⊕	ボールを保持しているプレイヤー	•••••▶	パス
X_1〜X_5	ディフェンスプレイヤー	∘∘∘∘∘▷	パス（オプション）
→	プレイヤーの動き	∘∘∘∘∘⇨	シュート
⊢─	スクリーン（スクリーンアウト）	─┤	ディフェンスのヘルプ

BASKETBALL
COACHING THEORY

1章

ファンダメンタルの指導

1-1 状況判断

バスケットボールは，試合中に運動の環境条件が絶えず変化するオープンスキルのスポーツである。高いパフォーマンスを発揮するためには，自分のおかれている状況を的確に把握し，何が適切な運動なのかを瞬時に判断する頭の働きが必要となる。練習では，陸上競技や水泳競技のようなクローズドスキルのスポーツとは異なり，動作の習得だけではなく，状況を把握し判断する力を同時に向上させていくことが非常に重要である。

バスケットボールの技能は図1-1に示すように，「精神的要素」「判断のための要素」「実践のための要素」の3要素から構成される。

3つの要素はそれぞれが別々なものではなく，お互いが複雑に関係している。状況判断力を養成するには，状況を把握して動作を選択することが強いられるような条件を積極的に組み入れたドリルを考案するとよい。

1．状況判断力の育成

■1―状況判断力

プレイの動作が起こる過程には，①知覚器官（視覚，聴覚，触覚など）による情報入力，②脳による情報の集約，過去の記憶の動員，動作プログラムの選択，③神経・運動器官による筋肉の出力調整という3つのステップがある（図1-2）。

平易な言葉で表現すると，「見て」「考えて」「動く」ということである。①と②の2つのステップが状況判断力であり，幼児期に急速に発達し，12～13歳ごろまでに成人の域に達すると言われている。状況判断力を向上させるためには，育成年代に特化したアプローチが必要である（→上巻p.22参照）。

図1-1　技能を形成する3要素

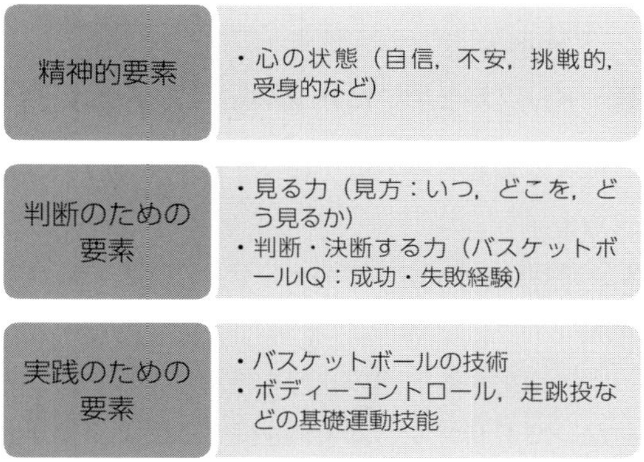

精神的要素	・心の状態（自信，不安，挑戦的，受身的など）
判断のための要素	・見る力（見方：いつ，どこを，どう見るか） ・判断・決断する力（バスケットボールIQ：成功・失敗経験）
実践のための要素	・バスケットボールの技術 ・ボディーコントロール，走跳投などの基礎運動技能

図1-2　動作が発生する流れ

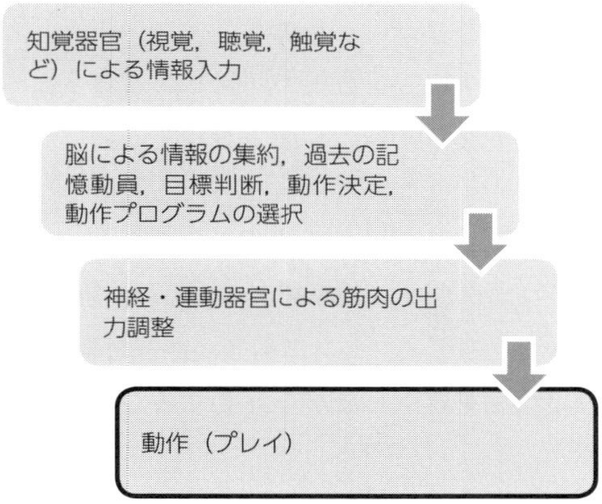

知覚器官（視覚，聴覚，触覚など）による情報入力
↓
脳による情報の集約，過去の記憶動員，目標判断，動作決定，動作プログラムの選択
↓
神経・運動器官による筋肉の出力調整
↓
動作（プレイ）

❷―育成年代の重要性

スキャモンの発育曲線（→上巻p.24）にあるように，神経系は0〜6歳ぐらいまでの間に急激に発達するが，周囲のさまざまな外部からの知覚情報（入力系）に応じて，自分の身体を適切に動かすこと（出力系）は，6〜12歳ごろに発達する。この時期に，多様な動き＝「身のこなし」を体験させる必要がある（→上巻p.25参照）。

多様な動き＝「身のこなし」のなかには，「観察すること」「選択すること」「対応すること」が含まれており，バスケットボールでは，常にこうした周囲の状況を判断する動きが要求されるということを認識する必要がある。

❸―プレイ選択の判断

オフェンスにおけるボール保持者（以下，ボールマン）を例に，プレイ選択の判断について考えてみよう。トリプルスレット（→上巻p.48）の構えからの第一の選択は，「自分がボールを持ってプレイをするか，味方にボールを持たせてプレイをさせるか」である。「自分」であるならシュートかドリブルを選択することになる。しかし，チームにとって有利な場所でノーマークとなっているプレイヤーがいれば，当然「味方」へのパスが選択されなければならない。そうした周囲の状況の変化を見つけようとせず，自分が攻撃することばかりを考え，パスは常にドリブルをしてからでないと出せないような判断は，チームプレイとしては正しいとは言えない。

チームプレイは，次のような味方とのつながりを感じられるようになって初めて成立する。

▶シュートができたのは，味方のパスのおかげである。

▶シュートができたのは，味方がスペースを空けてくれたおかげである。

▶ドライブショットができたのは，味方が相手を引きつけておいてくれたおかげである。

▶味方にシュートしやすいパスを出すことは，自分が得点するのと同じぐらい大切である。

▶相手を自分に引きつけておくことは，自分が得点するのと同じぐらい大切である。

このようにバスケットボールでは，常に味方や敵を意識し，次々と変化する状況のなかで，あらゆる技能の選択肢のなかから最もふさわしい選択をし続ける必要がある。

4 ── 育成のポイント

　チームの課題に沿った学習内容を的確に学ばせ習得させるには，その技術が頻繁に出現するような条件を設定し，観察や判断といった要素を常に意識させることが重要である。単純な反復練習の繰り返しでもなく，子どもたちに任せてしまうような5対5でもなく，技術と状況判断を巧みに絡ませながら技能を高められるような練習を計画・立案しなければ，結局，ゲームで使えない技術を学ばせることになってしまう。

ダミーを使った練習法

　ダミー（dummy）という言葉には，「飾り人形，にせもの」などの意味があり，フットボールでは練習用人形，ラグビーやサッカーでは「フェイント」の意味で使われることがある。

　バスケットボールでは，対人練習の際に，目標とする動作や動き，あるいは状況判断を導くために，あらかじめ設定された動きをする相手プレイヤーのことを指す。ディフェンスやオフェンスがわざと大げさに動く，タイミングを決めて動く，フェイクに引っかかるなど，練習の目的や内容によってダミーにさまざまな動きを設定する。

　例えば，1対1の練習でボールマンに前足側へのドライブを学習させることを目的とする場合，ダミーのディフェンスにわざと左右どちらかの足を大きく前に出す構えをさせる，あるいはディフェンス練習でヘルプの対応を学習させる場合，ダミーのオフェンスに「右に1回ジャブステップをしてからクロスオーバーステップでドライブする」などの決められた動きをさせる，などである。

　ただし，ダミーにも，相手プレイヤーとしての適切な状況判断が求められる。学習者の習熟度に応じてタイミングや誇張の程度を変化させなければならないからである。したがって，最初はコーチあるいは熟練者がダミーとなってその様子を示したうえで，プレイヤーにもダミーを経験させるとよい。

2．状況判断力育成ドリル

1 ── ドリブルを用いたドリル

　周りを観察しながら，状況に応じた適切なドリブルを使う。

ドリル1 混雑状況下でのキープドリブル（図1-3）

目的

　常に変化する周囲の状況を把握しながら，下を見ないでドリブルする習慣を身につける。

手順・方法

▶2人1組。一方がドリブラー，もう一方がディフェンスとなりボールを奪う。
▶エリアを決め，複数組で同時におこなう。
▶1セット30～60秒の範囲で設定する。

ポイント

▶ディフェンスが頭を下げてボールを奪いに行くと，振り向きざまに頭部をぶつける可能性がある。ドリブラーもディフェンスもしっかりと顔を上げ，周囲の状況を確認しながら移動することを強調する。

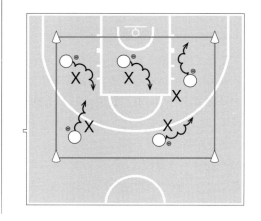

図1-3　混雑状況下でのキープドリブル

▶エリアは人数に合わせて調節する。広すぎると勢いが増し，衝突の際に危険である。ある程度狭く設定したほうが，身体接触を伴ったボールキープを身につけさせることができる。

▶習熟度に応じて，ディフェンスは自分のマークマン以外のドリブラーのボールを奪ってもよいことにすると，難易度が高まる。

ドリル2 直線的なドライブ（図1-4）

目的

ミートした瞬間にディフェンスの位置を確認し，ゴールに向かって直線的なドライブができるようにする。

手順・方法

▶図1-4のように左右のウィングに位置するオフェンスに対して，ディフェンスがゴール下からボールを転がし，マッチアップする。左右交互におこなう。

▶ディフェンスはダミーとして，オフェンスがボールをキャッチした瞬間にゴールラインに対して左右どちらかに位置する。

▶ボールマンはディフェンスと競り合いながらゴールに向かって直線的にドライブする。

ポイント

▶ボールをキャッチしたらトリプルスレットで構え，ゴールをねらう。

▶ディフェンスの位置によってピボットフットを変えられるように両足でミートし，クロスオーバーステップでドリブルのつき出しをおこなう。

▶クロスオーバーステップができるようになったら，オープンステップ（→上巻p.116）でおこなう。ただし，ボールのつき出しの際にトラベリングにならないよう指導する。

▶ディフェンスに両手を水平に広げて構えさせることによって，低い姿勢で肩からすり抜ける動作を身につけさせることもできる。

ドリル3 前足抜き（図1-5）

目的

ディフェンスのスタンスを確認し，前足側にドライブする習慣を身につける。

手順・方法

▶ドリル2と同じようにディフェンスがゴール下からボールを転がす。

▶ディフェンスはダミーとして，オフェンスがボールをキャッチした瞬間にゴールライン上で左右

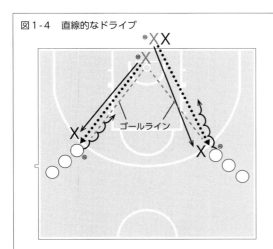

図1-4　直線的なドライブ

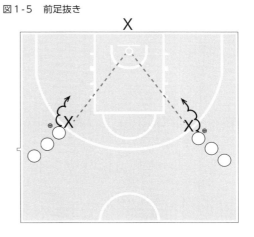

図1-5　前足抜き

どちらかの足を前に出して構える。
▶オフェンスはディフェンスの前足側を抜く。

ポイント

▶ディフェンスの前足のすぐ横に1歩目のステップを踏み出すことによって，ディフェンスを抜くことができるということを理解させる。
▶ドリブルのつき出しを低く鋭くおこなうことで，トラベリングを防ぐよう指導する。

ドリル4　ヘルプ対応のドライブ（図1-6）

目的

ディフェンスのスタンス確認に加え，その背後のディフェンスの状態を把握したうえで，適切な方向へドライブする習慣を身につける。

手順・方法

▶ドリル2と同じようにゴール下からボールを転がしたディフェンスが，ボールマンにマッチアップする。そのすぐ後方からもう1人のディフェンスがヘルプに立つ。
▶ドリル2，ドリル3のように，ボールマンへのディフェンスはダミーとしてゴールラインに対して左右どちらかに立ったり，一方の足を前に出したスタンスをとったりする。
▶ヘルプは，ゴールライン上かあるいは左右どちらかに外れて立ち，ダミーとなる。
▶ボールマンは，マークマンのスタンスに加え，ヘルプの状況を見て適切な方向へドライブする。

ポイント

▶1歩目で自分のディフェンスを直線的に抜きながら，ヘルプの動きに応じたドライブをおこなう。
▶相手と競り合いながらレイアップショットへつながるような力強いドライブをめざす。
▶ヘルプの状況に応じて，ユーロステップ（→p.18）を駆使したり，フローター（→p.16）をおこなったりする。

❷──パスを用いたドリル

ノーマークのプレイヤーを瞬時に見つけてすばやくパスをまわす。

ドリル5　3対2パッシング（図1-7）

目的

数的優位な状況で生まれるノーマークのプレイヤーに対して，確実にパスをする能力を身につける。

手順・方法

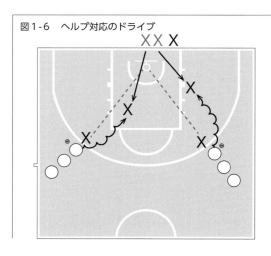

図1-6　ヘルプ対応のドライブ

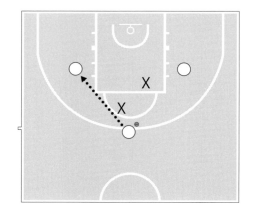

図1-7　3対2パッシング

▶一辺が4〜5mの正三角形の頂点にオフェンスが立ち，2人のディフェンスがその内側に位置する。
▶ディフェンスの1人はボールマンに接近して，どちらか一方のパッシングレーンをふさぎ，もう一方のディフェンスは空いている側のパッシングレーンをふさぐ。
▶オフェンスの3人はドリブルしてはいけない。一定時間内に何回パスをすることができたかを競う（30秒間に15回以上などの目標数を設定してもよい）。

ポイント

▶ディフェンスにボールを奪われないようにピボットとフェイクを駆使して，ノーマークのプレイヤーに確実にパスをする。
▶目の前のディフェンスの頭上を越えるロブパスを禁止するなどして，ディフェンスの耳の横や脇の下を鋭く通すパスやバウンスパスをさせるようにする。
▶マークマンをピボットでかわしながら，パスする味方とは逆方向を見ながらパス（ノールックパス→上巻p.80）を出せるようにする。

ドリル6　5対4パッシング（図1-8）

目的

広いエリアでディフェンスの動きを把握し，的確にノーマークへパスをする能力を身につける。

手順・方法

▶四角形の頂点と対角線の交点に5人のオフェンスが立ち，4人のディフェンスがその間に位置する。
▶四角形の一辺を4〜5mとし，習熟度に応じて7〜8mへと広げる。
▶ディフェンスの1人は必ずボールマンをマークする。
▶一定時間内に何回パスをすることができたかを競う。

ポイント

▶中央のスポットにパスが通ったらパス2回分（2点）とすると，ディフェンスが中央に入れさせないようにするため，結果として対角線への強いパスを誘発することができる。
▶ワンハンドのプッシュパスに加え，ベースボールパス（→上巻p.82）やフックパス（→上巻p.83）などもおこなう。
▶投力が不十分な場合は，軽いボールを用いておこなうよう指導する。

ドリル7　4対3移動パッシング（図1-9）

目的

空いている空間に移動する味方や止まっているノーマークに，的確にパスをする能力を身につける。

手順・方法

▶オフェンスは，ドリル6の5つのスポットのうち，いずれか4カ所を埋める。
▶ディフェンスの1人は必ずボールマンをマークする。
▶パッサーはパスしたら空いているスポットへ移

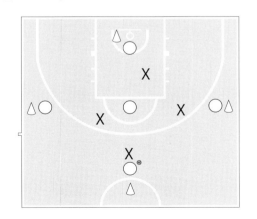

図1-8　5対4パッシング

動し，形を崩さないようにする。

ポイント
▶中央が空いたときだけは，任意の誰かが中央のレシーバーとなってもよいというルールを加えると，オフェンスが声を出して連携するようになる。
▶レシーバーが勝手に動いてしまうと十字型が崩れ，中間地点でレシーブするなどポイントがずれてしまうので注意する。

❸―ドリブルとパスを用いたドリル

パスにドリブルを織り交ぜると，ディフェンスのプレッシャーから逃れてボールキープできるようになる。

ドリル8　3対3パッシング（2ドリブル）（図1-10）

目的
数的優位な状況ではなく，必ずマークマンがいる状態で移動しながらパスをつなぐ能力を身につける。

手順・方法
▶一辺が10m四方のエリア内を自由に移動し，オフェンスがパスをつなぐ。
▶ディフェンスはマークマンを決め，パスを阻止する。
▶オフェンスは3秒以内にパスをしなければならない。ただし，パッシングレーンをふさがれたり，激しくプレッシャーをかけられたりしたときは，ドリブルしてからパスしてもよいが，ドリブルは2回までとする。
▶一定時間内に何回パスができたかを競う。

ポイント
▶レシーブ後すぐにドリブルを始めるのではなく，トリプルスレットで構え，ピボットを駆使するなどして，的確で強いパスを出せるようにする。
▶初心者はボールマンに近づいてレシーブしようとするので，空いている広い場所へ移動するとボールを受けることができることを指導する。
▶ディフェンスから離れることばかりではなく，ディフェンスに近づき競り合うことでレシーブしやすくなることを理解させる。

ドリル9　4対4パッシング（3ドリブル）

目的
マークマンをかわしてパスをレシーブしたり，スペースを見つけてそこへパスを出したり，必要に応じてドリブルでパッシンレーンを変えたりすることができるようにする。

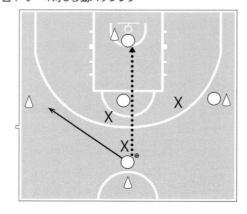

図1-9　4対3移動パッシング

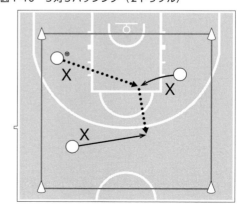

図1-10　3対3パッシング（2ドリブル）

手順・方法
▶ドリル8と同様に，一定のエリア内を4人のオフェンスが自由に移動しパスをつなぐ。
▶オフェンスはボールをキャッチしてから3秒以内にパスをしなければならない。ただし，パスができない場合はドリブルしてからパスしてもよいが，ドリブルは3回までとする。
▶ディフェンスはマークマンを決めてパスを阻止するが，状況に応じてボールマンに2人がついてもよい。

ポイント
▶ボールをレシーブする前に周囲の状況を観察しておき，すばやいパスを展開することができるようにする。
▶不用意にドリブルしてボールを持つと，2人に挟まれてパスが出せなくなることを理解させる。

4 ── 総合（シュート＋ドリブル＋パス）ドリル

キャッチした瞬間のプレイ選択を正しくおこなう。自分とディフェンスとの間合い（距離）やディフェンスの位置，ヘルプディフェンスの有無，味方とディフェンスとの距離，パスの移動時間によるその変化など，総合した判断力が必要になる。これまでのドリルの総合ドリルと言える。

ドリル10 ピックアップからの3対3 （図1-11）

目的
ディフェンスが近づいてくるまでの間に，シュートかドライブかパスかを判断する力を身につける。

手順・方法
▶図1-11のようにオフェンスはトップ，ウィング，コーナーに位置する。
▶ディフェンス3人はゴール近辺に1列に並ぶ。先頭のプレイヤーがボールを持ち，オフェンス3人のうちのいずれかにパスを送る。パスしたあとはただちに，そのプレイヤーをマークする。
▶ディフェンスの残りの2人は，適宜ほかの2人のオフェンスをマークするが，ドライブに対してはヘルプする。
▶ディフェンスからパスを受けたプレイヤーは，シュートをねらい，次にドライブをしかける。ディフェンスがヘルプに来たら，空いているプレイヤーにパスを出す。
▶ボールマン以外のオフェンスはカッティングしてはいけない。

ポイント
▶徐々にオフェンス同士の距離が狭くなってしまうので，トップ，ウィング，コーナーを意識させる。
▶マークをかわしてシュートしたほうがよいのか，ヘルプを誘ってノーマークの味方にシュートをさせたほうがよいのか，状況判断を促す。
▶シュートの成否を評価の観点にすると，ノーマークでもシュートしないプレイヤーを育ててしまう。的確な状況判断力の育成のためには，結果ではなくシュートに至る過程を評価したい。
▶できるだけ少ないパスでシュートまでもっていけるように指導する。

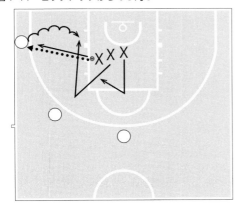

図1-11　ピックアップからの3対3

ドリル11 ピックアップからの4対4 （図1-12）

目的
状況に応じて自分が攻撃したほうがよいのか，ゴール下のノーマークに対してパスをしたほうがよいのか，的確に判断する能力を身につける。

手順・方法
▶オフェンスをアウトサイドに4人配置する（図1-12のようにトップ・2ウィング・コーナー，あるいは2トップ・2ウィングなど）。
▶ディフェンス4人はゴール近辺に位置し，ドリル10と同様，オフェンスにパスをしてそれぞれマッチアップする。
▶ドリル10と異なり，ボールマン以外のプレイヤーがゴールに向かってカットしてもよい。ただし，パスが来なかったら元の位置へ引き返す。

ポイント
▶ボールマンは自分が攻撃をしかけたほうがよいのか，ゴール下へカッティングする味方へパスをしたほうがよいのか選択する。
▶パスをまわすことが目的ではない。ディフェンスと競り合いながらシュートしたり，ディフェンスを引きつけてノーマークの味方にシュートさせたりすることに加え，ゴール下のノーマークができたら瞬時にそこへ的確なパスを出すことができるように指導する。

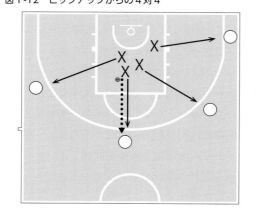

図1-12 ピックアップからの4対4

1-2 シュート

　上巻第5章シューティングの指導において、「シュート指導の方向性」「基本的なシュート」「ワンハンドショット」の3点について解説した。下巻では、以下の4つの視点を重視し、「発育発達段階に応じたシュートの指導法」「状況に応じたシュートの指導法」について解説する。上巻の該当箇所を参照しながら理解を深めてほしい。

▶ラーニングエイジに基づいた段階的カリキュラムで指導する。
▶中学を卒業するまでに基本的なシュートをすべて習得できている状態をめざす。
▶状況に応じて最適なシュートを選択できるプレイヤーを育成する。
▶1対1の対峙のなかでシュートを決めることができるプレイヤーを育成する。

1. 発育発達段階に応じたシュートの指導法

■1─ラーニングエイジの考え方

　ラーニングエイジに基づいた指導とは、子どもの発育発達に応じて、「どんな順番で教えるか」と「どんなタイミングで教えるか」を考慮する指導である。さまざまなシュートを、単に分類・列挙する視点から理解するのではなく、「いつ・何を・どう教えればよいか」といった視点から理解することが重要である。

　シュートは、大きくインサイドでのシュートとアウトサイドからのシュートに分類される。コーチは、各技術の導入時期を理解し、段階的・発展的に指導するように心がけたい。

■2─ミニ・中学段階のねらいと留意点

　基本的なシュートについては、中学を卒業する

までに習得していることが望ましい。高校年代以降に新しい技術を習得するには，それ以前と比較して非常に長い時間が必要になる（上巻p.20参照）。即座の習得が可能なミニ年代に，各シュート技術の指導を開始することが望まれる。ただし，その際には「いろいろな動きに挑戦する」ことや「周囲の状況の変化に応じた動きのバリエーションを増やす」ことによって，神経系に十分な負荷をかけることが主題となる。「正確さ・速さ・力強さ」といった高校生以降のプレイヤーに求められる技術の完成度を，ミニや中学生段階に求めているのではないということを，コーチが十分に理解しておく必要がある。

ミニ年代や中学年代で，チームが試合で勝つための最短距離の指導をめざすと，指導内容がチーム戦術や体力強化に偏ってしまう可能性が高くなる。育成年代のコーチは，地道な「プレイヤーづくり」が結果的には強固な「チームづくり」につながるという信念をもち，両者のバランスを考慮した指導をめざしてほしい。ラーニングエイジに基づいた指導は，子どもたちが将来大きく花開くための土台を築く指導である。

3──状況に応じたシュートの指導

技術は，プレイ状況を解決するための手段であり，1つひとつの技術には，その技術が生み出された理由がある。指導の際には，「1つひとつのシュートのやり方」を正しく教えることと同時に，「技術と技術の関係性」や「使う場面」を理解させ，状況に応じて最適なシュートを選択できるプレイヤーを育成することが重要である。

2．インサイドでのシュートの指導法

レイアップの基本については，上巻第5章（p.100〜）で解説してある。技術面の指導ポイントについては，そちらを参照してほしい。ここでは，多様なシュートを状況に応じて適切に使い分ける方法について解説する。

1──破ってシュートする基本のレイアップ

ベースライン（サイドライン）方向（図1-13）へのドライブ（ドリブルを使ってゴールに攻め込むこと）またはカットでディフェンスを出し抜き，ゴールへ向かってシュートできる場合には，オーバーハンドかアンダーハンドの基本的なレイアップ（図1-14，上巻p.100）を使う。ミニ段階では，セットショットと同じ手の使い方をするオーバーハンドレイアップから習得するほうが簡単である。ディフェンスとコンタクトしながらシュートする場合にも，ボールを両手で保持できるオーバーハンドタイプのほうが有利になる場合が多い。

競技レベルが高くなってきたら，背後からブロ

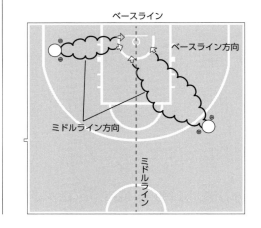

図1-13　ドライブのコース

図1-14 基本的なレイアップ
①オーバーハンドレイアップ

②アンダーハンドレイアップ

図1-15 リズムチェンジレイアップ

ックショット（→上巻p.63）される危険性が出てくるので，ディフェンスの状態に応じて，ディフェンスから遠い発点でリリース（→上巻p.97参照）ができるアンダーハンドレイアップとオーバーハンドレイアップとを使い分ける工夫が必要になる。

　図1-15のように，レイアップはシューティングハンドと逆側の足で踏み切るのが一般的である。右手でベースライン方向へのドライブから2ステップでレイアップする場合を例にすると，左足で踏み切ってボールをレシーブし，右→左のリズムをとり，左足踏み切り右手シュートの形になる。しかし，カットからボールを受ける場合には，予期しないタイミングでボールをレシーブすることがある。思いがけず右足踏み切りのタイミングでボールをレシーブした場合には，左→右の2ステップになり，手と足が逆になるか，左手でシュートするかのどちらかになる。このケースのときに，右足でスキップ動作を入れれば右・左のリズムでシュートすることができる。

　反対の足で踏み切ってのレシーブになると気づいた瞬間に，リズムを変えて基本のレイアップに戻すリズムチェンジレイアップ（図1-15）の技術を身につけることで，シュートの成功率を高めることができる。

　また，オーバーハンドレイアップとアンダーハンドレイアップのいずれもゴールの手前でリリースするシュートであるが，ディフェンスのブロックショットをかわすためには，ゴール下を通り抜けて逆側にまわり込んでシュートするリバースレイアップが効果的である。ゴール手前からシュートすると見せかけてディフェンスのブロックショットを誘い，ゴールの逆側にまわり込んでシュートするリバースレイアップ（レイバック／リーチバック→上巻p.102）は，身長の低いプレイヤーに必須の技術である。進行方向とは逆方向にシュ

ートする感覚を，ミニ段階から積極的に指導したい。

　ミドルライン方向へのドライブまたはカットでディフェンスを破り，シュートする場合にも，基本のレイアップが使える。しかし，ディフェンスと競り合ったまま破りきれない状況でシュートする場合には，ブロックショットをかわすためにディフェンスに対して半身の状態をとり，身体の幅を使いながらディフェンスと逆側の手でシュートするフックレイアップも有効である。フックレイアップは片足での踏み切りとなる。中学を卒業するまでに，利き手側と非利き手側の両側が自由自在にできるようになっていることが望ましい。

❷─コンタクトしながらのフック系シュート

　ベースライン方向へ攻撃をしかけた際に破りきれなくても，身長やパワーで勝っている場合には，ディフェンスに対して積極的に身体をコンタクトさせながらシュートするパワーレイアップ（図1-16）が効果的である。両肩をバックボードと平行に保ち，ディフェンス側の肩を相手にぶつけながらゴールに向かって力強くジャンプし，逆側の手を使ってシュートする。パワーレイアップの際は，ディフェンスとコンタクトしてもバランスを崩さないように，必ず両足でジャンプする。

　コンタクトを伴ったシュートでは，ボールをリリースするタイミングも重要になる。「ぶつかりながらシュートする」よりも「ぶつかってからシュートする」タイミングのほうが，ボールを正確にリリースできる。競技レベルが上がると，コンタクトを伴うシュートも増えてくる。ミニ段階からコンタクトに慣れさせ，フリースローを獲得できるプレイヤーを育成したい。

　ミドルライン方向へ攻撃をしかけた場合にも，ゴール正面付近では半身の姿勢からディフェンス

図1-16 パワーレイアップ
※イラストは右ローポストからベースライン方向へ攻撃をしかけている。

図1-17 ジャンプフック
※イラストは左ローポストからミドルライン方向へ攻撃をしかけている。

とコンタクトしながらのフックショットが効果的である。この動きは通称ジャンプフック（図1-17）と呼ばれるが，シュートの要領はパワーレイアップと同様である。フックレイアップと同様に，ミニ段階から指導を開始し，利き手側と非利き手側の両側を使えるように練習していく。

ゴールに正対しなければシュートできないプレイヤーは，ディフェンスと半身でコンタクトしながらフック系でシュートすることができないため，プレイの選択肢が著しく制限されてしまう。ミニ段階から，半身を使ったフック系のシュートを積極的に身につけていくことが重要である。

❸―ブロックショットをかわすシュート

①―タイミングをずらす

ブロックショットをかわすためには，ディフェンスにシュートのタイミングを読ませない工夫，あるいは読ませておいて外す工夫が必要になる。いつも同じリズムでシュートしていては，簡単にブロックショットされてしまう。

ワンステップレイアップは，2ステップでジャンプする基本のレイアップと見せかけておいて，

図1-18 ダブルクラッチ

図1-19 フローター

実はリズムを変化して1ステップでジャンプし，ディフェンスのタイミングを外す技術である。同じ動きから，1ステップと2ステップのどちらでも踏み切れるように備えておくことが大切である。ディフェンスと駆け引きしながら，先に空中に飛び上がる感覚を身につけたい。レイアップを1ステップで踏み切ると，シューティングハンドと足が通常のレイアップと逆になるケースも生じる。最終的には，アンダーハンドタイプとオーバーハンドタイプの両方が使える。

逆に，カットやドリブルからジャンプしたあと，ブロックショットをかいくぐり，最高到達点を過ぎてからシュートする工夫も効果的である。いわゆるダブルクラッチ（図1-18）と呼ばれる，シュートのタイミングを遅らせる技術である。最初にシュートをねらった手でそのままシュートするケースと，逆側の手に持ち替えてシュートするケースとがある。後者は，スイッチハンドレイアップと呼ばれる技術である。長い滞空時間が要求されるため，脚力が発達してくる高校年代での完成をめざす技術であるが，空中でボールを逆側の手に持ち替える感覚は，中学段階から育てたい。

フィニッシュ（最後のシュート）は，ゴール手前でリリースするアンダーハンドレイアップになるケース，ゴールを通り抜けて逆側にまわり込むリバースレイアップになるケース，ディフェンスに対して半身でリリースするフックレイアップになるケース等，状況に応じてさまざまに変化する。

自分のディフェンスを振りきったあとに，ヘルプのディフェンスが立ちふさがってブロックショットをねらってきた場合には，オーバーハンドレイアップの手の使い方から早いタイミングで，ディフェンスが伸ばした手より高くボールをフワッと浮かすフローター（図1-19，上巻p.97図4）が有効である。片足で踏み切る方法と両足で踏み切る方法の2種類がある。勢いよくゴールへ向かう動きから，急激に真上方向にジャンプし，ボールの勢いを殺してシュートする難しい技術だが，ぜひマスターしてほしい。

2―攻撃の方向を変える

ブロックショットをされずにシュートするためには，攻撃する方向を変える工夫も必要である。ディフェンスにコースを止められた場合には，攻撃方向を変えて破る技術が不可欠になる。

レイアップをねらって攻撃をしかけたにもかかわらず，ディフェンスにゴールへのドライブコースをふさがれた場合には，そのままスピン（→上巻p.58）を使って一気に逆側を破ってシュートに

図1-20　スピンレイアップ
①両足
②片足

図1-21 ユーロステップ

もち込むスピンレイアップ（図1-20）が効果的である。スピンする動きは，日常生活ではほとんど使うことがないリバースターンという動きを含むため，練習を重ねなければ絶対に身につかない。また，自分のディフェンスだけでなく，スピンした先にヘルプのディフェンスがいないかどうかを事前に確認しておく視野が非常に大切になる技術である。ミニ段階から中学段階で積極的に練習を開始したい。

ゴール方向へドライブをしかけたときに，最後の2ステップの方向をジグザグ方向に大きく変えてディフェンスを破るユーロステップ（図1-21）も，中学段階から高校段階にかけて指導したい技術である。左手でドライブをしかけた場合を例にすると，1歩目の右足をディフェンスの左側へ踏み込み反応させておいて，2歩目の左足をサイドキック（→上巻p.54）の要領でディフェンスの右側へ大きく踏み込んで破りシュートする。左右方向への大きな移動が特徴であり，脚力が必要になる。自分のディフェンスを破る場合にも，ヘルプディフェンスを破る場合にも使える技術である。

フィニッシュは，アンダーハンドレイアップとオーバーハンドレイアップのどちらでもできるよう練習したい。

③―フェイクを使う

ブロックショットをかわしてシュートするためには，ドライブやカットからストップしたあとに，シュートフェイクやピボットを使う工夫も効果的である。少なくとも，シュートフェイクでディフェンスのバランスを崩すポンプフェイク（図1-22①），ゴールに正対して止まったあとにピボットを用いてディフェンスをかわすステップスルー（図1-22②），ゴールに対して背面で止まったあとにフロントターンするターンアラウンド（図1-22③）の3つは，中学を卒業するまでに必ず身につけてほしい技術である。

ポンプフェイクでは，膝を曲げた状態でボールだけ頭上に上げる姿勢がとれれば，バランスを崩したディフェンスに対してすばやくシュートやピボットをしかけることができるようになる。ステップスルーからは，破りきれればアンダーハンドレイアップになるが，破りきれない場合にはディ

図1-22　フェイクを使ったシュート
①ポンプフェイク
※イラストは左ローポストからベースライン方向へドライブして左ゴール下でストップしている。

②ステップスルー

③ターンアラウンド

フェンスに対して半身になるフックレイアップになる。ゴールに近い場合には，クロスオーバー（→上巻p.116）しながらディフェンスに積極的にコンタクトしていき，パワーレイアップにもち込むこともできる。ターンアラウンドからはジャンプショットになるケースが一般的である。いずれにしても，「止まる前に次のしかけを予想しておく」ことがきわめて重要になる。

4 ─ ディフェンスから離れて空間をつくり出してかわす

競技レベルが上がり，ディフェンスの能力が向上してくると，ターンアラウンドのあとにディフェンスから離れるように後方にジャンプして空間をつくり出すフェイドアウェイの技術（図1-23）

図1-23　フェイドアウェイジャンプショット

図1-24　ステップバックジャンプショット

が不可欠になる。シューティングハンド側へのターンアラウンドと，逆側へのターンアラウンドの両方からフェイドアウェイしてジャンプショットができるように練習したい。

フェイドアウェイショットは，ゴールから遠ざかりながら高い打点でシュートしなければならない難しい技術であるが，NBAや世界のトッププレイヤーは例外なく身につけている。しかし，まずは真上にジャンプして高い打点でシュートする基本のジャンプショットが正確にできるようになってから，フェイドアウェイの練習を開始することが望ましい。「身体を流して」シュートすることと，「身体が流れて」シュートすることは似て非なるものである。

また，フェイドアウェイには，ブロックショットされにくいというメリットがある一方で，シュート後にリバウンドに参加できないというデメリットがある。そのため，フェイドアウェイには，味方のオフェンスリバウンドへの飛び込みが不可欠になることも忘れてはならない。

また，ドリブルからのストップ時にディフェンスから離れて空間を生み出すステップバック（図1-24）も，ぜひ高校段階までに習得を済ませておいてほしい技術である。ドリブルの最後にディフェンスから離れてストップする動きは，シュートだけでなく，プレッシャーをかわして安全にパスを出すためにも必要になる技術である。最初はステップバックからセットショットをおこなう練習から開始し，ジャンプショットへと発展させていきたい。

フェイドアウェイやステップバックは，ゴール近辺だけでなく，最終的にはミドルレンジや3ポイントエリアでも使えるよう，段階的に練習を積んでいくように心がけたい。

3．アウトサイドからのシュートの指導法

■1—ワンハンドショットのメカニズム

ワンハンドショットのメカニズムについては，上巻第5章（p.104〜）で解説してある。バスケットボールに出会うミニの段階で，ワンハンドショットの正しいメカニズムを習得させることが大切である。ただしその際には，大人と子どもの動きは違うということ（→上巻p.96参照）を念頭に，①セット時の肘の位置をだんだんと高くしていくことで飛距離を確保し，②脚力の発達に応じてセットショットからジャンピングショットを経てジャンプショットへと段階的に指導していくことが重要になる（→上巻p.114参照）。

3ポイントシュートは，ステップイン（→上巻p.114参照）による重心移動や，膝の伸展力を大きく利用した打点の低いセットショットから指導を開始する。男子の場合は，高校卒業段階でジャンプショットの3ポイントシュートができるようになることを目標にしたい。女子の場合には，ワンハンドのセットショットで3ポイントシュートができることを目標にしたい。

■2—カットの方向を変えてからのシュート

ゴールに正対した状態でボールを受けてシュートするキャッチ＆シュートがすべての基本形になる。左→右と右→左のどちらのストライドストップでも確実にシュートスタンス（→上巻p.105）がとれるようになるまで反復して練習する必要がある。どちらか一方の得意なほうだけを練習してしまうと，ピボットフットがどちらか一方の足に限定されてしまうため，その後の攻撃のバリエーションが限定されてしまう。また，右利きを例に

すると，左→右でレシーブするときにはシューティングハンド側の右足が前に出る正しいスタンスをとれるが，右→左ではシューティングハンドと逆の左足が前に出る不自然なスタンスになってしまうケースが多く見られる。ミニの段階から，どちらのストライドストップでも正しくシュートスタンスがとれるように指導することが大切になる。

さらに，ストライドストップだけでなく，ジャンプストップでレシーブする方法もあわせて練習することが重要になる。両足をピボットフットに使えるようになれば，ディフェンスが間合いをつめてきたときに，いずれの側にもクロスオーバーステップからのドライブをしかけることができる。クロスオーバーはトラベリングの危険性が少なく，力強いドライブが可能である。ゴールに正対したキャッチ＆シュートでは，ゴール方向からのパスだけでなく，横方向からのパスを受けてシュートする練習もおこないたい。

より実践的な動きのなかでシュートするためには，ボールに向かって軽くジャンプしてボールをキャッチ（ミート）してからゴールに正対することが不可欠である。いったんレシーブしてからピボットを使ってゴールに正対するプレイもあるが，レシーブと同時に確実にゴールに正対することができるようになれば，攻撃のしかけが早くなる。フラッシュカット（突発的に飛び出す動き）から，ストライドストップとジャンプストップのどちらでも確実にゴールに正対できることが重要である。

中学段階になると，1対1だけでなく，オフボールのスクリーンプレイを使い，協力してシュートチャンスをつくり出す工夫が必要になる。スクリーンプレイを使うと，ディフェンスの対応によって，カッターやスクリナーの動きは変化する。カッターのディフェンスがスクリーンにかかったらターン＆シュート，後ろから追いかけてきたら

図1-25　スクリーンを使ったカット

カールカットしてシュート，スライドスルーしたらフレアーカットしてシュートするのが基本である（図1-25）。ディフェンスの対応に合わせてカットの方向を変えることと同時に，そのカットから確実にシュートのスタンスがとれるようになることが重要である。余分なピボットが入ったりバランスが乱れたりすれば，スクリーンで生まれたアドバンテージを生かしたシュートができなくなったり，たとえシュートできたとしても確率が悪くなったりする。どんな方向への動きからでも，安定したレシーブができるようになるためには，カットの方向やスピード，レシーブの方法等を変化させて日々練習し，正確な足運びを習慣化することが大切である。育成年代のコーチには，子どもたちの「無駄足」を見逃さない観察力が必要である。

3──ドリブルからのジャンプショット

パスを受けてからのジャンプショットだけでなく，ドリブルからのジャンプショットも，中学を卒業するまでに習得を済ませておきたい。右手ドリブルからと左手ドリブルから，ストライドストップとジャンプストップの両方を自在に使いこな

せるまで練習することが大切である。1ドリブル，2ドリブル，3ドリブル等，ドリブルの数を変えて練習することも，実戦での成功率を高めるためには重要な要素になる。ドリブルからのジャンプショットが自由自在になれば，オンボールのスクリーンを使った2対2のなかでも，破るプレイと止まるプレイの両方の選択肢ができあがるので，ディフェンスの対応に応じて最適なシュートを選択できるようになる。

POINT

育成年代のコーチは，ドリブル時の足運びに着目して子どもたちの動きを観察してほしい。右手でドリブルする場合を例にすると，左足を前に出すリズムでドリブルをつくのが一般的である。スピードドリブルからこのままのリズムでストライドストップできれば，ドリブル動作から急激にストップすることができ，ディフェンスを振りきったシュートが可能になる。ジャンプストップやステップバックへの変化も非常にスムーズにおこなうことができる。

しかし，シュートをする瞬間だけ，無意識に右足を出すタイミングで右ドリブルを1回つくケースが見受けられる。この動きは，「今からシュートをしますよ！」とディフェンスに宣言することになるだけでなく，一定のリズムになるため，クイックでシュートできないというデメリットを伴う。

また，他の技術へ変化するとトラベリングになりやすいというデメリットも生じてしまう。コーチは，注意深く子どもたちの動きを観察し，悪い癖を早い段階で修正してほしい。

❹─タイミングを調整したシュート

ディフェンスの能力が向上してくると，シュート動作の時間を短縮しなければシュートできない場面が増えてくる。育成年代のコーチは，「動きのかたち」だけでなく「動きの時間」にも注意を払い，シュートの動作時間を短縮していってほしい。そのためには，ストライドストップの2歩目の踏み込みを早くする，ジャンプストップの「ケン・パ」のリズムを早くする，ボールをキャッチしてから（ドリブルの場合にはピックアップしてから）のセット動作を早くするといった工夫が必要になる。

POINT

ジャンプショットのレシーブからリリースまでの時間を短縮させるためには，ボールをレシーブする直前に視線の高さが変わらない程度の小さなジャンプ（5～6cm）を入れて空中でボールをレシーブし，着地と同時にそのまま両足でジャンプショットするホップと呼ばれる技術が効果的である。ホップで身体が浮いている間にゴールに正対し，着地の瞬間には完璧なシュートスタンスがとれていることが理想である。そうすれば，身体を捻ることなくそのまま真上にジャンプできる。ホップはジャンプストップ＆クイックストップを応用した動きであり，足関節や膝関節のバネを利用したすばやいジャンプが可能になる。脚力と体幹の安定性が必要になるので，高校段階での完成をめざしたい技術である。踏み込むスペースが少ないコーナーでボールを受けて3ポイントシュートするケース等にも応用できる汎用性の高い技術である。空中にいる短い時間のなかでディフェンスとの間合いを観察し，シュートできないと判断すれば，着地と同時にすぐさまポンプフェイクを入れたり，クロスオーバーステップからドライブをしかけたりすることができる。

4．クリエイティブなプレイヤーの育成

❶─バリエーションを増やす

ディフェンスを打破してシュートするためには，ここまでに紹介したシュート技術を習得するだけでは不十分である。

- ▶どんなリズムの変化を使うか。
- ▶どんな方向にステップするか。
- ▶どちらの足で踏み切るか。
- ▶片足で踏み切るか両足で踏み切るか。
- ▶どの方向にジャンプするか。
- ▶どちらの手でシュートするか。
- ▶アンダーハンドかオーバーハンドか。
- ▶どんな軌道でシュートするか。
- ▶どんなタイミングでリリースするか。
- ▶どんなストップを使うか。
- ▶どんなピボットを使うか。
- ▶ゴールに正対するか半身になるか。
- ▶ゴールの手前からシュートするか逆にまわり込むか。　など

　上記のような視点から，技術にもさまざまなバリエーションを生み出すことができる。1つひとつの技術を「形」として指導すると，「鋳型化」すなわちディフェンスの状況に応じて変化できない固定した動きが身についてしまう危険性がある。本項で紹介した技術は，あくまで「さまざまな変化を生み出す核としての技術」であると捉え，技幅の広いプレイヤーの育成をめざしてほしい。

　また，シュートしようとすれば，ディフェンスは必ずシュートさせないように守る。どんなシュートをしかけるか，あらかじめ決めておき，その動きを力いっぱいがんばるだけのプレイヤーは，厳しいディフェンスに対峙した途端にシュートできなくなる（図1-26左側）。自分のしかけにディフェンスがどう対応してくるかを想定しながら，常にカウンター（裏のプレイ）へと二者択一的に変化できる柔軟性のあるプレイヤーを育てることが重要になる（図1-26右側）。そのためにも，数種類の技術を順番に回数を決めて練習するだけで終わらずに，技術を状況に応じて使い分ける練習を加えることが，ディフェンスを打破してシュー

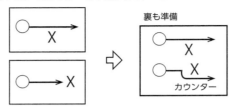

図1-26　カウンターを準備するイメージ

トできるプレイヤーの育成には非常に重要になる。その際には，ディフェンスの対応をあらかじめ決めておく「約束練習」と，ディフェンスの対応を決めない「ライブ練習」とを組み合わせ，段階的に使える技術の種類を増やしていきたい。

❷―技術の進化に対応する

　インターネットを使えば，NBAや世界大会の映像を，日本にいながらパソコンや携帯端末で見ることができる時代である。育成年代に関わるコーチは，世界のトッププレイヤーの最新映像を常に確認し，そこで展開されるさまざまなシュートの工夫点やコツを見抜き，子どもたちの指導に生かしてほしい。技術の完成形のイメージをなかなかもてない子どもたちには，トッププレイヤーの映像を見せ，どんどん真似をさせる方法が効果的である。

　技術は，バスケットボールの歴史とともに進化してきた。今後も，新しい技術が次々と生み出されていくと予想される。今，トッププレイヤーだけが使っている技術であっても，数年後は育成年代であたり前に使われる時代がくる。目の前の子どもたちの可能性を切り開くのは，育成年代に関わるコーチである。育成年代のコーチの目が世界に開けば，子どもたちの未来も世界に開いていく。

5. シューティングドリル

ドリル1　30秒レイアップ（図1-27）

目的

ドリブルからの各種レイアップを連続して確実に決める能力を向上させる。

手順・方法

▶ドリブルからレイアップしたら自分でボールを取り，逆のコーンをドリブルで回って逆側からレイアップする。
▶30秒間でできるだけ多くシュートする。
▶シュートは，アンダーハンド，オーバーハンド，ワンステップ，リバースレイアップなどテーマを設定する。
▶コースは，ベースラインドライブやミドルドライブ（→p.72）のコースなどテーマを設定する。
▶ドリブルの数は，エルボーからは1ドリブル，3ポイントラインからは2ドリブルとする。

ポイント

▶目標のシュート本数を決めて（エルボーからなら30秒で9本など）取り組むとよい。
▶ディフェンスなしでの成功率が高まったらディフェンスを付けることでレベルアップする。

ドリル2　9分レイアップ（図1-28）

目的

ゴールへ向かう基本的な4つ（ウィングから，ウイングからクロスオーバー，コーナーから，トップから）のコースから確実にレイアップを決める能力を向上させる。

手順・方法

▶リズム，ステップ，踏み切り足などの条件を組み合わせ，さまざまなバリエーションのレイアップをチーム全員で続けておこなう。
▶1つのコースの途中で1人がミスをすると，次のプレイヤーを1人目として数え直す。全員が連続して同じコースを終了したら次のコースに移る。
▶通常はカットからおこなうが，同様のコースをドリブルを使っておこなってもよい。

ポイント

▶連続ゴール（15人程度）を課すことで集中力を高め，基本のレイアップの重要性を認識させる。
▶シュートだけでなくパスも正確におこなう。
▶ゴール下でシュートするプレイヤーとボールを拾うプレイヤーが衝突しないように，シュート後はゴール下を速やかに空ける。
▶1つひとつのレイアップを確実に習得してからこのドリルに挑戦する。

図1-27　30秒レイアップ

図1-28　9分レイアップ（右サイドの例）

①ウィングからのレイアップ

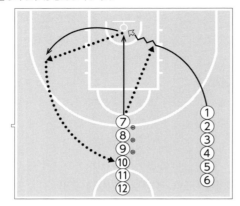

④コーナーを経由してのレイバック

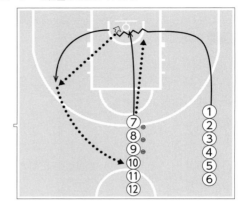

②ウィングからクロスオーバーのレイアップ

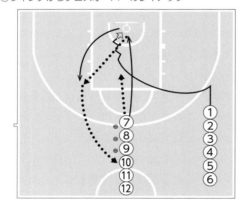

⑤ウィングからのリーチバック

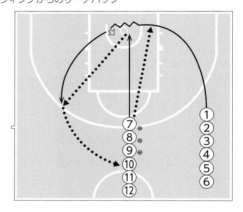

③コーナーからのレイアップ

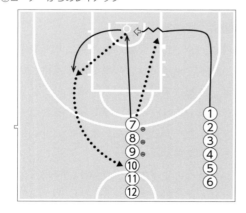

⑥トップからのレイアップ

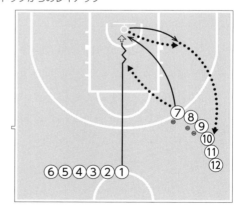

ドリル3 3人でのパワーレイアップ（図1-29）

目的

1人のプレイヤーが連続して左右からベースライン側を攻撃し，パワーレイアップでゴールを決める能力を高める。

手順・方法

▶ローポストの外側に置いてあるボールを拾い，ゴールへ向かって身体はベースライン側を向いた状態でパワードリブルをする。
▶ペイントに1人ディフェンスを配置する。
▶ディフェンスにコンタクトしながらパワーレイアップをする。
▶逆サイドのボールを拾ってこれを繰り返す。
▶リバウンダーはシュートされたボールを拾って左右へ置く。
▶最初にディフェンスをつけない状態でおこない，パワーレイアップのフォームづくりをおこなう段階を入れてもよい。

ポイント

肩のラインをバックボードと平行にして，両足でジャンプし，ディフェンスと逆側の手でシュートする。

ドリル4 3人でのジャンプフック

目的

1人のプレイヤーが連続して左右からミドルライン側を攻撃し，パワーフックでゴールを決める能力を高める。

手順・方法

▶ドリル3と同様の方法で，3人でのジャンプフックをおこなう（身体はセンターライン側を向いた状態）。

ポイント

肩のラインをバックボードと垂直にして，両足でジャンプし，ディフェンスと逆側の手でシュートする。

ドリル5 ブロックショット1対1［1］（図1-30）

目的

ブロックショットをねらってくるディフェンスをかわしてシュートしたり，ディフェンスと接触しながらシュートしたりする能力を向上させる。

手順・方法

▶フリースローラインの両端に2人が位置し，一方がもう一方へパスをする。
▶レシーバーがシューターとなりパッサーがディ

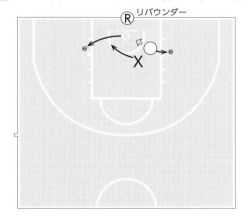

図1-29 3人でのパワーレイアップ／3人でのジャンプフック

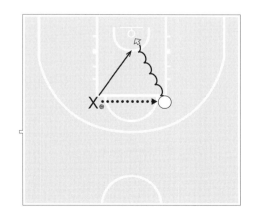

図1-30 ブロックショット1対1［1］

フェンスとなる。
▶シューターはゴールに向かってレイアップをし，ディフェンスはブロックショットに跳ぶ。

ポイント

▶シューターはディフェンスとのタイミングや間合いを計り，スピードやステップに変化をつけたり，リバースレイアップにもち込んだりして相手をかわす。
▶ディフェンスと意図的に競り合う場合は，ファウルを誘うように空中で身体接触をしてゴールを決められるようにする。
▶力強くドリブルすると同時に，空中で身体接触があっても軸が崩れないように体幹を鍛える（「第9章 トレーニング」参照）。

ドリル6 **ブロックショット1対1[2]**（図1-31）

目的

ディフェンスと競り合ったドリブルからゴールを決める能力を向上させる。

手順・方法

▶オフェンスはドリブルからレイアップをねらう。
▶並走してディフェンスが走り，ブロックショットをねらう。
▶プロテクトを使ったアンダーハンドレイアップ，フックレイアップ，リバースレイアップ，タイミングを変えたレイアップなど工夫する。

ポイント

▶ディフェンスとのコンタクトを嫌がってディフェンスから離れてしまうとシュートの角度が悪くなるので，積極的に相手にコンタクトしながらゴールへ向かう習慣をつけることが重要になる。
▶ベースライン側だけでなくミドルライン側も同様に練習することが大切である。

ドリル7 **ヘルプディフェンス1対1[1]**
　　　　（図1-32）

目的

自分のマークマンを破ったあとのヘルプディフェンスに対応してシュートする能力を向上させる。

手順・方法

▶ウィングポジションにオフェンスとディフェンスの1対1の状態をつくる。
▶ボールマンがミドルドライブを始めると同時に，ディフェンスは一度ブロック（ニュートラルゾーン）やセミサークルを踏んでからボールマンのディフェンスに戻る（図1-32①②）。
▶いったん離れてからボールマンに戻ることで，ヘルプディフェンスの動きに似た状況になる。
▶ヘルプディフェンスに応じて，シュートのバリエーションを変えてシュートする。

ポイント

▶ヘルプディフェンスが来る方向や間合いを瞬時に判断し，シュートを工夫する。
▶ディフェンスとの間合いが広い場合には，ストップしてジャンプシュートも可能である。

ドリル8 **ヘルプディフェンス1対1[2]**
　　　　（図1-33）

目的

マークマンと競り合うだけでなく，ヘルプディフェンスも見ながらシュートのタイミングを選択

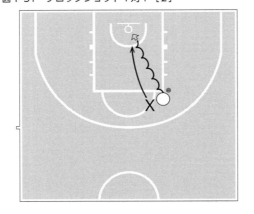

図1-31　ブロックショット1対1[2]

する能力を向上させる。

手順・方法

▶ウィングポジションにオフェンスとディフェンス（X_1）の1対1の状態をつくる（**図1-33①**）。
▶ヘルプディフェンス（X_2）はセミサークルのトップに立つ。
▶ボールマンがミドルドライブを始めると同時に，ヘルプディフェンスは制限区域の外にあるコーンを触ってからディフェンスに戻る。

ポイント

▶ヘルプディフェンスの動きに注意を向けながらマークマン（X_1）と戦う。
▶ヘルプディフェンス（X_2）が戻る前にシュートできるようにする。
▶ボールマンがミドルドライブを始めると同時に，マークマンはコーンに触れてからディフェンスをする。こうするとボールマンのディフェンスが後ろから追いかけてくるような状況でヘルプディフェンスと対応する練習になる（**図1-33②**）。

図1-32　ヘルプディフェンス1対1［1］

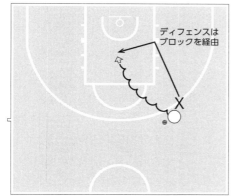

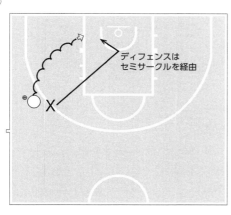

図1-33　ヘルプディフェンス1対1［2］

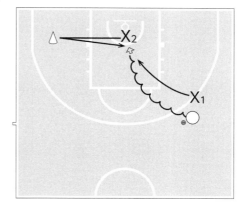

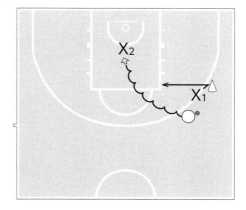

ドリル9 クローズアウトからの1対1
（総合ドリル）（図1-34）

目的

クローズアウトしてくるディフェンスのスタンスを瞬時に確認して，的確な方向へ攻撃できるようにする。

手順・方法

▶攻撃するオフェンスは，スクリーンを利用してパスを受けるような場面をイメージしながら，あらかじめ決められた1対1開始エリアへ移動する。

▶ディフェンスとなるプレイヤーがボールを持ち，1対1開始エリアに出てきたプレイヤーにパスを出す。

▶パスを出したプレイヤーはすぐに走り出し，ボールマンに対してクローズアウトする。

▶ボールマンはディフェンスとの間合いが空いていればシュートする。間合いをつめられても，ドライブでディフェンスを抜き去り，シュートへもち込む。

▶コーチにパスを出してもらい，パスを出す場所をいろいろ設定することで，よりゲームに近い状態のドリルとなる（図1-34②）。

ポイント

▶ボールマンはディフェンスがクローズアウトしてくるコースや間合い，どちらが前足になっているか，前足の位置はどこか等を瞬時に判断してしかける攻撃を決断する。

▶ディフェンスの状態を観察し，先手をとって攻撃をしかけるだけでなく，フェイクを使っていったんディフェンスを動かしておいてからその逆を攻める工夫も必要になる。

▶ストライドストップでボールをレシーブした場合には，フリーフット側へドリブルを始めたときに，トラベリングにならないように注意することが大切である。

ドリル10 スポットシューティング［1］
（図1-35）

目的

試合でシュートが発生する典型的なスポットを想定して，基本のキャッチ＆シュートの能力を向上させる。

手順・方法

▶ゴールに正対した状態でキャッチ＆シュートするスポットを設定する。スポットは，図示した箇所にこだわらず，自チームの攻撃で頻繁に使う場所という視点で選択するとよい。

図1-34 クローズアウト1対1

①
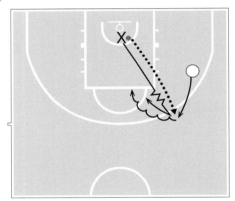

②
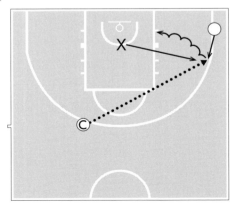

▶レベル1：各スポットで10本シュートを決めて次のスポットへ移る。
▶レベル2：各スポットで設定した数だけ連続してシュートを決めたら次のスポットへ移る。
▶レベル3：各スポットからネットにしか触れずにシュートできたら次のスポットへ移る。
▶レベル4：各スポットから連続2本のキャッチ＆シュートが決まったら，ドリブルからのジャンプショットを2本連続させて次のスポットへ移る。

ポイント
▶アウトサイドプレイヤーは図1-35①の14カ所，インサイドプレイヤーは図1-35②の13カ所が典型的なシュートスポットになる。
▶2人組シューティングの場合には，ゴール方向からパスを受ける形になるが，3人組シューティングの場合にはパスを受ける方向を変えてもよい。
▶床に足を着けた状態でボールをレシーブしないように，その場で軽くホップするかゴールやボールの方向へミートする。
▶ミートする場合にはシュート後に1～2歩後ろへ下がり，改めてスポットでレシーブする。

図1-35　スポットシューティング［1］
①アウトサイドプレイヤーのシュートスポット（14カ所）

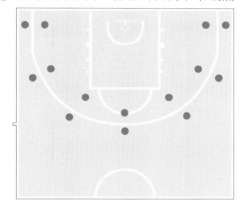

②インサイドプレイヤーのシュートスポット（13カ所）

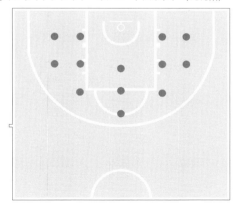

ドリル11　スポットシューティング［2］
（図1-36）

目的
試合で確実にシュートを決めたいエルボーへさまざまな方向からカットして，キャッチ＆シュートする能力を向上させる。

手順・方法
▶シューティングをおこなうスポットを決める。
▶キャッチ＆シュートしたらサイドライン（ベースライン）またはセンターラインを踏んで戻ってきて，キャッチ＆シュートする。
▶スポットシューティング［1］と同様にレベルを上げていく。

ポイント
▶カットのスピードを徐々に上げていく。
▶レシーブの方法を変えながら練習する。
▶ボールを受ける前にターゲットハンドを出し，膝を曲げて準備姿勢をとることが重要になる。
▶時間を設定してその時間内に何本シュートを決めることができるかを競う方法も可能である。

ドリル12　スポットシューティング［3］
（図1-37）

目的
インサイドからアウトサイドへキックアウトされたボールに対して3ポイントシュートを決める

力を向上させる。

手順・方法
▶シューティングをおこなう隣り合った2つのスポットを設定する。
▶2つのスポットを交互に移動しながらキャッチ＆シュートする。
▶スポットシューティング［1］と同様にレベルを上げていく。

ポイント
▶3ポイントラインに沿って横に移動しながらボールをレシーブし，正確にシュートスタンスをとる。
▶レシーブの方法を変えながら練習する。
▶キャッチ＆シュートだけでなく，1ドリブルをついてステップバックしてから3ポイントシュートする方法や，ジャブステップでディフェンスを下げてから3ポイントシュートする方法も工夫する。
▶シュートフェイクからディフェンスを破って1ドリブルや2ドリブルからのジャンプショットに移行するケースも練習できる。

図1-36 スポットシューティング［2］

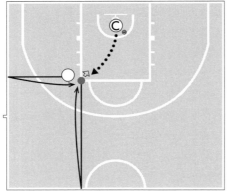

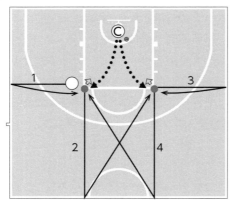

図1-37 スポットシューティング［3］

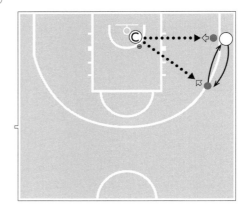

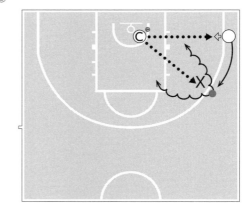

ドリル13 カッティングからのシューティング［1］（図1-38）

目的
ゴール方向からアウトサイドへ広がるカットから3ポイントシュートを決める力を向上させる。

手順・方法
▶シューティングをおこなうスポットを設定する。
▶キャッチ&シュートしたら、いったんゴール下へカットして、そこから次のスポットへ移動する。
▶スポットシューティング［1］と同様にレベルを上げていく。

ポイント
▶ゴール方向から広がる動きでレシーブすると同時に、正確なシュートスタンスがとれるようにする。
▶レシーブの方法を変えながら練習する。
▶キャッチ&シュートだけでなく、ステップバックやジャブステップも加えていく。

ドリル14 カッティングからのシューティング［2］（図1-39）

目的
味方のドリブルに対する合わせの動きからシュートする力を向上させる。

手順・方法
▶ドリブルに合わせて、チームで設定してある動きからキャッチ&シュートする。
▶スポットシューティング［1］と同様にレベルを上げていく。

ポイント
▶ボールから離れる場合には、上半身をゴールへ向けた姿勢で走る。
▶チーム内で、ドリブルに対して残りの4人がどう動くかについてのルールを設定しておくことが重要である。
▶ボールを複数準備すれば、合わせのスポットから連続してシュートする工夫も可能になる。

ドリル15 スクリーンを使ったシューティング（図1-40）

目的
アウトサイドプレイヤーが、インサイドプレイヤーのスクリーンを使ってディフェンスを振りきりシュートする力を向上させる。

手順・方法
▶ゴール下からスクリーンを使ってカットする方向を変えながらシューティングする。
▶スポットシューティング［1］と同様にレベル

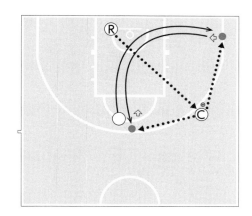

図1-38 カットシューティング［1］

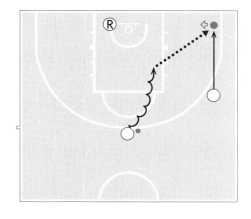

図1-39 カットシューティング［2］

を上げていく。

> **ポイント**

▶スクリーンを通過するときにボールから目を離し，自分のディフェンスがスクリーンに対してどのように対応しようとしているかを観察する習慣をつける。

▶カットの種類を事前に決めて反復練習する段階から開始する。

▶コーチ（パッサー）がディフェンスの対応をコールし，シューターがそのコールに合った適切なカットからシュートする段階に進む。

図1-40　スクリーンシューティング

①ウィング

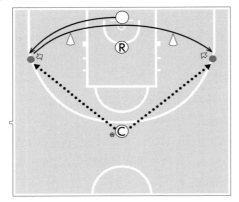

②エルボーカット

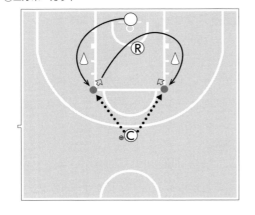

③タイトカール

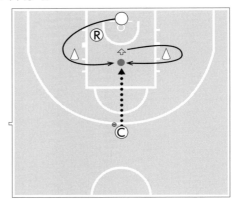

④コーナー

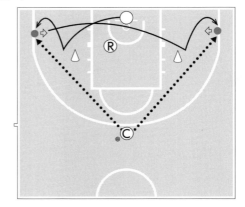

1-3 フットワーク

　プレイヤーの動きを支えるものがフットワークである。バスケットボールにおいては，平面的にすばやく動くだけではなく，垂直方向にジャンプすることも求められる。また，ただ単に直線的に走るだけではなく，動きの方向を変えるターンや動きを止めるストップなども必要とされ，多種多様なフットワークを身につける必要がある。

　上巻においては，オフェンスとディフェンスに共通するフットワーク，オフェンスのフットワーク，ディフェンスのフットワークについて解説した。下巻では，バスケットボールの特性および発育発達段階に応じたフットワークの指導法，フットワークドリルについて解説する。上巻の該当箇所を参照しながら理解を深めてほしい。

1．フットワーク指導の要点

　フットワークと言うと下半身の動作のみに注意が向かいがちになるが，バスケットボールの特性（→上巻pp.42-45参照）を踏まえたうえで，全身の動きと関連づけて指導すると，より実践的になる。

　バスケットボールの特性に基づいたフットワークの指導法のポイントは，次の通りである。

▶コーディネーショントレーニング（→上巻pp.27-34参照）と平行しながらフットワークに取り組み，効率よく身体を動かし，かつ状況に対応する能力を身につけながら，フットワークの個々の技術を習得させる。

▶バスケットボールは1つの動作で終わることはまれで，さまざまな動作が連続し，切り替わることによってバスケットボールらしい動きとなる。つまり，フットワークもさまざまな動きを組み合わせ，連続するようにして練習させることが重要

である。

▶フットワークの動作が連続し，切り替わる際には身体のバランスをとるのが難しい。また，動作の動き始めと動作の終わりもまた身体のバランスをとることが難しい。したがって，フットワークの指導においては，動くことばかりに注目するのではなく，バランスのよい姿勢，つまり「基本姿勢と構え」（→上巻pp.46-50）を指導することが重要である。「基本姿勢と構え」を意識させることによって，効率よくすばやく動き・止まるということ，またスムーズで滑らかな動きが可能となる。

▶フットワークを身につけるうえで，動きの正確さや絶対的なスピード，力強さを求めることも重要であるが，バスケットボールは対人競技であるという特性上，相手を欺く，相手をかわすというなかで発揮される相対的なスピードや力強さも必要である。したがって，フットワークを身につける練習では，ただ単に同一の動きを繰り返し，全力で動くことを求めるような反復練習ドリルだけではなく，相手と相対しながら動くような競争的ドリルや「遊びやミニゲームを使った指導」（→上巻第6章参照）のなかで指導するなどの工夫が必要である。

▶バスケットボールは，場面や状況に応じて適切に動いているかどうかが求められるスポーツなので，フットワークの指導においても，相手との関係や戦術的な状況のなかで，①場面・状況を正しく理解し，②適切なタイミングで，③適切なフットワークを用いているかを評価することが大切である。

▶運動生理学的に人間が全力で力を発揮できる時間は限られている（→p.307参照）。フットワークにおいても，どの体力要素を強化または習得しようとしているのか，ドリルの目的を明確にするなかで，ドリルの継続時間に注意することが大切である。

▶フットワークはプレイヤーの動きを支える基本となるものであるが，一気にすべての技術を習得させるのではなく，発育発達段階に応じて段階的に指導していくことが重要である。

▶バスケットボールでは，味方や相手に合わせて動くことが要求され，急激なストップやダッシュ，方向変換などが障害につながるケースも多い。将来にわたってプレイヤーがバスケットボールを楽しむことができるような環境をつくることは，コーチの責務であり，そのためには正しいフットワーク動作を指導し，外傷・障害を予防することが必要不可欠である。特に下肢のアライメント（→上巻pp.38-39）に留意し，前十字靱帯損傷（→上巻p.157）を起こさないように，股関節から下肢全体を回転させ，常につま先と膝の方向が同じになるように，正しいフットワーク動作を指導することが重要である。

2．フットワークドリル

ここでは，フットワークを身につけるための代表的なドリルを紹介する。

ドリル1 ストップ，ピボット＆パス（図1-41）

目的

パスキャッチからのストップ技術とドリブルを終えるときのストップ技術を身につける。

手順・方法

▶ドリブルを2回ついて，ジャンプストップまたはストライドストップで止まる。

▶リバースターンをして次のプレイヤーにパスをする。

▶パスをキャッチするプレイヤーは，ジャンプス

トップまたはストライドストップを用いてボールにミートする。

ポイント
▶スムーズに次の動きに移ることができる姿勢で止まる。基本姿勢を常に意識する。

ドリル2 キャッチ＆スクウェアアップ
　　　　（図1-42）

目的
　ストップから即座にトリプルスレットで構えることを身につける。

手順・方法
▶2人1組になり，1人のプレイヤーが左右に動いてジャンプストップまたはストライドストップで向かい合うパサーからボールをもらい，トリプルスレットで構える。
▶左右交互に繰り返す。

ポイント
▶トラベリングにならないように空中でボールをキャッチする。
▶トリプルスレットからシュートフェイクを入れたり，ドライブのフェイクを入れたりすることもできる。これによって，バランスのよい姿勢で止まれているかどうかを確認することもできる。

ドリル3 フロントターン＆リバースターン

目的
　ピボットにおけるフロントターンとリバースターンを身につける。

手順・方法
▶それぞれのプレイヤーがボールを持ち，トリプルスレットで構える。
▶フロントターンで180度ターンして静止し，リバースターンで180度ターンして静止することを繰り返す。

ポイント
▶ターンしやすくするために，ターンする方向に最初に顔を向けることを指導する。
▶トリプルスレットにおける基本姿勢，ターンのあとにすぐに基本姿勢で静止することを強調する。
▶バランスよくターンするために，ターン中の頭の位置，つまりピボットフットを中心とした軸から頭の位置を大きくずらさないことを強調する。

ドリル4 スクウェアアップからのピボットドリル

目的
　バスケットゴールに正対してトリプルスレット

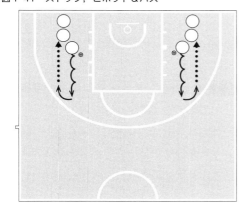

図1-41　ストップ，ピボット＆パス

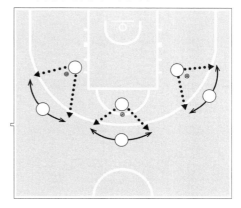

図1-42　キャッチ＆スクウェアアップ

からのピボットのスキルを身につける。

手順・方法

▶2人1組になって，3ポイントライン付近に位置し，1人がボールを持ち，もう一方のプレイヤーはディフェンス役となる。

▶ボールを持ったプレイヤーはハーフラインの方を向き，ボールを空中に高くトスし，そのボールをキャッチする。

▶そして，ゴールに近い方の足を軸足としてピボットし，ゴールに正対してトリプルスレットをとる。

ポイント

▶ドリル3に同じ。

▶トリプルスレットでのオープンステップからのドライブ，クロスオーバーステップからのドライブの動きを加えることもできる。その際もピボットの技術を用いることとなる。

ドリル5 4コーナー・ピボット・パス
　　　　（図1-43）

目的

ストップ，ピボット，パスのスキルを身につける。

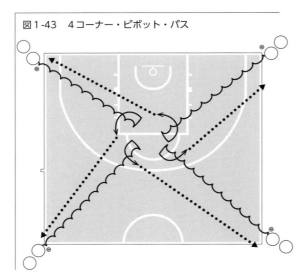

図1-43　4コーナー・ピボット・パス

手順・方法

▶4組に分かれてハーフコートのそれぞれコーナーに位置する。

▶4つのコーナーからハーフコートの中心に向かって一斉にドリブルで前進し，ストライドストップ，クイックストップで止まり，隣のコーナーの方向にピボットしてパスをする。

ポイント

パスする方向に足を踏み出して，両足が床に着いた状態でパスすることを指導する。

ドリル6 スプリント・ジョグ・スプリント
　　　　（図1-44）

目的

ランニングのなかで，チェンジ・オブ・ペースのスキルを身につける。

手順・方法

▶エンドラインに並ぶ。

▶コーチの指示によって逆サイドのエンドラインに向かって走り始め，途中，ジョグとスプリント（ダッシュ）を繰り返す。

ポイント

▶スタートの1歩目で無駄足を踏まないように指導する。

▶ジョギングの代わりに，スキップ，スタッター（→上巻p.54）などを指示することができる。

▶コーチの指示の代わりにジョグとスプリントし始める場所を決めてもよい。また，コーチの指示は笛だけではなく，ジェスチャーを用いることも可能である。

ドリル7 チェンジ・オブ・ディレクション（ジグザグ）（図1-45）

目的

ランニングのなかで，クイックに進行方向を変えるスキル（鋭い切り返し）を身につける。

図1-44 スプリント・ジョグ・スプリント

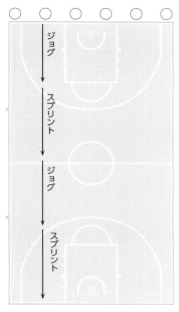

図1-45 チェンジ・オブ・ディレクション

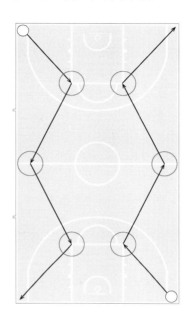

手順・方法

▶エンドラインのコーナーからスタートし，フリースローラインの端（エルボー）に向かって鋭くダッシュし，エルボーでインサイドフットターン（内足を軸にした方向転換），アウトサイドフットターン（外足を軸にした方向転換）などの技術を用いて鋭く切り返す。

▶以降，図1-45のような経路でダッシュと方向変換を繰り返す。

ポイント

▶代表的なターン以外に，リバースターンなどを用いてターンすることができる。また，ランニングのスピードを変化させることもできる。

ドリル8 ジョグ&クイックスタート（図1-46）

目的

周囲の状況をよく見ながら，クイックに進行方向を変えるスキルを身につける。

手順・方法

▶ハーフコート内に，ある程度間隔をとって任意の位置に立つ。4～5人。

▶コーチの合図とともにアウトサイドフットターンで小さく鋭く1歩目を踏み出し，その後はジョギングで移動する。これを1分間繰り返す。

図1-46 ジョグ&クイックスタート

ポイント
▶基本姿勢を意識させ，プレイヤーの視野を確保し，ほかのプレイヤーとぶつからないように指導する。
▶ドリブルをしながらおこなうこともできる。
▶クイックスタートのあとは，ジョギングだけでなくスキップやスタッター（→上巻p.54）などを指示することもできる。

ドリル9 ジョグ&ストップ

目的
ランニングからストップするスキルを身につける。

手順・方法
▶エンドラインに並ぶ。
▶何らかの合図で逆サイドのエンドラインに向かって走り始める。
▶フリースローライン上に達したらクイックストップまたはストライドストップで止まる。これを繰り返す。

ポイント
▶ストップの際に基本姿勢がとれているかどうか確認する。その際に，その場で2～3回軽く膝の曲げ伸ばしをおこなわせると，適切な基本姿勢がとれているかどうか確認できる。
▶コーチの合図でストップやジョグを指示することができる。また，ドリブルしながらおこなうこともできる。

ドリル10 シャトルラン（図1-47）

目的
ランニングフォームやストップ，ターンのスキルを身につける。

手順・方法
▶エンドラインに並ぶ。
▶コーチの合図で鋭くダッシュし，図1-47のようにストップ&ターン～ダッシュを繰り返す（エ

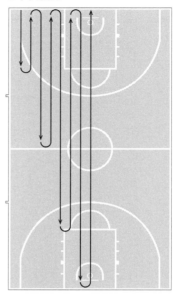

図1-47 シャトルラン

ンドラインからエンドラインへのダッシュから始めることも可能）。

ポイント
▶ストップの際に基本姿勢がとれているか確認する。
▶スプリント以外に，バックランニング，スライドステップなどをおこなってもよい。また，ストップの種類やターンの種類を変えることもできる。
▶1セットにかかる時間を制限すると，フィジカルトレーニングの要素も加わる。

1-4 パス

パスはチームオフェンスを組み立てるうえで非常に重要な要素となる。パスを通すためには，さまざまな状況や場面を把握し，状況に応じてパスを使い分けることが必要となる。また，味方同士の意思疎通も欠かせない。パスはチームオフェンスの成熟度を測る指標である。

上巻では，パスの基本原則，さまざまなパスの種類，キャッチの方法について解説した。下巻では，改めてパスの重要性について解説するとともに，パスが成功するために必要な要素，発育発達段階に応じたパスの指導法について解説する。上巻の該当箇所を参照しながら理解を深めてほしい。

1．パスの重要性

パスはチームプレイを支える重要な技術である。特にボールを持たないときの動きによってノーマークをつくり，そこへタイミングよくパスするということは，味方同士の意思疎通・協力がなければ成功しない。

攻撃の評価の指標としてアシスト数がある。アシスト，つまりパスからの得点が多ければ，チームとして攻撃が機能していたということが言える。また，味方のターゲットハンド（→上巻p.49）に正確なパスを通せば，ディフェンスからのプレッシャーを受けず，よりよい体勢からシュートをねらうことができる。パスがシュートを支えているとも言えるのである。

また，パスはドリブルに比べてボールが移動するスピードが速いため，防御を崩す有効な手段となる。攻撃戦術の基本的な考え方として，スペース，人の移動とボールの移動があるが，それらを支えるものの1つとしてもパスが考えられる。

2. パスが成功するために必要なこと

パスが成功するためには，ボールを持っていないプレイヤーがディフェンスを振りきると同時に，ボールマンがフリーのプレイヤーを見つけ，フリーのプレイヤーにパスを通すためのパスの種類を選択し実行するということが必要になる。以下，これらの具体的な内容についてみていくことにする。

1―パッシングレーンの確保

ノーマークになるためには，ディフェンスのマークを外してパッシングレーンを確保することが必要となる。そのためには，カットやシール（→上巻p.49），スクリーンなどを用いてディフェンスをずらすことが必要となる。

また，一見すると，パスできないと思われるような相手にも，ディフェンスがボールを見失っているためパスを通すことができる場合がある。ただし，このようなプレイの成否は，パッサーの状況判断力にかかっている。

2―視野の確保

ノーマークのプレイヤーを見つけるためには，すべてのチームメートとそのディフェンスを確認することができる広い視野が必要である。

視野を確保するには，良い姿勢が不可欠である。また，パスを出すタイミングも重要である。タイミングよくパスを出すためには，パスを出す準備ができている姿勢，つまり基本姿勢（→上巻pp.46-47）が重要である。ボールマンは，トリプルスレットで構え，広い視野を確保しながら，シュートの次にパスを考えることが基本となる。また，ボールを受けてから視野を確保するだけでなく，ボールを受ける前に次にボールを展開したい所の様子を見ておくことやコート全体の様子を常に把握しておくことも重要である。ノーマークになったプレイヤーを見つけたからといって，いつまでもフリーな状態になっているかどうかはわからないからである。

ボールをキャッチする前やボールをキャッチしてから，いずれかのタイミングで視野を確保し周囲の状況を把握する必要があるが，パスする前に，パスを送る相手を見続けないようにする。パスする方向を見続けていると，どこにパスを出すかが読まれ，インターセプトされてしまうからである。また，逆にパスする方向と違う方向を向いてパスするというようなノールックパス（→上巻p.80）も戦術上重要になってくる。

3―パスの選択

パスにはさまざまな種類がある。どのパスを選択するかは，その時々のディフェンスの状況や場面によって異なる。したがって，その時々に応じた最適なパスを選択することが重要である。

パスは次の3つの要素から成り立っており，これらの違いによってさまざまなパスの種類が存在する（図1-48）。

1―発点

1つは，パスの発点，つまりどこからパスを出すかである。ボールマンの前にはディフェンスがいることがほとんどなので，身体の中心からパスを出せることはほとんどない。したがって，基本的にはノーマークのプレイヤーがいる位置に応じて，右がオープンであれば右にボールを移動してパス，上がオープンであれば頭上にボールを移動してパスをする。

ボールを左右に動かして片手でパスを出すとワンハンドプッシュパス（→上巻p.81）になる。両

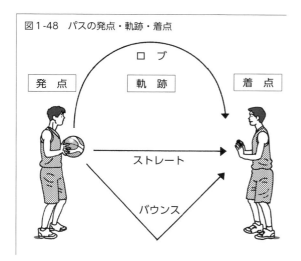

図1-48 パスの発点・軌跡・着点

手のチェストパスは正確で強いパスができるという利点があるものの、目の前のディフェンスにインターセプトされやすいという欠点もあるため、ディフェンスをかわしてパスを通す技術としてこのワンハンドプッシュパスも身につけたい。ワンハンドプッシュパスで目の前にいるディフェンスの肩口を通すとインターセプトされにくくなる。

ボールを頭上に移動してパスを出すとオーバーヘッドパス（→上巻p.82）となる。目の前のディフェンスが小さい場合や手が下がっているとき、レシーバーとの間にディフェンがいて頭越しのパス（ロブ）をする場合などに用いられる。また、強いパスが可能なため、遠くにパスしたいときも用いられる。

近い距離でオーバーヘッドパスをする際は、手首のスナップだけを使ってパスを出すこともできる。この場合、パスのモーションが小さいので目の前のディフェンスが邪魔にならず、また相手に読まれにくいパスになる。遠距離になるにしたがって肘や身体全体を使ってパスを出すことになるが、モーションが大きくなるので相手に読まれないようにすることが大切である。ボールを頭の後方まで引いてしまうような大きいモーションにならないように注意したい。

オーバーヘッドパスを用いる代表的な状況としては、ポストマンのハイポストからゴール近辺へのパス、リバウンド後のアウトレットパスなどがある。また、遠距離のパスとしては、ハイポストからコーナーへのパス、ゴールに向かってドライブしたプレイヤーからアウトサイドにいるプレイヤーにキックアウトする際のパス、ゾーンディフェンスなどに対するクロスコートパスなどがある。

パスの発点を変えるようにボールを移動させることは、パスフェイクにつながる。パスが読まれないためのパスフェイクは重要な技術であるが、パスを実際に出す前の予備動作を小さくすることもパスを読まれないためには必要な技術となる。この技術は、スナップパスとも呼ばれ、予備動作となるボールの移動を少なくし、手首のスナップを使ってすばやくパスを出すことを指す。

パスの発点を変えるためには、ドリブルまたはパスでパッシングレーンをつくり出すことも重要な技術となる（図1-49）。

2——軌跡

ボールの軌跡とは、空中でボールがどのように移動するかということである。一般的に、ロブ、

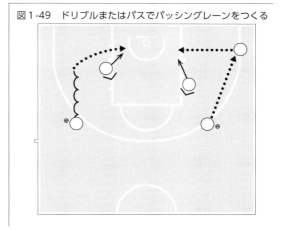

図1-49 ドリブルまたはパスでパッシングレーンをつくる

ストレート，バウンスの3つがある（図1-48参照）。基本的には，ストレートが相手に到達するスピードが一番速いので，ストレートにパスを出すことを考える。ロブ，バウンスは到達スピードが遅くなって，ディフェンスにインターセプトされることがある。ロブ，バウンスを用いる場合は次のようなケースである。

[ロブを用いる場合]

▶ファストブレイク（速攻）などで，前に走るプレイヤーにロブパスを出して，そのボールをキャッチさせるような場合。ロブさせることによってレシーバーとの間にディフェンスがいてもインターセプトされることなく，かつキャッチするタイミングを合わせやすいパスを出すことができる。また，ロブパスには，バックスピンをかける必要があるが，バックスピンのかかったパスは飛距離も期待できる。

▶パスしたい味方の前にディフェンスがいるようなケースで，ピンポイントにパスを出したいケースやリングのすぐ近くで直接ダンクショットさせるときなどがある。

▶相手の身長が大きいときには用いるべきではない。

[バウンスを用いる場合]

▶ファストブレイクなどで，前に走るプレイヤーにバウンスパスを出して，そのボールをキャッチさせるような場合。ディフェンスとディフェンスの間やディフェンスの足下をバウンドさせることによってパスが通り，レシーバーはタイミングを合わせてパスをキャッチしやすい。

▶ローポストへのパス。この場合，目の前のディフェンスをかわすために，ボールに回転をかけて，バウンドしたときに方向を変えるパスを用いることもある。このようなパスをラップアラウンドパス（→上巻p.84）と言う（図1-50）。

▶バックドアカットへのパス。バックカットを守るディフェンスの足下でバウンドするようなパスになり，ディフェンスはインターセプトしにくくなる。

▶ボールマンとレシーバーの間にディフェンスがいる場合などは，ディフェンスの足下にバウンドさせるようにするとパスを通しやすい。

▶ピック＆ロールなどで，ディフェンスとディフェンスの間にバウンドさせ，パスを通すような場合（図1-51）がある。

▶相手の身長が大きい場合には，相手の足下にボールを落とすバウンスパスが有効になる場合がある。

[第三者を経由する場合]

ロブ，ストレート，バウンスのどれを用いてもパスが通らない場合，第三点を経由してパスを通すことが考えられる。フォワードポジションからローポストにパスが通らない場合，ハイポストを経由してローポストにパスを通すハイ・ロー・プレイ（→p.139）やバックドアカット（→p.102）などはその代表的な例である。

図1-50　ラップアラウンドパス

図1-51　ピック&ロールにおけるバウンスパス

3．パス指導の要点

おおよそ次のような段階を経てパスを指導するとよい。以下，それぞれの内容について解説する。

1—キャッチの指導

良いキャッチができると，自然に良いパスにつながるような手の構えをつくることができる。キャッチの具体的な内容については，上巻p.86を参照のこと。

2—強くてスピードのあるパス

強くてスピードのあるパスをすることによって，パスの飛距離を確保することができる。パスは味方に届かなければ意味がない。また，強くてスピードのあるパスを味方が受けると，それが良いシュートや良いドライブにつながる。

強くてスピードのあるパスをするには，肘を曲げて伸ばす腕のストローク，手首のスナップ，脚を踏み出して体重をかけるようにパスを出す技術などの指導が必要である。

3—動きながらのパスの育成

動いている相手にパスするには，走っているスピードに合わせてパスの強さやスピードを調節し，相手が止まることなくボールをレシーブできるようにしなければならない。ターゲットハンドへのパスが基本となるが，ターゲットハンドの少し先にパスを出すという技術がここでは必要である。

4—視野の育成

パスにおける視野の重要性については，先述したとおりである。視野の育成には次のような段階があると考えられる（→上巻p.36参照）。

3—着点

基本的には味方がオープンになったときのターゲットハンドが着点となる。止まっている味方のターゲットハンドへのパスは比較的簡単であるが，動いている味方や今いる所から別の場所へ飛びつかせてキャッチさせたいときなどは，動く所を予想したリードパス（→上巻p.80）が必要となる。

シュートが30cmずれたら入らないのと同じように，パスも30cmずれると，レシーバーが次のプレイにスムーズに移行できない。レシーバーが望むピンポイントにパスを通すことが，チームプレイの発展につながる。

①ボールを保持したときの視野を広く（認識できる部分を広く）する。
②単に見えているだけではなく，そこから必要な情報をピックアップして正確な判断をできるようにする。
③ボールを受ける前に周囲の状況を見ておく。
④判断のスピードを速くする。

5─ドリブルからのパスの育成

パスの際には，足を床に着けた状態でパスをしたほうがよい。ジャンプしてパスをしたり，片足が床から離れた状態でパスを出そうとしたりすると，パスを止めようとしたときにミスにつながる可能性がある。ドリブルからパスする際にも足を床に着けた状態でパスすることやピボットしてパスする方向に脚を踏み出してパスすることが重要である（図1-52）。

ドリブルからパスする状況はさまざまであるが，ドリブルペネトレーション（ゴール方向の密集地帯へドリブルで分け入ること）からの2人の合わせ（ドライブ＆キック）に，図1-53のような合わせ方がある。

ドライブに対する合わせ方にはさまざまな考え方があるが，リングを中心として円を描いた場合，ドライブしたプレイヤーが右回り（左回り）をするようにドライブした場合，ボールを持たない状態（以下，オフボール）のプレイヤーも同様に右回り（左回り）をするように合わせ，ドライブしたプレイヤーとオフボールのプレイヤーのスペースを保つという考え方に基づいて，①〜⑥までの動きを紹介したい。

①ドライブしたプレイヤーは左回りになるので，オフボールのプレイヤーも同様に左回りになる（図1-53①）。
②ドライブしたプレイヤーは右回りになるので，

図1-52　ピボットから脚を踏み出してパス

オフボールのプレイヤーも右回りになる。この場合，オフボールのプレイヤーはドライブが始まった場所に動くということもあるが，そうすると動きが重なってしまうためハイポストに合わせる（図1-53②）。
③ドライブしたプレイヤーは左回りになるので，オフボールのプレイヤーも左回りになる（図1-53③）。
④ドライブしたプレイヤーは右回りになるので，オフボールのプレイヤーも右回りになる。ちょうどドライブが起こった場所に合わせることになる（図1-53④）。

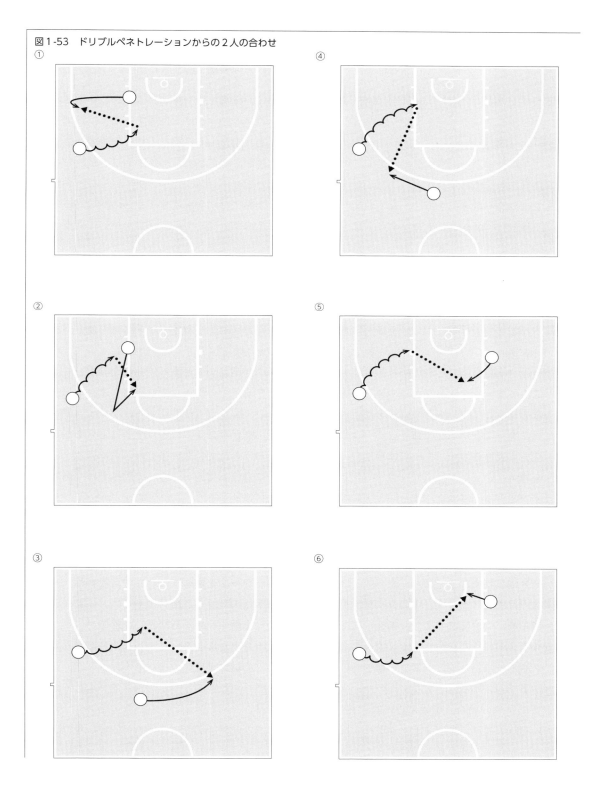

図1-53 ドリブルペネトレーションからの2人の合わせ

⑤ドライブしたプレイヤーは右回りになるので，オフボールのプレイヤーも右回りになる（図1-53⑤）。
⑥ドライブしたプレイヤーは左回りになるので，オフボールのプレイヤーも左回りになる（図1-53⑥）。

　ドリブルからパスを出す状況のなかで，特別なパスの種類があるわけではない。ただし，ドライブからすばやくパスを出す方法としてラテラルパス（→上巻p.84）がある。ラテラルパスは，腕と手首の瞬間的な外側への返しでボールを身体の真横に向かって投げるパスである。モーションが小さいので時間をかけずにパスすることが可能である。ドライブからすばやく真横にパスを出したり，ドリブルなしでもすばやくボールを展開したりしたいときに用いる。図1-53③では，ドライブからラテラルパスをすることが可能である。

　ドリブルペネトレーションからのパスの練習では，人数を増やしたり，場面や状況を変化させたりしておこなうことが可能である。チームによって合わせ方も異なるので，チームのやり方に合った方法を考えたい。

　ドライブ&キック以外に，ファストブレイクの状況でドリブルからパスすることもある。ファストブレイクは時間をかけずに攻撃することが求められるため，ドリブルを完全にストップしてパスするケースはまれである。通常，1ステップで両手または片手でパスを出す。1ステップでパスを出す習慣を身につけておくと，2ステップでもパスができるようになる。また，ドリブルからすばやくパスする方法として，ドリブルからそのままワンハンドでパスすることも身につけたい。ワンハンドでのパスの場合，両手でのパスに比べて，動いている味方にパスを通すときのタイミングがつかみづらいので，繰り返し練習することが必要である。

6—パスの種類を増やすこと

　パスの種類を増やすことは望ましいことであるが，パスの動作だけを指導することは好ましくない。あくまでもその時々の状況や場面があってパスの種類が選択されるべきであり，状況や場面の理解とともにパスの指導をしていくことが望ましい。上巻には，さまざまなパスの種類が紹介されているので，ここでは，プレイヤーに使うべき状況や場面を理解させるようにしたい。

　また，プレイヤーがさまざまなパスに挑戦できる環境を整えることも重要である。プレイヤーが自分自身でプレイの状況や場面を理解・判断しパスした場合，トリッキーでリスクの高いパスをすることがある。そういった場合に，トリッキーでリスクが高いからと言ってそれを制限してしまうと，プレイヤーの自主的な判断やプレイの創造性を妨げてしまう可能性がある。プレイの確実性と創造力豊かなプレイは相反することもあるが，名前がつけられていないようなパスを容認することも時には大切である。多くの球技では，創造力豊かなプレイヤーはパスがうまいプレイヤーである。

　パスのバリエーションを増やしていくには，名前がついているようなパスに1つひとつ取り組むことも必要であるが，次のような方法でパスのバリエーションを増やすことも考えられる。

▶両手のパスから，片手のパスへ。

▶短い距離のパスから，長い距離のパスへ。

▶ストレートなパスから，バウンスパス，ロブパスなどの軌跡が変化するパスへ。

▶止まった状態のパスから，ドリブルしてからのパスへ。

▶パスを出す前のモーションが大きいパスから，手首のスナップを利用したモーションが小さいパ

ス（スナップパス）へ。
▶キャッチしてからのパスから，完全にキャッチしない状態からのパス（タップパス，タッチパス）へ。

　ボールをキャッチして着地する前にパスを出すようなタップパスや，タップパスよりもボールを保持している時間は少し長いが，キャッチからすばやくパスを出すようなタッチパスは，味方や相手との関係上，キャッチからすばやくパスせざるを得ない状況で使用される。2対2のギブ＆ゴーなどのプレイでは，パスを出したプレイヤーにすぐにパスを返す必要があるため，タップパスやタッチパスが用いられることがある。

7─判断をともなうパス

　何を判断するかについては，さまざまな要素がある。代表的なものは「プレイヤーがオープンになっているか」の判断であるが，さまざまな状況に対応できるプレイヤーを育成するためには，誰がディフェンスにマークされているか否かの判断だけに限らず，コーチは状況に応じた課題を設定する必要がある。

8─ノーマークのプレイヤーへのパス

　ノーマークのプレイヤーへパスを出すことは，視野の広さと密接に関連することである。したがって，ここでの課題は，ボールを受ける前に周囲の状況を確認しておくこと，ボールをキャッチしたあとも視野の広さを保つこと，ノーマークのプレイヤーを見つけパスを出すための判断の正確性と判断のスピードを上げること，などがあげられる。

　ノーマークのプレイヤーにタイミングよく正確にパスを出すことは重要なことであるが，それには上記のようにさまざまな能力を身につけておく必要がある。ノーマークのプレイヤーにパスが通らないことでコーチが否定的な態度をとってしまうと，プレイヤーはパスそのものをしなくなってしまう可能性もある。正確にパスが通らない場合は，どの要素に問題があるのかを見極めて指導することが大切である。また，正しい状況判断ができるようになるには経験が必要である。つまり，成功も大切であるが，それ以上に失敗し，失敗から学んでいくことも必要となる。特にパスは，さまざまな状況判断が高度に求められ，パスが上手なプレイヤーはバスケットボールの理解度が高いプレイヤーとも言える。初めからパスが上手なプレイヤーはいない。パスの経験を積める環境を確保し，辛抱強く指導していくことが大切である。

4．パッシングドリル

ドリル1 時間制限のある対人パス

目的

　パスとキャッチの能力の向上，強いパスを出す能力を高める。

手順・方法

▶時間を決めて，パートナー同士で連続してパスとキャッチを繰り返す。何回パスをすることができたかで，パスの強さ・スピードの指標とする。
▶ある程度の時間を空けて，さまざまな種類のパスをおこなう。また，パートナー同士の距離を変えておこなう。

ポイント

▶パスの種類を変えたり，パスの長さを変えたりして，さまざまなバリエーションをつける。
▶脚を前に踏み出してパスする場合，できるだけ両足を床に着けておくことが重要である。後ろ足を浮かせると，トラベリングにつながりやすい。

ドリル2 シャトルパッシング（図1-54）

目的

パスとキャッチの技能の向上。

手順・方法

▶2組に分かれて向かい合って並ぶ。
▶①は②にパスしたあと次の組の後ろまでダッシュする。②は③にパスしたあと同じことを繰り返す。

ポイント

▶前に踏み出す脚を走り出すときの1歩目にする。右手右足，左手左足のどちらも同じように使えるようにする。

ドリル3 スクエアパッシング（図1-55）

目的

動きながらのパスとキャッチの技能，またカッティングの技能を身につける。

手順・方法

▶4つのコーナーに分かれて並ぶ。
▶①は左の組にパスを出して，そのパスを追いかけるように走る。
▶レシーバーの②は①にパスを返し，②は次の組に向かって走り始める。
▶①は②にパスしたあと，次の組の後ろにつく。

ポイント

▶ボールの数を増やしたり，パスの種類を変えたりすることができる。
▶ゴール下を基点に，四角形の角を両ウィングとセンターサークル付近にすると，より実践的になり，ランニングシュートなどを加えることができる。

ドリル4 2ボール3メン（図1-56）

目的

視野を保ちながら，動いているプレイヤーにタイミングよくパスする能力を高める。

手順・方法

▶3列に分かれて並び，ミドルレーンのプレイヤーとサイドレーンのどちらかのプレイヤーがボールを持つ。
▶サイドとミドルから同時にパスを出しながらボールを前に進め，シュートにもち込む。

ポイント

▶ミドルレーンのプレイヤーが，周辺視野を用いてボールレシーブ，パスすることを指導する。
▶走り込む場所をイメージしてパス（リードパス）する。

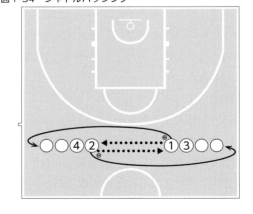

図1-54 シャトルパッシング

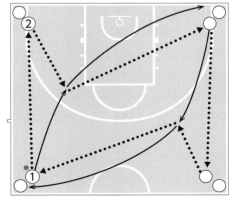

図1-55 スクエアパッシング

図1-56　2ボール3メン

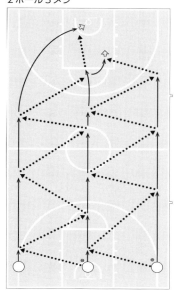

図1-57　3メンクリスクロス

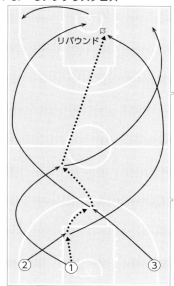

ドリル5　3メンクリスクロス（図1-57）

目的

動いているターゲットに正確にパスを出す技術を身につける。

手順・方法

▶3列に分かれて並ぶ。
▶真ん中のプレイヤーがどちらかのサイドにパスをする。
▶パスしたら、パスをキャッチしたプレイヤーの後ろを走る。
▶パスをキャッチしたプレイヤーは、逆のウイングにパスして、そのプレイヤーの後ろを走る。

ポイント

▶図1-57のようにサイドライン近くまで広がっておこなう場合と、フリースローレーンの幅で細かくパスをたくさんつなぐ場合がある。その距離の違いに応じて、味方が取りやすいパスを工夫することが大切である。
▶パスをキャッチした人の前を横切ると、衝突する恐れがあるので、注意が必要である。

ドリル6　マシンガンパッシング（図1-58）

目的

視野を保ちながら連続してパスを出す能力を高める。

手順・方法

▶フリースローライン上に5人のプレイヤーが並

図1-58　マシンガンパッシング

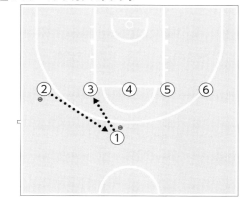

び，1人のプレイヤーが5人の方を向きながらフリースローサークルの上に位置する。
▶2つのボールを使って，①と②がパスを始める。①が③にパスすると同時に②が①にパスをする。
▶次に①は④にパスする。すべてのプレイヤーが①にパスをしたら，今度は逆回りでパスをし，最初に戻る。

ポイント
▶②〜⑥は，①がパスをすると同時に①にパスを出すようにタイミングを合わせる。
▶①は次にパスする人ではなく，自分にパスされたボールを見るようになる。このことによってノールックパスにつながる。
▶パスするときに，キャッチする人の名前を呼ぶなどして，コミュニケーションの促進を図る。

ドリル7 ロング&ショート（図1-59）

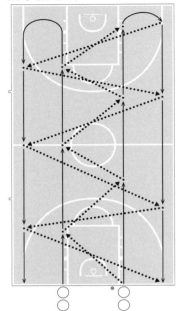

図1-59 ロング&ショート

目的
動いている相手に対して正確にパスを出し，またキャッチする技術を身につける。

手順・方法
▶2列に並んで，エンドラインから始める。
▶フリースローレーンの幅で，2人のプレイヤーがパスとキャッチを繰り返す。トラベリングに気をつける。また，床にボールを落とさないようにする。
▶エンドラインまで到達したら，サイドラインとサイドラインの幅に広がり，今度はオーバーヘッドパスを繰り返す。パスの種類はさまざまなものが考えられる。
▶最初の組がハーフラインを越えたら次の組がスタートする。正確にパスをしないと他の組の邪魔になるので，集中力が必要となる。

ポイント
▶ターゲットハンドを意識させ，ターゲットハンドの少し先にパスすることを強調する。

ドリル8 ポストパッシング（図1-60）

目的
ポストに位置するプレイヤーの視野を広くして，パスを出す能力を身につける。

手順・方法・ポイント
▶複数のボールを用いて，ある一定時間ボールレシーブ，パスを連続する。

〈ポストパッシング①〉
▶①のドリルは，ハイポストに立っているプレイヤーが左右の外側に位置するプレイヤー（以下，ペリメター）からのパスを連続してキャッチ，パスを繰り返しているが，ポストまたはペリメターがファンブルした時点で別のプレイヤーと交替する。
▶図の中の数字はパスの順番を表しており，ポストは左のツーガードポジションからのパスをキャッチし，すぐに右のフォワードポジションにパスを出す。

図1-60 ポストパッシング

①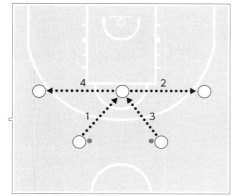

②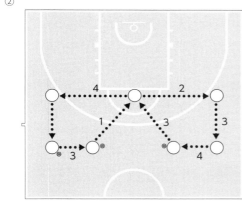

③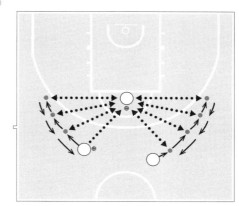

④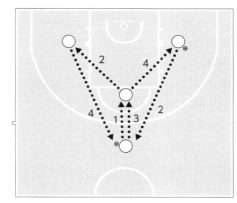

▶その間に右のツーガードポジションからパスが来るので，それをキャッチし，左のフォワードポジションにパスを出す。

▶ポストが左（右）から右（左）にパスを出そうとするときに，右（左）ツーガードポジションからパスを出すことがポイントであり，常に広い視野を保ちながらレシーブとパスすることが求められる。

▶2個のボールを使っておこなう，フォワードポジションのボールはすぐに同じサイドのツーガードポジションに返し，同じことを繰り返す。

〈ポストパッシング②〉

▶②のドリルは，①と同様のものであるがフォワードポジションの上に左右1人ずつパスを中継するプレイヤーが加わっていることと3個のボールを使っておこなうことが異なる。

〈ポストパッシング③〉

▶③のドリルは，ハイポストに立っているプレイヤーが左右のペリメターから交互に来るパスをキャッチ，リターンパスを繰り返す。

▶ペリメターはパスを出すごとに，2ガードポジションからフォワードポジションを少しずつ移動する。

▶ポストがパスをリターンしようとするときに，

逆サイドのペリメターからパスを出すことがポイントである。

〈ポストパッシング④〉

▶④のドリルは，ハイポストに立っているプレイヤーがトップからパスされたボールをバックドアカットしたプレイヤー（実際にはカットせずブロックのあたりに固定）にパスすることを繰り返すものである。

▶ポストがバックドアカットしたプレイヤーにパスしようとするときに，トップからポストへパスを出すことがポイントである。

ドリル9 ノールックパス

目的

レシーバーの方を見ずに，ノーマークのプレイヤーに正確にパスする能力を身につける。

手順・方法

▶オフェンス（パスをまわす側）は五角形をつくる。ディフェンスは五角形の中に2人。

▶オフェンスは，ディフェンスにボールを触られないように連続してパスを出す。

▶パスを出す際に，レシーバーの名前をコールすること，ノールックでパスを出すことの2つの課題を与える。

ポイント

ドリルを実施する際にどのようなルール（課題）を設定するかによってドリルの目的が大きく変化することになる。このドリルではボール保持の時間は1秒以内に制限する。ボール保持時間が短いほど，ボールを受ける前に周囲の状況を確認しておかなければならなくなり，判断のスピードを上げざるを得ない。コーチは望ましい行動を直接要求すること（このドリルの場合，ボールを受ける前に周囲の状況を確認することやすばやく判断すること）も大切であるが，ルールを工夫することによって，プレイヤーがそうしなければならない

ような状況をつくり出すことも必要である。

ドリル10 ドライブの合わせからのシューティング（図1-61）

目的

ドライブ＆キックの基本的な合わせを習得するとともに，ドライブ＆キックからのシュートを練習する。

手順・方法

▶状況は図1-53（p.47）の①〜⑥のさまざまな状況が設定できるが，ここでは④の状況設定で紹介する。

▶合わせのプレイヤーはドリブラーからパスを受けてシュートする。

▶ドライブしたプレイヤーは，パスのあと，すばやくカットアウトしてコーチからボールを受けてシュートする。

ポイント

ドライブからキックアウトしたプレイヤーは，その場にとどまらず，すばやく外側へカットしてスペースを空ける習慣をつける。

ドリル11 フルコートパッシング［1］（図1-62）

目的

ファストブレイクの状況を想定し，1ステップ，

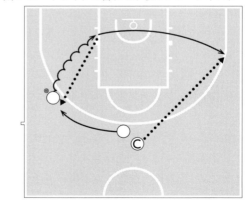

図1-61　ドライブの合わせからのシューティング

ワンハンドですばやくパスする技能を身につける。

手順・方法

▶2組に分かれて，エンドラインからフリースローラインの延長線ぐらいの間に並ぶ。

▶最初のプレイヤーは向かい合った組の先頭に向かってワンハンドのストレートなパスを出す。パスのあと，サイドライン沿いを走り45度の角度でゴールに向かう。

▶組の一番後ろのプレイヤーが，ゴールに向かって走ってくるプレイヤーにタイミングよくパスする。ボールを受けたプレイヤーは，レイアップショットをし，自らリバウンドして組の一番後ろのプレイヤーにパスを出す。

ポイント

▶ボールをキャッチしたらすばやく腰の横にボールを移動し，ワンハンドでパスをする。

▶ストレートなパスになるように指導する。

ドリル12　フルコートパッシング［2］（図1-63)

目的

ファストブレイクの状況を想定し，ドリブルから1ステップ，ワンハンドですばやくパスする技能を身につける。

手順・方法

▶フルコートパッシング［1］と同じような手順でおこなうが，コーンを図1-63のように配置し，最初のプレイヤーは最初のコーンに向かってドリブル，方向変換し，2つ目のコーンの辺りで向かい合った組の先頭にパスする。

ポイント

▶ドリブルからのパス，パスをしてからのカット，そしてレイアップショットと，一連の動作をすばやくおこなう。

▶名前をコールさせるなどして，コミュニケーションを促進させる。

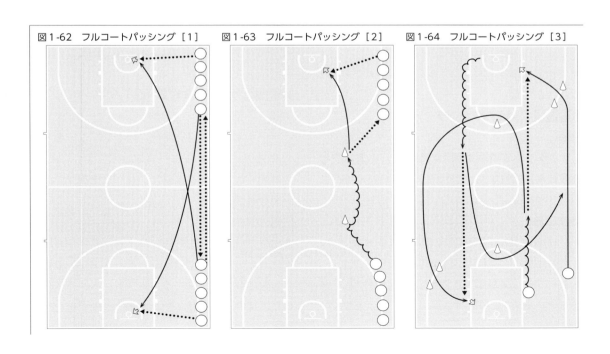

図1-62　フルコートパッシング［1］　　図1-63　フルコートパッシング［2］　　図1-64　フルコートパッシング［3］

ドリル13 フルコートパッシング［3］（図1-64）

目的
ファストブレイクの状況を想定し，サイドレーンを走っているプレイヤーに合わせて，ドリブルからレイアップショットにつながる正確なパスを習得する。

手順・方法
▶図1-64のようにコーンを配置する。
▶ドリブルでボールを運び，サイドレーンを走るプレイヤーにパスをする。
▶サイドレーンを走るプレイヤーはサイドライン沿いに走りながら，フリースローラインの延長線とサイドラインが交わるぐらいの所からリングに向かってカットし，ボールをレシーブしてレイアップショットをする。
▶パスしたプレイヤーはコーンをまわってサイドレーンを走る。シュートしたプレイヤーはリバウンドを取ってドリブルでボールを運び，パスをする。

ポイント
▶人にパスするのではなく，走り込む場所をイメージしてパスをする。
▶ドリブルから1ステップによって片手ですばやくパスをする。

ドリル14 2対1パッシング

目的
オフェンスが有利な条件のなかで，さまざまな種類のパスに挑戦し，実践的な動きのなかでパスのバリエーションを増やす。

手順・方法
▶2人のオフェンスの間にディフェンスが入り，2人のオフェンスはパスを繰り返す。
▶ディフェンスがボールに触ったら，オフェンスとディフェンスが交替する。

ポイント
単純なドリルだけにさまざまなルールを設定し実行することが重要である。ボール保持の時間を制限したり，ノールックパスやパスフェイクをしたりする。

ドリル15 4人のパッシング

目的
指示された通りに名前を呼び（コール），状況を判断してパスを出す能力を高める。

手順・方法
▶ハーフコートで，自由に動きながらパスをまわす（パスのみ）。パスを出すプレイヤーは，必ずレシーバーの名前をコールしてパスを出す。
▶次に，パスを出すプレイヤーは，レシーバーの名前をコールするのではなく，レシーバーが次にパスを出すプレイヤーを指示するようにコールしてパスを出す。それを連続しておこなう。

ポイント
▶コート全体を広く見ながらパスをまわしていくことを強調する。
▶プレイする人数やボールの数を変えることができる。ボールを2個にすると難易度が高まる。また，判断を早くするには，ボールを保持できる時間に制限を加える。

ドリル16 サークル3対2（図1-65）

目的
ボールマンは，ノーマークのプレイヤーをすばやく見つけ，ただちにパスを出す。他の2人は，すばやく移動してパッシングレーンを確保することを身につける。

手順・方法
▶センターサークルを用いて，サークルの外周にオフェンスプレイヤー3人，サークルの中にディフェンス2人を配置する。オフェンスはパスを連続して繰り返し，ディフェンスはそのボールを奪取することを試みる。

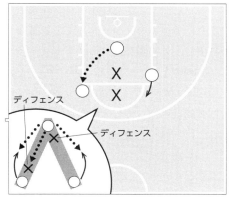

図1-65　サークル3対2

▶「タップしてパスするなどできるだけボールを保持する時間を短くする」というルールも可能である。
▶サークルを使う場合には，4対3なども可能である。

▶オフェンスが一定時間パスをまわし続けるか，またはディフェンスがボールを触ったときは，攻守を交替するなどのルールを設ける。

ポイント

▶ボールマンは，ディフェンスの守り幅にボールが隠れないようにボールを移動させてパスすること，ボールマン以外もディフェンスの守り幅から外れるように動くことを指導する。
▶ボールをレシーブするプレイヤーは，ボールをレシーブする前にパス方向とは逆の状況を見る。ボールをレシーブしたら，すぐに次の展開ができるようにする。
▶攻防のドリルであるため，攻防の切り替えにはさまざまな工夫が可能である。

　例1）ボールを奪ったプレイヤーとボールを奪われたプレイヤーが即座に攻守を交替してドリルを続ける。

　例2）ボールを取られたプレイヤーは，サークルを1周まわってからディフェンスに入る，ボールを取ったプレイヤーはすぐにオフェンスに入る。

　例3）ルーズボールになった場合は，完全にボールの保有権を確保するまで攻守は入れ替わらない。

1-5 ドリブル

　適切なドリブルは，チームのピンチをチャンスに変える。しかし，不適切なドリブルはチャンスをつぶし，チームのピンチを招くことになる。どんなに優れたドリブルのスキルを身につけていても，ゲームのなかで「いつ」「どこで」「どのように」使用するのかを十分に理解していなければ，宝の持ち腐れになってしまう。

　上巻では，おもにドリブルの技術について解説したが，下巻では，どのような場面で，どんな種類のドリブルを，どのように使用したらよいのかについて解説する。なお，ドリブルの技術を磨くことは，ボールハンドリングを高め，身のこなしの育成にもつながる。育成年代では，できるだけ多くの種類のドリブルを楽しみながら，コーディネーショントレーニングの一部としておこなうことが必要である。育成年代で多様なドリブルを身につけておけば，その後の本格的な競技レベルのゲーム局面で，そのスキルを自分なりにアレンジして駆使できるようになる。

　本項で紹介する事例は，ゲーム中に起こる典型的な場面であり，同じ場面に遭遇したときに，必ず同じドリブルを実施しなければならないということではない。あくまで一例であり，もっとほかに良い打開策があるかもしれない。コーチはプレイヤーの力量に応じて，どのような打開策があるのかをプレイヤーと一緒に考え，創意工夫を促すことが重要である。

　上巻（p.188）に記載してある通り，ドリブルは相手から逃れるための手段として始まった。現在は，アクロバティックなドリブルが観客を魅了するが，ミスをしてターンオーバー（相手にボールの保有権を渡してしまうこと）をすると勝利を逃すだけでなく，チームメートの不信感をかってしまう。個人のスキルを高めるためにドリブルは効果的であるが，チーム力を高めるためにはパス

が効果的である。パスでディフェンスを揺さぶりながら，適切な場面で適切なドリブルを駆使できるようにしたい。

1．ドリブルを駆使する際の原則

■1—ドリブル使用の留意点

▶ドリブルを止めるときは，シュートするときかパスをするときである。ドリブルを止めてボールを保持していたら，ピボット以外にボールをキープする手段がないことを心しておく必要がある。

▶ゴールに向かって攻撃する場合，あるいはパッシングレーンをつくり出すとき以外は，むやみにドリブルしない。ディフェンス側からすると，パスに比べ，ドリブルへの対応はしやすいことを理解しておく必要がある。

▶縦のドリブル（ゴール方向やゴールから離れるドリブル）に比べ，横のドリブル（ゴールから等距離で横に移動するドリブル）は，守りやすい。横のドリブルは，ゾーンオフェンスやポストフィードでアングルを変えるとき，ルーズに守っている相手をおびき寄せるときなど，目的が明確なときに使用する。

▶ショットクロックやゲームクロックが残り少なくなってきたような特殊な状況を除き，1対1のためにその場で何度もドリブルするようなプレイには，ほとんど意味がない。NBAのハイライトシーンで切り取られた映像は，それまでの流れが表現されていないので，そうしたプレイに見えてしまうことを理解しておく必要がある。

■2—ボールアドバンス時の留意点

▶バックコートからフロントコートへボールを運ぶことをボールアドバンスと言う。

▶同じスピードの相手と併走した場合，ディフェンスは両手を速く走るために使えるので，スピードで抜き去ることが困難であることを理解しておく。

▶ゴールに向かって相手と併走しているときは，相手をサイドライン側に追いやるようなコースどりをする。

▶ゴールに向かって相手と併走しているときに，自分がサイドライン側に追い込まれそうなら，早めにペースや方向を変えて，ミドルレーンをキープする。

▶ノーマークでボールを運べるときは，ミドルライン側の手でドリブルし，コート全体を見渡せるようにする。

▶サイドレーンに追い込まれた場合は，ペースを落として身体の向きをミドルレーン側に変化させ，コート全体を見渡せるようにする。

■3—ディフェンスと対峙した場面での留意点

▶競り合っている相手と反対側の手でドリブルし，相手側の手でボールをカバーする。

▶相手がボールを奪いにきたら，相手とボールの間に自分の身体を入れてカバーする。

▶相手がボールを，自分がドリブルしている手と同じ側の手で奪いにきたら，身体の後ろを通したり（ビハインド・ザ・バック→上巻p.77），股の間を通したり（ビトウィーン・ザ・レッグ→上巻p.77）して，反対側の手に切り返す。

▶相手が身体の正面に入って，コースを押さえ，自分がドリブルしている手と反対側の手で奪いにきたら，リバースターン（→上巻p.76）をするか，一度後ろへ下がりながらクロスオーバー（→上巻p.76）をして，切り返す。

▶相手との間合いがあるときは，クロスオーバー

などで相手を揺さぶり，ディフェンスをおびき寄せるドリブルをしてから破る。
▶2人の間をすり抜ける場合は，ボールを先に低くつき出し，そのボールを追いかけるように自分の身体を移動させる。

4—危険地帯から逃れるときの留意点

▶密集地帯でドリブルをするときは，低く鋭く両足の間でボールを扱う。
▶コーナーやゴール下で相手から逃れるときは，2～3回でドリブルを止めるのではなく，大きくセンターライン側まで移動し，ゴールに向いてコート全体を見渡せるようにする。

2．場面に応じたドリブル（フルコート）

1—広い空間をすばやく移動する場合（スピードドリブル）

スピードドリブルは，ボールをすばやくフロントコートまで進めるときに用いる（図1-66）。ディフェンスが前方にいないときは，ボールを大きく前につき出して，ボールを追いかけるように走りながら，スピードアップする。

スピードにのった状態で待ち構えているディフェンスと競り合う前に，一度ギャロップステップ（→上巻p.79）を踏むことによって，タイミングに変化をつけることができる。

スピードにのった状態で待ち構えているディフェンスがコースに入ろうとしたら，クロスオーバーで先手をうって相手を出し抜く（図1-67）。

相手がコースに入ってさらにボールを奪いに来た場合は，ビハインド・ザ・バックで相手を出し抜く（図1-68）。リバースやビトウィーン・ザ・レッグは，せっかくのスピードが落ちてしまう。

2—アウトナンバーのつめの場合（スタッター）

ファストブレイクでのアウトナンバーのつめ（シュートに向かう最終局面）の際には，スピードダウンしてその場でスタッターステップ（→上巻p.78）をしながらドリブルをする。ディフェンスがドリブルコースに入ってきたけれども，間合いがあるときや先まわりして待ち構えているようなときには，様子をうかがうためにスタッターステップを用いる。

2対1のつめの際は，ミドルライン側の手でドリブルをつき，味方とディフェンスの関係を把握しながら，シュートかパスかそのままドライブするかを判断する。ドライブでディフェンスと競り

図1-66　スピードドリブル

図1-67 スピードドリブル：クロスオーバー　　図1-68 スピードドリブル：ビハインド・ザ・バック

合う場合は，サイドライン側の手でドリブルをつき，身体でボールをカバーする。

3対2のつめの際は，フリースローサークル付近でスピードを緩め，スタッターステップをしながらドリブルをする。相手が自分をマークしてくるようなら，サイドレーンを走ってくる味方にパスを出す。相手が自分についてこないようなら，そのままシュートする。

❸──サイドレーンに追い込まれた場合

ドリブルでセンターラインを越える際に，自分のマークマン以外のディフェンスが積極的にボールを奪いにくることがある。ミドルレーンをキープしていれば，左右に空間があるので，ビトウィーン・ザ・レッグなどを駆使して2人の間を割ることができる（図1-69）。

プレスオフェンスでは，何らかの理由でミドルレーンをキープできずにサイドレーンに追い込まれ，2人に挟まれてしまう場合もある。このような場合にドリブルを止めてパスを出すと，3人目のディフェンスにボールを奪われて容易に得点されてしまう。しかし，ドリブルで2人を出し抜くことができれば，アウトナンバーになり，容易に得点することができる。

ビトウィーン・ザ・レッグやリバースなどを駆使して，身体をミドルレーン側に向け，一度サイドライン側の手とは反対側の手でドリブルすることが重要である。このとき，サイドラインとディフェンスとの間に隙間が空いていたら，ビハインド・ザ・バックなどを駆使してそこをすり抜ける（図1-70①）。サイドラインをまたぐようにしてディフェンスが隙間をまったく空けないようにしていたら，2人の間を低いドリブルで割る（図1-70②）。

図1-69　ビトウィーン・ザ・レッグ

図1-70 サイドレーンに追い込まれた場合のドリブル
①ライン際をすり抜けるドリブル　　　　　　　　　　　　　②2人の間を割るドリブル

3. 場面に応じたドリブル（ハーフコート）

❶——競り合っている相手をかわす場合

①——チェンジ・オブ・ペース
　スキップをしながら上体を少しひねるなど，上半身と下半身の動きに変化をつけることで，ペースを変え相手をかわすことができる。

②——ギャロップ
　ディフェンスと競り合いエンドライン側に追い込まれているような場合は，思いきってジャンプして，そのままギャロップステップでシュートにもっていくなど，力強いドリブルも必要である。

❷——コースに入ってきた相手をかわす場合

①——リバースターン（図1-71）
　ディフェンスに密着された，あるいはディフェンスが突然ドリブルコースに入ってきたときに用いる。ディフェンスがフィジカルに（身体を密着させて）プレイしてきたときに必須となるテクニックである。ゴールに近づけば近づくほど，よりコンパクトかつ力強くターンする必要がある。
　ディフェンスと接触が起きたときに必須となるテクニックである。

②——ビトウィーン・ザ・レッグ（図1-72）
　コートビジョン（コート全体への視野）を確保しながらプレイできるという利点がある一方で，習熟していないと瞬間的に大きくスピードダウンしてしまうという欠点がある。コンパクトにターンすることが可能なため，狭い空間を通り抜けるのに有効である。

③——ビハインド・ザ・バック（図1-73）
　ビトウィーン・ザ・レッグと同じく，コートビジョンを確保しながらプレイできるという利点が

図1-71　リバースターン

図1-72 ビトウィーン・ザ・レッグ　　　図1-73 ビハインド・ザ・バック

ある。瞬間的にボールが背後を通るため，視界に入っていなかったディフェンスにスチールされてしまう可能性がある。そのため，ゴールの近くになるほどリスクが高い。

3 ─ペリメターから少し離れた所で相手をかわす場合

1 ─クロスオーバー（→上巻p.76）

クロスオーバーは，ディフェンスとの間合いがあるときに，方向変換をするために用いる最も基本的なドリブルである。常にコートビジョンが確保できるので，ドライブからキックアウトをしたり，ディフェンスをおびき寄せたりすることができる。ディフェンスが間合いをつめてきた場合には，方向転換する側の足を引きながらクロスオーバーすると，ボールをキープしながらふたたびディフェンスとの間合いを広げることができる。

2 ─インサイドアウト（図1-74）（→上巻p.77）

インサイドアウトは，クロスオーバーと同じく，ディフェンスとの間合いがあるときに用いる。クロスオーバーと見せかけて，反対側へ移動するため，ディフェンスのボディーバランスを崩すことができる。インサイドアウトからクロスオーバーやビハインド・ザ・バックを用いると，より効果的となる。

4 ─2人の間をすり抜ける場合

1 ─ジャンプ（図1-75）

ゾーンのように相手との間合いが広く空いている場合，2人の間をドリブルですり抜けると戦術的にも効果的である。この場合，タイミングを見計らって，相手の間を大きくジャンプしてすり抜けるとよい。

図1-74　インサイドアウト

図1-75 2人の間をジャンプで割る　　図1-76 ビトウィーン・ザ・レッグ→ダッキング（間すり抜け）

2─ビトウィーン・ザ・レッグ→ダッキング（図1-76）

　1人のマークマンとの間合いを計りながら，もう1人のディフェンスをおびき寄せるようにして，瞬間的にビトウィーン・ザ・レッグで身体の向きを変え，すぐさまクロスオーバーでボールをゴール側へつき出すように低いドリブルをして（ダッキング），2人の間を割ってドライブするなど，ドリブルを組み合わせることが大切である。

3─ショーディフェンスへの対応（図1-77）

　ピック＆ロールでスクリナーのマークマンがショーディフェンスしてきたとき，スクリナーとショーディフェンスしてきたディフェンスとの間にスペースがある場合には，ダッキングして低いドリブルをしながらターンして，間をすり抜けるようにする。ビトウィーン・ザ・レッグ等を用いることもできる。

5─ディフェンスの強いプレッシャーをかわす場合

1─後ろへ下がるドリブル（図1-78）

　ディフェンスからのプレッシャーを回避するためには，ドリブルで下がることも重要なテクニックである。トラップされそうなときなど，ドリブルで後ろに下がるとノーマークのプレイヤーを見つけやすくなる。ディフェンスからのプレッシャーを受けたり，もう1人のディフェンスが突然目の前に飛び出してきたりしたからといって，ドリブルを止めてしまわないようにすることが重要である。

2─ビトウィーン・ザ・レッグ→ビハインド・ザ・バック

　ディフェンスがミドルライン側を抜かせないようにオーバーシフト（ボールマンを一方向に押しやること）している場合は，ミドルライン側へ，

図1-77　ショーディフェンスへの対応

図1-78　後ろへ下がるドリブル　　　　図1-79　片手のパワードリブル

ビトウィーン・ザ・レッグを使ってボールを奪われないようにしながら、さらにオーバーシフトさせ、ビハインド・ザ・バックを使って切り返し、ゴールに向かってドライブするなど、複数のドリブルを瞬間的に組み合わせることも重要である。

6──ポスト近辺で相手をかわす場合

1──両手のパワードリブル（→p.117図2-33参照）

ローポストなどで囲まれそうになったら、両手で両足の間に低く鋭く1回ドリブルをして、弾んでくるボールをキャッチしながら大きくゴール側へジャンプすると、相手をかわしてシュートすることができる。

2──片手のパワードリブル（図1-79）

ローポストなどでペリメターのディフェンスが寄ってこないような場合、片手のパワードリブルでディフェンスを押し込みながら、ペリメターをおびき寄せ、パスのチャンスを伺ったり、シュートをねらったりする。

4．ドリブリングドリル

ドリブルの終わりはショットかパスをする、もしくはスペースを確保するためのものであるから、ドリブル、ショット、パス、スペーシングを組み合わせたドリルをおこなうと効果的である。

ドリル1 スピードドリブル：クロスオーバー（図1-80）

目的

コーンをディフェンスと想定し、ワンアーム（腕を伸ばしたぐらい）の距離まで近づき、方向変換する。ターンで用いるキックを鋭くする。

手順・方法

▶ベースライン（もしくはリバウンド）からスタートし、コーンの手前で、左右交互にスピードドリブルでのクロスオーバーを用いてレイアップショットをおこなう。

ポイント

▶ドリブルチェンジの際に、最も鋭く強いドリブルを心がける。

▶技術を2つ以上組み合わせたときには、動きを連動させることが重要である。

ドリル2 コンビネーションドリブル＋インサイドアウトドリブルからのペネトレーション（図1-81）

目的

多様なドリブルから、バランスよくシュートにもち込むための身体の使い方を習得する。

手順・方法

▶コーンの手前でビトウィーン・ザ・レッグ→ビハインド・ザ・バッグなど2種類以上の組み合わせをおこないながら進む。3ポイントライン上の2つのコーンの間（内側→外側）では、スタッタ―ステップからインサイドアウトドリブルする間に、小刻みにスライドステップして横に移動し、コーンの外側を通ってゴールに向かう。

ドリル3 後ろへ下がるドリブル（図1-82）

目的

前に進むことばかりではなく、前方への視野を確保しながら後ろに下がる感覚を身につける。

手順・方法

▶2つ目（奥）のコーンから1つ目（手前）のコーンまでドリブルで後ろへ下がったら、スピン（リバースターン）やクロスオーバーで方向変換し、次のコーンへ向かい、最後はシュートにいく。

ドリル4 ハーフライン1対1（図1-83）

目的

ディフェンスに追いかけられながらも、スピードのあるドリブルから、確実なレイアップショッ

図1-80　スピードドリブル：クロスオーバー

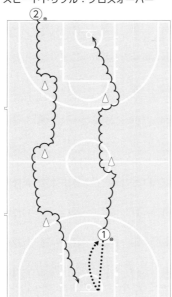

図1-82　後ろへ下がるドリブル

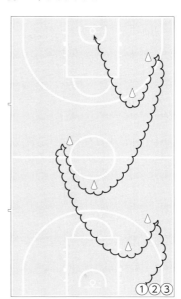

図1-81　コンビネーションドリブル＋インサイドアウトドリブルからのペネトレーション

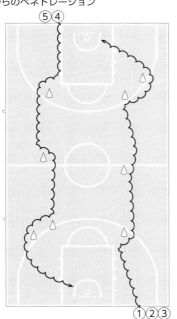

図1-83　ハーフライン1対1

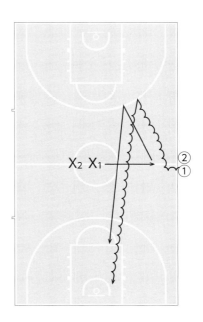

トをおこなえるようにする。

手順・方法
▶ドリブラーはサイドライン，ディフェンスはセンターサークルからスタートする。
▶ドリブラーはディフェンスに向かって近づき，相手をかわし，スピードドリブルでどちらかのゴールに向かう。
▶ディフェンスされたときには，1回だけ方向変換して反対側のゴールに向かってもよい。

ポイント
▶ディフェンスと駆け引きをして，進むべきゴールをすばやく判断する。
▶ゴールに向かう際は，ゴールに向かってまっすぐ進むようにする。サイドライン沿いに膨らまないよう注意する。
▶シュートのあとすぐに攻守交替して，反対側のゴールへスピードドリブルで向かうなど，徐々に負荷をかけていく。

ドリル5 トップからの1対1

目的
アーリーオフェンス（→p.245）やセットプレイでトップからのドライブをしかけられるようにする。

手順・方法
▶エルボー付近にディフェンスに見立てたコーンを置き，ハーフライン付近からドリブルで近づき，クロスオーバー，ビハインド・ザ・バック，ビトウィーン・ザ・レッグ，インサイドアウトを駆使してゴール方向へドライブする。

ポイント
さまざまな状況をイメージして，チェンジ・オブ・ペースを大切にする。

ドリル6 ウィングからの1対1

目的
ウィングからの1対1で，力強くベースラインドライブができるようにする。

手順・方法
▶ファウルラインの延長線と3ポイントラインの交点付近にコーンを置く。Vカットをしてコーンの外でトップからのパスを受け，リップスルー（→p.105）からベースライン側へ力強いドライブをおこなう（リップ＆ゴー）。慣れてきたら，ベースラインドライブをフェイクにして，クロスオーバーでミドルレーン方向へドライブ（ミドルドライブ）をおこなう（リップ＆クロスオーバー）。

ポイント
ディフェンスがどのような状態でマークしているのかをイメージして，適切なプレイを実施する。

ドリル7 インサイドアウトドリブルからのペネトレーションとキックアウト（図1-84）

目的
トップとウィングの2対2を想定し，ディフェンスの対応に応じた状況判断ができるようにする。

手順・方法
▶ドリブラーはコーンの手前でスタッターステップを踏み，コーチ（Ⓒ）までインサイドアウトドリブルする間に小刻みなスライドステップで横方向に移動する。

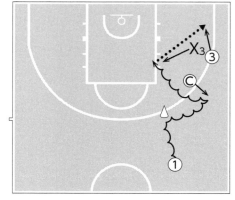

図1-84 インサイドアウトドリブルからのペネトレーションとキックアウト

1-5 ドリブル

▶コースが空いていたらそのままボールを前へつき出し、ゴールに向かう。
▶コーチがコースをふさいだら、クロスオーバーなどでただちにミドル方向へ切り返し、ゴールへ向かう。
▶X_3がヘルプにきたらクイックストップし、パスアウトする。

 ポイント

　ドリブルしながらディフェンスを読み、ショットかパスを判断する。

1-6 リバウンド

「オフェンスは観客を呼び，ディフェンスはゲームに勝利し，リバウンドはチャンピオンシップを制する」と言われている。重要な試合では特にリバウンドが勝敗の鍵を握る。勝利をつかむためには，ディフェンスでもオフェンスでも，常に勇猛果敢にリバウンドボールに飛びつく習慣を身につけることが非常に大切である。

ディフェンス側が，リバウンドボールを獲得すると，相手に余分なシュート機会を与えず，失点を少なくすることができる。オフェンス側は，さらにもう1回ゴール近くでシュートチャンスを得ることができ，得点が増える。そして，相手のファウルを誘うこともできる。

育成年代は，シュート成功率が低いため，必然的にリバウンドの頻度が高くなる。したがって勝敗にこだわると，高身長のプレイヤーをゴール近辺に配置してリバウンドをその子どもに任せるような指導になってしまう。身長差や体格差の大きい育成年代だからこそ，勝敗にこだわるのではなく，すべての子どもが常にリバウンドボールに飛びつく習慣を身につけさせることが重要である。身長差や体格差を理由に，頻繁に起こるリバウンドの機会に参加させないなどの指導は，子どもたちに悪い習慣を身につけさせてしまう。オフェンスでもディフェンスでも常にリバウンドボールに積極的に参加させる習慣を身につけさせたい。

リバウンドとボックスアウト

上巻ではリバウンドボールを取ることに焦点を当てているため，「リバウンディング」(pp.88-91)としているが，下巻では，戦術的な側面を加えて解説するため，リバウンドボールを巡る攻防の全体を「リバウンド」とする。また，上巻で示した「ブロックアウト」(p.89)は1人ひとりが相手に対して壁をつくる技術を指している。下巻では「ボックスアウト」を1人ひとりがブロックアウトを

しながら，チームで連携してリバウンドボールを獲得するためのエリアを占める技術として用いる。しかし，両者はほぼ同義語であり，どちらの用語を使用しても間違いではない。下巻では戦術的な側面を強めるため「ボックスアウト」という用語を用い，必要に応じて括弧書きでブロックアウトと補足する。

1．リバウンドの基本原則

上巻p.88では，リバウンディングの基本原則を示したが，ここでは，精神力，身体能力，予測能力，落下点の特徴に戦術的判断を加え，詳細に解説する。

1—精神力

1—強い意欲

オフェンスでもディフェンスでもリバウンドボールを獲得するためには，まず何がなんでもボールを取るという強い意志が必要である。シュートが手から離れてリバウンドボールとしてはね返るまでの時間はわずかであるが，そのボールが誰かの手にしっかりと保持されてコントロールされるまでには，さらに時間を要する。しかし，誰かがリバウンドボールを獲得するだろうという安易な予測をして，自分がボールを取るという意欲を途中で失くしてしまうプレイヤーがたくさんいる。なかには，ブロックアウトをしている自分に満足して，肝心のボールを取ることを忘れてしまうプレイヤーもいる。時としてしっかりとブロックアウトができているときに限って，きれいにシュートが決まることもある。だからと言ってそのボールを放置してはいけない。ゴールしたボールは，すぐにゴール下からインバウンズ（スローイン）してすばやく攻撃に移らなければならない。シュートの成否にかかわらず，シュートされたボールを獲得するという強い意志をもち続けることが重要である。

2—粘り強さ

オフェンスでもディフェンスでも，相手が先にボールに触れたからといって，あきらめてはいけない。相手がそのボールをキャッチした瞬間やボールを下ろしたときに，ボールを奪うチャンスがある。さらに相手がボールを保持してコントロールしている状態であっても，その次のプレイを容易にさせないように，そのボールにプレッシャーをかけ続けるような粘り強い精神力が必要である。

3—痛みへの忍耐力

身体接触に負けない強い精神力が必要である。ゴール下ではまるで格闘技のようなポジション争いが起こる。偶然肘が当たってしまったり，押し倒されてしまったりするような場面も出てくる。そうした身体接触を嫌がり，ちょっとした痛みに耐えられないプレイヤーは，よいリバウンダーにはなれない。リバウンドには気迫と勇気も必要である。

2—身体能力

1—身長

305cmの高さに設置されたリングにシュートボールが当たってはね返っても，まだバスケット（リング）に入る可能性がある間は，オフェンスもディフェンスもそのボールに触れてはならない。しかし，完全にリングの外側にボールが出ていれば，ゴールの可能性はないと見なされるので，リングよりも高い位置でボールをキャッチしてもよい。やはり何といっても高身長者は有利である。

2—ジャンプ力

最高到達点が高ければ，背が低くても長身者と競り合ってリバウンドを奪うことができる。ジャ

ンプをすることで勢いがつき，アグレッシブにボールに向かうことができるからである。他者を寄せつけないほど身体の幅や強さをもち合わせていれば，身長が低くても十分リバウンダーとして活躍することができる。ジャンプ力を高めるトレーニングを日頃から積み重ねることが重要である。

育成年代のときに高身長でゴール下に立たされていたプレイヤーは，常に受け身になってしまい，自分からアグレッシブにリバウンドを争うような経験ができていないことが多い。育成年代で多少背が高いからといって，ゴール下に立たせるのではなく，常にリバウンドボールに外側から飛び込む習慣をつけさせなければならない。

3──予測能力

1──リバウンドボールの軌跡

上巻で「放たれたシュートを見続けないこと」について解説した（p.37）。物心ついたときから上級生のシュートが入るか落ちるかをコートの外から見続け，「ナイスシュート！」「ファイト！」「ドンマイ！」と言わなければならない習慣は，ただちに改めなければならない。シュートされた瞬間に誰がリバウンドにどのように入るのか，また，リングに当たったボールがどの方向にはねるのかを観察させることが重要である。

2──相手のポジショニング

リバウンドボールがどこに落ちるかを予測することができても，目の前にいる相手の動きを予測することができなければ，良いポジショニングができず，リバウンドボールを獲得することはできない。相手の動きを予測し，オフェンスもディフェンスも制限区域付近の良いポジションを占めることが重要である。

ディフェンス側がブロックアウトするときに相手の身体に手で触れることで，オフェンスの位置を確認するプレイヤーが多い。逆に言えば，何となく触れていることで安心してしまい，相手の動きを予測しようとしないこともある。ステップバック（→上巻p.91）のようにブロックアウトからわざと離れ，相手を不安にさせる技術もある。手に頼るのではなく，相手の動きを予測するスマートさが求められる。

3──味方と敵の関係と配置

相手チームに高身長で身体の幅もありジャンプ力もあるリバウンダーがいる場合は，チームとしてそのリバウンダーを封じ込める必要がある。また，チームによってはシュートされた瞬間にガードがセーフティとしてセンターラインのほうへ離れていく場合もある。このように相手チームの特徴に合わせて，リバウンドのときに自分がどこでどのような働きをしたらよいのかを瞬時に判断する能力も必要である。

4──落下点の特徴

リバウンドボールがどこに落下するのかについては，上巻p.88-89でも触れたが，ここではさらに詳しく解説する（図1-85）。

1──シュートされた場所

ウィング付近からのシュートでは，リバウンドボールは70〜75％の確率で反対側（ヘルプサイドエリア）に落ちる可能性が高い。正面からのシュートでは正面（ミドルエリア）に落ちる可能性が高い。コーナーからのシュートではシュートされた側（ボールサイドエリア）か反対側にはねる可能性が高いが，ゴール正面に落ちることもある（図1-86）。

2──シュートされた距離

リバウンドボールは，シュートされた距離が遠ければ遠くに，近ければ近くに落ちる。シュート距離の2分の1程度の距離に落ちる可能性が高い。

図1-85 リバウンドの落下エリアと争奪エリア

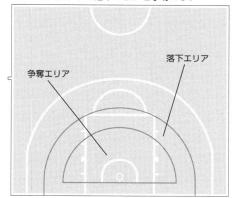

図1-86 リバウンドの3区分

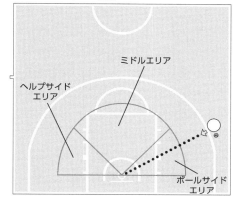

したがって，3ポイントシュートでもリングから3.5mくらいしかはねない。

③—ボールのスピン

ボールにバックスピンがよくかかっているシュートは，リングの近くに，あまりスピンがかかっていないシュートは遠くにはねる可能性が高い。

④—シュートのアーチ

アーチの高いシュートはリングの近くに，アーチの低いシュートはリングから遠くにはねる可能性が高い。

⑤—シューターの能力

シュートが上手なプレイヤーのシュートはリング近くに，あまり上手ではないプレイヤーのシュートは，予測しにくく，時にはリングに当たらないこともある。

⑤—リバウンドの技術ポイント

オフェンスでもディフェンスでも共通なリバウンドの技術ポイントは次の3つである。

①—ハンズアップ

リバウンドボールは必ず上方から飛来してくる。そのため，オフェンスでもディフェンスでも相手よりも高い空間を占めておくことが重要であり，そのためには両手を上げておくことが必要である

（図1-87）。もし，手を下げてしまうと，相手にその上の空間を占められてしまい，リバウンドボールを獲得することができない。特にブロックアウトのときは両手をしっかりと上げておく。手を下げて相手を挟み込むようにするとファウルである（図1-95参照）。

②—両手両足の使用

両手両足を使うことが基本である。リバウンドは相手との競り合いである。したがって，床の上

図1-87 ハンズアップ

ではしっかりと両足を広げて床に着けて安定させ、両手を上げて広げておく。そしてボールに向かって空中に飛び上がったときは、両手を伸ばしてできるだけ高い位置でボールをキャッチする（図1-88）。下りたときには、ふたたび両足を広げて身体を安定させ、両手の肘を張ってボールをあごのすぐ下の胸の前でキープする。このように両手両足を駆使することが重要である。

3―あご下でのボールキープ

あごのことを英語でチン（chin）を呼ぶ。海外のコーチが「Chin it!」と叫ぶときは、「あごのすぐ下でボールを両手の指先がしっかりと天井を向いた状態で挟み込み、肘を大きく水平に張って両肩の間でボールをキープしろ！」という意味である。高く飛び上がって両手でボールをキャッチしたら、ボールを腹の前に下げるのではなく、あご下でしっかりとボールをキープする習慣を身につけることが重要である（図1-89）。指先が前方を向いてしまうとどうしてもボールが下がってしまう。初心者には、肘を張って指先を天井のほうに向けるよう指示する。

6―戦術的判断

1―セーフティ

Aチームがシュートしたということは、Aチームのボールの保有権が宙に浮いたことを意味する。したがって、そのシュートの成否にかかわらず、AチームはBチームにボールを奪われたときのファストブレイクに備えておかなければならない。これをセーフティと呼び、チームによって1人の場合と2人の場合がある（図1-90）。裏を返せば、そのセーフティになるAチームのプレイヤーはオフェンスリバウンドに入ってこないので、Bチームのプレイヤーはブロックアウトの必要性が生じない。つまり、セーフティになる人をマークしていたディフェンスは、思う存分リバウンドボールに飛びつくことができる。

2―封じ込め

相手チームに強力なリバウンダーがいる場合は、オフェンスのときでもディフェンスのときでも、

図1-88　両手両足でのジャンプと着地

図1-89　あご下でのボールキープ

そのリバウンダーがボールに飛びつくことができないように封じ込めてしまいたい。そのために,そのリバウンダーとマッチアップしているプレイヤーは,自分がリバウンドボールを獲得することよりも,そのリバウンダーを封じ込めることに専念する必要がある。1人で封じ込めることができない場合は,2人をその役割にあてることもある（図1-91）。

3―ゲーム展開

ゲームの展開によっては,逆転のチャンスをつかむために多少のギャンブル的な要素も必要となる。それまでセーフティとしてオフェンスリバウンドに入らなかったプレイヤーを積極的にリバウンドに飛び込ませると効果的である。逆に,ゲームが競り合っているときこそディフェンスは,そうした相手のギャンブルに備える必要があり,ブロックアウトを優先するか,リバウンドボールに飛び込むかの状況判断が迫られる。

4―ファウル数

パーソナルファウルが4回のオフェンスプレイヤーは,アグレッシブにオフェンスリバウンドに飛び込んでくる可能性は低い。パーソナルファウルが4回のディフェンスプレイヤーも,リバウンドからのルーズボールで起こる偶発的な接触を避けようとする。こうした状況を常に頭のなかに入れ,ファウルが4回になっているプレイヤーと駆け引きをしながらリバウンドボールを獲得することが重要である。

2．ディフェンスリバウンドの指導

フルコートですばらしいディフェンスを展開し,相手に苦し紛れのシュートをさせることができたとしても,ディフェンスリバウンドを獲得できなければ,それまでの努力はすべて無駄になってしまう。5人のディフェンスの誰か1人でもサボると,ディフェンスリバウンドを獲得することはできない。オフェンスの華麗なプレイに比べると目につきにくく地味な場面であるが,ディフェンスリバウンドこそチーム力の結晶と言える。100%のディフェンスリバウンドをめざしていても,10～20%は不運にもオフェンス側に獲得されてしまう。それでも,チームとしてあきらめることなく,ディフェンスリバウンドを徹底して獲得するための努力を怠ってはいけない。

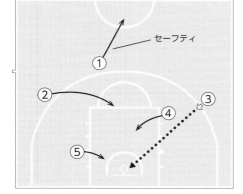

図1-90　シュート時のオフェンスの動き

図1-91　2人でのボックスアウト

1—ボックスアウト（ブロックアウト）の技術

シュートがどこに落ちるかは，前述したようにある程度予測することができるが，実際にその場所をうまく占めることができるかどうかは，ブロックアウトの技術にかかっている。これを組織的におこない，制限区域内にオフェンスプレイヤーを入れさせないようにする場合をボックスアウトと呼ぶ（→p.74参照）。

ボックスアウトに完璧な方法はない。相手の身長や特徴に応じて，どのような方法が効果的なのかをプレイヤーと一緒に考え，プレイヤーの対応能力を育てることが重要である。ボックスアウトを強調するあまり，リバウンドボールを取ることを忘れてしまうプレイヤーがいる。あくまで，ボックスアウトはリバウンドボールを獲得するための手段であって，目的ではないことを執拗にプレイヤーに伝える必要がある。

1—ブロックアウトに必要な身体の使い方

リバウンドボールが必ずゴール方向から飛来してくることを考えれば，ディフェンスの身体の向きは，通常のディフェンスの構えと反転することをよく理解しておく必要がある。例えばボールがトップにあるときにディナイをし，バンプをして相手の進行方向を止める動きは，ゴール方向からパスが出されると仮定すれば，ボックスアウト時の身体の使い方と同じになる。また，例えばウィングからローポストへのフロートに対して，フルフロントで守る動きは，ゴール方向から飛来するリバウンドボールへの対応と同じである。

2—ターンの仕方とスタンス

初心者の場合，ディフェンスがマークマンに正対してゴールライン上に位置しているとき，オフェンスがミドルライン側からリバウンドに入ろうとする場合はフロントターン，エンドライン側からリバウンドに入ろうとする場合はリバースターンというように，ターンの仕方を明確にして指導するとよい（図1-92）。

上巻に示されているようにオフェンスもさまざまな工夫をしてリバウンドを獲得しようとする（p.91）。また，相手が強力なリバウンダーの場合は，ターンをせずリバウンドボールに飛びつかせないように封じ込める場合もある。初心者に対して，ある程度原則を決めて指導することは重要であるが，その原則に固執してしまうとプレイヤーの対応力が育たない。重要なことは，3歩以内にしっかりと相手を封じ込めることである。

上級者の場合は，チェック＆ゴー（→上巻p.90）のように相手に対して半身になって前腕部（アームバー）を相手の身体に密着させて相手を捕まえ，そこから相手の動きを感じながらリバースターンをしてブロックアウトする方法もある（図1-93）。

1歩目で相手に対して踏み出して距離をつめ，2歩目でターンを使い分けながら，肩，背中，そして尻の順で，相手の身体に押し当てるようにする。3歩目で肩幅より広いスタンスをとり，膝を曲げ，腰というより尻を曲げ，尻を相手の太腿の

図1-92 ブロックアウト時のターンの原則

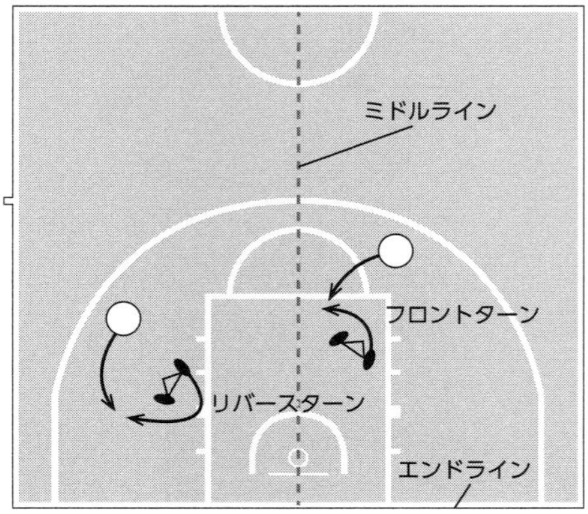

表側に押し当てるようにする。相手の太腿に尻を当てれば，相手のジャンプを抑えることができる。また広いスタンスで身体を安定させながら，相手の足を自分より前に出させないようにする（図1-94①）。このとき，相手の足が自分の両足の間にない場合は，すぐに内側に入られてしまうので注意が必要である（図1-94②）。

③ 上体の使い方

手は，肘を肩の高さに横に広げ，前腕部を垂直に立てて手のひらをゴールの方に向ける。こうすることによって自分の身体を大きく見せ，できるだけ大きな壁をつくるように意識するとよい。左右の肩甲骨を寄せるような意識をもつと，両肘が広がる。両手が下がっていると相手に手を上から抑えられ，ジャンプを阻止されることがある。また，つい相手の身体に手をまわしてファウルになってしまう（図1-95）。

上体を立てすぎると次のジャンプができないのでやや前かがみにする。しかし，相手のジャンプを阻止したほうがよいと判断した場合は，できる

図1-93　アームバー

図1-94　ブロックアウト時の接触
①良い例

②悪い例

右側の接触では
すり抜けられて
しまう。

だけ相手の身体に触れる部分を広くするために，上体を立てて相手の身体に密着させ，自由な動きを封じ込めるようにする。

4─ボックスアウト後のフットワーク

ボックスアウトしたあと，相手オフェンスプレイヤーはその場にじっとしているわけではない。左右に動いたりスピンを使ったりして，ゴール側にポジションをとろうとする。あるいは，一度，後ろに下がるなどの動きをする。こうした動きに対して，できるだけ身体を接触させたまま左右にスライドできるようにしておかなければならない（図1-96）。基本姿勢を保持しながら，相手の動きを感じとり，決して相手に有利なポジションを与えないようにフットワークを駆使することが重要である。

2─状況に応じたボックスアウト（図1-97）

1─シューターに対するボックスアウト

自分のマークマンがシュートした場合は，ただちに大きな声で「シュート！」と叫ぶ。このことによって，味方全員のブロックアウトの意識を高める。

シューターは，自分が放ったショットが成功するか否かをシュートした瞬間に判断することができる。シューティングラインの右なのか左なのか，ショートなのかロングなのかによって，リバウンドボールの落下点を予測し，ただちにオフェンスリバウンドに入ろうとする。したがって，シューターに対しては，その1歩目を封じ込める必要がある。ブロックショットに飛んだとしても，着地と同時にターンをしてシューターに背中側を密着させるように近づく。そして，シューターの足下に大きく足を広げて位置する。

図1-95　反則になる手の使い方

図1-96　ボックスアウト後のフットワーク

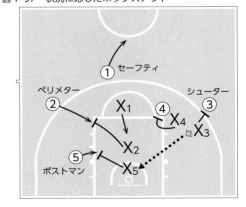

図1-97　状況に応じたボックスアウト

このとき尻を突き出してシューターの着地を邪魔するとファウルになる。着地したシューターの足がすぐに前に出せないようになっていればよい。シュートが短い場合には自分の方にリバウンドボールがはね返ってくるので，そのボールに対してすぐに反応できるようにしておく。シューターよりゴール側を占めてさえいれば，たとえリバウンドボールが床に落ちたとしても，そのボールをすばやく獲得することができる。

2—シュートの逆サイドのペリメターに対するボックスアウト

シュート位置の逆サイド側は，リバウンドボールが落下する可能性が高い地域なので，この地域でのポジション争いがリバウンドの獲得に大きく影響する。オフェンスもあらゆる手段を使って有利なポジションを占めようとするので，いち早く相手の動きを封じ込める必要がある。

通常，ディフェンスはゴール下近辺でヘルプポジションに立っていることが多い。そのため，「シュート！」の声が聞こえたら，ただちに制限区域の外側まで自分のマークマンを迎え撃つように移動することが重要である。そこで必要なことは，シュートされたボールから目線を切り，自分のマークマンの動きを観察することである。ここからマークマンとの駆け引きが始まるが，あくまでボックスアウトが目的ではなく，リバウンドボールを獲得することが目的であることを忘れてはならない。つまり，マークマンと駆け引きをしながらも，リバウンドボールがどのタイミングでどの辺りに落下するのかを意識しておくことが重要である。そのためには，ボールがリングに当たったときの音や味方のかけ声を聞くことも重要である。

マークマンを制限区域の外側でいち早く迎え撃つことができたら，相手の動きに合わせてフロントターンやリバースターンを使って，相手を制限区域の内側に入れないようにする。

ターンの仕方については，上述したようにチームで原則を定めてもよいが，例えば，どうしてもシュートされたボールを見続けてしまうプレイヤーがいた場合は，ゴールをパッサーに見立てて，サイドラインと並行にディナイの姿勢をとらせるなども一案である。通常とは逆の身体の向きになるが，こうすることによって一度シュートされたボールから完全に目線を切って，リバウンドボールを視野に入れる習慣を身につけさせることができる。

いずれにせよ，勇猛果敢に逆サイドの外側からオフェンスリバウンドに飛び込んでくるプレイヤーに対しては，少しでも早く相手に近づき，3歩以内で身体を密着させることが重要である。

3—シュートの逆サイドのポストマンに対するボックスアウト

通常，オフェンスはシューターの逆サイドに強力なリバウンダーを配置することが多い。したがって，放たれたシュートの逆側に位置するポストマンに対するボックスアウトが最も重要である。

ローポストにビッグマンが位置している場合は，ピストルスタンス（→p.146）からマークマンをエンドライン側に押し出すようにバンプしながらボックスアウトし，ゴール方向に近づけないようにする。仮にゴール方向へ押し込まれたとしても，バックボードの裏側に追い込むようにする。そして，アームバーをしっかりと相手の身体に密着させたまま半身になり，リバウンドボールに飛びつく。このとき，ボールを確実に保持できないような場合は，味方にタップしてもよい。

ミドルポストやハイポスト付近からビッグマンがリバウンドに飛び込んでくるような場合は，とにかく少しでもゴールに近づけないように身体の正面でブロックアウトをする（図1-98）。この場

合は，ボールがどちらにはね返ってくるのかを予測する必要はない。競り合っているボールマンがリバウンドボールに手を伸ばしたら，その手に対して，ディナイするように手を出し，少しでもボールに触れるようにする。自分がリバウンドボールを獲得するというより，強力なリバウンダーの動きを封じ込め，簡単にリバウンドボールを獲得させないことが目的となる。

4──マークマンがセーフティの場合の対応

通常，オフェンスはポイントガードやシューティングガードがセーフティになることが多い。したがって，自分のマークマンがセーフティになってオフェンスリバウンドに参加しないようであれば，ブロックアウトの必要はない。果敢にリバウンドボールに飛びつき，オフェンスよりも多くの人数でリバウンドボールを獲得する。

長身者の多いチームと対戦するときは，フォワードやセンターには，相手の長身者の動きを封じ込めることに専念させ，ガードにディフェンスリバウンドを獲得させるなどの戦術も考えられる。

図1-98　正面でのブロックアウト

こうした戦術を使う場合は，チーム内で共通理解が得られるように，状況判断ドリルを繰り返すことが大切である。

ただし，ゲームの終盤や相手が流れを変えたいときなどは，それまでセーフティになっていたプレイヤーが突然，オフェンスリバウンドに走り込んでくるケースがある。ゲームの流れを感じ，状況に応じた対応ができるようなプレイヤーを育成しなければならない。

3──チェック＆ゴー（→上巻p.90）

ジャンプ力があり，リバウンドボールに飛びつくタイミングに優れているプレイヤーに対しては，ブロックアウトの技術に加え，チェック＆ゴーを指導するとよい。上巻に解説してある通り，リバウンドに入ろうとするオフェンスの動く方向に一度コースチェックをして，すかさずボール方向に大きく踏み込んでボールに飛びつくのである（→上巻p.90）。全員がブロックアウトに固執してしまうと，肝心なリバウンドボールを確保することができない。オフェンスもブロックアウトを外す技術を駆使してくるので，はねたリバウンドボールに対して勇猛果敢にリバウンドを争うプレイヤーが必要である。上巻に記載されている通り，きわめて高いクイックネスとジャンプ力が要求されるので，男子向きであるが，近年，女子にもそうした運動能力を備えたプレイヤーが台頭しているので，ぜひ，チェック＆ゴーも指導されたい。

4──ジャンピングとキャッチング

1──ジャンピング

早目のタイミングでジャンプしてボールをキャッチする。相手より先にボールに飛びつくことが最終的な目的ではあるが，やみくもにジャンプしてもボールは取れない。ボールがどこにはねるか

わかるまではジャンプしないこと。ボールの行方を確認できたら，鋭いジャンプでボールに飛びつき，最高到達点でボールをキャッチできるようにする。

ボックスアウトにこだわり，ジャンプに移るタイミングが遅いプレイヤーがいる。こうした場合は，チェック＆ゴーを指導するとよい。ちょうどバレーボールの選手が相手のスパイクに対してブロックに跳ぶ動作を参考にするとよい。膝を曲げた姿勢からそのまま両足で飛び上がるジャンプは，特別に練習しないと身につけられない。

②―キャッチング

空中でボールをキャッチするときは，ボールの上半分を両手で同時に横からしっかりつかむ（図1-99）。どうしても両手で同時につかめない場合は，片手で巻き込むようにボールを引き寄せ，もう一方の手にボールを叩きつけるようにする。

③―ボールキープ

リバウンドをキャッチしたら，即座にそのボールをあごのすぐ下に保持する。決して腹の前にボールを下げないこと。肘を肩の高さに張り，手首を折り，指先は上に向けた状態でボールを横からつかむ。そしてボールを奪われないように両肩の間でボールを動かす。ただし，相手に向かって肘を張り出して，むやみに振りまわすなどすると，危険な行為と見なされてファイルになるので注意する。身体から離してボールを保持したり，腹の前にボールを下げてしまったりすると，相手にはたき落とされてしまう。もしボールを奪われる危険を感じたら，あごのすぐ下で，ボールを上下から両手で包み込むように保持する。こうすれば，相手はそれ以上ボールに手を出すことはない。

④―タップアウト

ボールをタップする場合，確実にチームメートの手に渡るようにコントロールできる場合以外は，

図1-99 キャッチング

チームでどこにタップするのかを決めておくとよい。例えば，近くのショートコーナーに向けてタップするなどである（図1-100）。また1回目のジャンプで取れないと判断したときは，タップして，2回あるいはそれ以上連続してジャンプしてボールをキャッチする。鋭いジャンプをタイミングよく何度もできる力を身につけると，身長差を克服することができる。

⑤―アウトレットパス

リバウンドボールを取ったら，即座に攻撃に移り，ファストブレイクでの得点をねらいたい。そのためには，リバウンドを取ったあとの，最初のパスが重要である。これをアウトレットパスと呼ぶ。

①―パスの方向

アウトレットパスは，リバウンドボールを取った側のサイドレーンのフリースローラインの延長線上付近に出すのが基本である（図1-101）。特

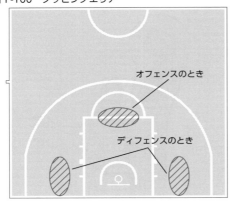
図1-100　タッピングエリア

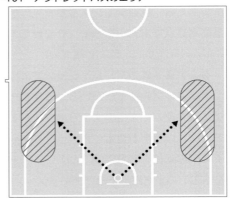
図1-101　アウトレットパスのエリア

殊な場合を除いてディンフェンスはミドルレーンを通って戻るので，サイドレーンにはスペースがあり，安全にボールをつなぐことができるからである。

2―パスの方法

リバウンドボールを取ったあとは，できれば空中で身体を回転させ，自分に近いサイドレーン側を向いて着地したい。仮にエンドラインと並行に着地した場合でも，ミドルライン側にターンをするのではなく，サイドライン側にターンをしたい。もし，背中に相手を背負っているような場合は，サイドライン側の足を大きく踏み出してボールをカバーしながら，サイドレーンに位置する味方にパスを出すようにする。

2人以上の相手に囲まれるような場合は，慌てずに，2〜3回ドリブルして密集地から離れるようにしてから，アウトレットパスを出す。

3―両手パス

パスはできるだけ両手で出す。ディフェンスがアウトレットパスをねらってレシーバーに向かって飛び出してくる場合に，パスを止めるためには，両手でないと止められないからである。オーバーヘッドパスは，身体が上に伸びきってしまうこと

があるので注意する。パス方向へ1歩踏み出してチェストパスを出せるとよい。

4―レシーバーの動きとカウンターアタック

相手がパッサー（リバウンダー）に対して積極的にプレッシャーをかけてくるような場合は，サイドレーンに位置するプレイヤーはリバウンダーとエンドラインの間を通るようにしてパスを受けることが重要である（図1-102）。もちろん，リバウンダーがドリブルに自信がある場合は，相手の間をドリブルで割ってそのままミドルマンとしてボールを運んでもよい。こうすることで有利にファストブレイクを展開することができ，ピンチがチャンスになる（図1-103）。

5―ボックスアウトの練習

ボックスアウトを習慣づけるためには，日頃から，身長やプレイヤーの特性を考慮してマッチアップさせる必要がある。普段の練習で，誰が誰にマッチアップしたらよいのかを常に考えさせることが重要である。ミスマッチが起こっている場合には，封じ込めをおこない，誰かがはじいたリバウンドをチームで争うようにさせるなど，常にゲームを想定した習慣づけが重要である。

図1-102 ボールミート

図1-103 カウンターアタック

誰か1人がボックスアウトをサボったからといって，全員に罰を与えるなどの指導は避けなければならない。自分のせいでチームメートに迷惑をかけたという意識が強まるばかりで，積極性は生まれない。誰がミスマッチになっているのかなどをお互いに意識させることによって，自分さえボックスアウトしていればよいという意識を捨てさせ，味方をサポートする意識を植えつけることが重要である。

3．オフェンスリバウンドの指導

オフェンスがうまく展開できず，苦し紛れのシュートになった場合でも，オフェンスリバウンドを獲得すれば得点の可能性が高くなる。オフェンスリバウンドの場合は，たった1人でも優秀なリバウンダーを育てることができれば，チーム力を飛躍的に向上させることができる。

1──オフェンスリバウンドの練習

オフェンスリバウンドに優れているプレイヤーは，普段のどんな練習のときでも必ずシュートがあったらリバウンドに入っている。つまり，リバウンドの練習以外のときでも，自他を問わず誰かがシュートしたら，必ずリバウンドを取るために動き出しているのである。このことは，特に育成年代のときに強調してもらいたい。背の高さや運動能力に関係なく，シュートがあったらリバウンドに入るという習慣をどんな練習のときでも指導してほしい。ボールに飛びつくことに夢中になって，リバウンドボールを獲得することがおもしろいと思えるような場面をたくさん設定してほしい。オフェンスでそうした習慣を身につければ，ディフェンスの際にブロックアウトしなければならないことに気がつけるし，さらにブロックアウトの外し方を工夫するようになる。しかし，普段の練習でオフェンスリバウンドに誰も入らないようであれば，ブロックアウトの技術も向上しないし，リバウンドの大切さを伝えることもできない。リバウンドの練習のときだけハッスルさせるのではなく，どんな練習のときでもリバウンドに入る習慣を身につけさせたい。

2 ─ オフェンスリバウンドの留意点

1 ─ ポジショニング

通常，オフェンスリバウンドにはリードガード以外の3〜4人が飛び込む。5人全員がリバウンドに入ってしまうと，ディフェンス側にリバウンドを取られた際に，すぐにファストブレイクをされる危険があるからである。そのため，センターライン辺りにセーフティを配置し，フリースローライン辺りにリバウンダーとセーフティのどちらの役割でも担えるプレイヤーを配置することが多い。

ゲームの流れを変えたいときには，セーフティがオフェンスリバウンドに飛び込むと効果的な場合もある。この場合は，例えばシュートしたプレイヤーがセーフティに入るなど，チームでの約束を決めておく。

2 ─ ハンズアップ

オフェンスでもディフェンスでもハンズアップが重要であるが，特にオフェンスの場合は，ファウルにならないためにも重要である。通常，ブロックアウトをされた場合に，その背中を両手で押し込みながら有利な位置を占めようとしてしまう（図1-104）。審判はこのオフェンスのファウルに敏感である。こうしたプレイを防ぐためにも，常に両手を上げたスタンスで相手と競り合うことが重要である。

3 ─ ランニングジャンプ

セーフティからオフェンスリバウンドに入るような場合，大きく弾んだリバウンドボールにランニングジャンプをしてリバウンドに飛びつくことがある。この場合は，ディフェンスの身体にぶつからないような角度で飛び込み，片手でボールをタップするなどの工夫をしないとファウルになる場合が多い。多少ボールに飛びつくのが遅れた場

図1-104 オフェンスの反則

合は，ディフェンスが両手でキャッチしたボールに対して片手でタップしてファンブルを誘う。さらに遅れてもディフェンスがボールを腹の前に下げたり，無意識にドリブルしたりする場合があるので，そうしたボールに絡んで，少しでもアウトレットパスを遅らせることが重要である。

3 ─ ブロックアウトの外し方

上巻にストレートカット，フェイク&ゴー，スピンムーブ，ステップバックの4つの方法を紹介している（→上巻pp.90-91）。ここでは，それらに加えて，スイムムーブを解説する。

1 ─ ストレートカット（→上巻p.90）

ブロックアウトしようと近づいてきたディフェンスが，ターンしようとして横に向いた瞬間にまっすぐゴールに向かってカットする。リバウンドに入らないような態度でディフェンスを安心させておくと成功する。

2 ─ フェイク&ゴー（→上巻p.90）

ディフェンスがブロックアウトのためにターンした方向に1歩踏み出すことによって，ディフェンスはスライドして対応しようとするので，その

逆の方向にサイドキックをしてリバウンドに飛び込む。

3―スピンムーブ（→上巻p.91）

相手に完全にブロックアウトで押さえ込まれてしまったときに，相手の背中に自分の半身を密着させ，相手に近いほうの足を軸にリバースしてリバウンドに飛び込む（図1-105）。

4―ステップバック（→上巻p.91）

相手がブロックアウトしながら自分を外やエンドライン側に押し込もうとして寄りかかってきたときは，それに対抗して押し返すのではなく，1歩後ろに下がって相手のバランスを崩し，その隙にリバウンドに飛び込む。

5―スイムムーブ

ブロックアウトされた際にディフェンスの腕が低かったら，水泳のクロールの要領で相手の腕を上から押さえ込みながら，自分の足を相手の足の前に出し，ディフェンスの前にポジションをとってディフェンスをブロックアウトしてしまう（図1-106）。

4―リバウンド後の動き

オフェンスリバウンドを獲得したら，まずシュートをねらう。しかし，ディフェンスもそう簡単

図1-105　スピンムーブ

図1-106　スイムムーブ

にシュートはさせてくれない。バランスを崩しているような場合は，無理をせず3ポイントラインの外側に位置する味方に大きくパスを出すとよい。相手に囲まれたらドリブルで逃れる。

1 ─ シュート

オフェンスであってもリバウンドボールをキャッチしたあとは，最低でもあご下でボールをキープする。できれば，ボールを肩の高さよりも下げずにそのままシュートしたい。ボールを腹の前に下げたり，安易にドリブルをついたりすると，ディフェンスにボールをはじき出されてしまう。育成年代では，このような場面で相手と競り合いながら自分のバランスを保ち，ボールを頭の上にキープしながらシュートフェイクを入れたり，ピボットをしたりして相手をかわすなどの動きを身につけさせるとよい。右手でも左手でも同じようにシュートできるようにしたい。

2 ─ タップ

オフェンスリバウンドをキャッチした際に余裕があるようなら，そのまま着地せずにシュートしてもよい。場合によっては，片手でボールをタップしてシュートしてもよい。ディフェンスに与えるダメージは大きいが，育成年代では，こうしたプレイよりも，しっかりと両手両足でプレイすることを指導したい。

3 ─ ドライブ

リバウンドが大きく弾んでゴールより少し離れてオフェンスリバウンドを獲得したような場合，自分とゴールを結ぶレーンが空いているようならドリブルをしてシュートしてもよい。このような場合は，ディフェンスは一度ボールをパスアウトすると思っていることが多いので，パスアウトするふりをしてゴールに向かってドライブすると効果的である。

4 ─ パス

オフェンスリバウンドを獲得した際に，バランスを崩していたり，相手に囲まれてしまったりするような場合は，無理をしてシュートするのではなく，一度，シュートをするふりをしてから3ポイントラインの外側に位置する味方に大きくパスアウトすることが重要である。慌ててすぐ近くの味方にパスをすると，相手にボールを奪われてしまう。

5 ─ ドリブル

パスを出す味方が見つからないような場合は，すかさずドリブルをして密集地帯から逃れる。この場合，2〜3回ドリブルして味方にパスするのではなく，大きくハーフライン付近までドリブルし続けて，ゴール側を向くことが重要である（図1-107）。中途半端なパスは相手に奪われて安易なファストブレイクを許してしまう。オフェンスリバウンドを取得したあとは，14秒間攻撃のチャンスがある。一度，ゴール下付近に密集しているディフェンスを広げておいて，バックドアカットなどでゴール下に飛び込む味方にパスを出すなどの攻撃が効果的である。

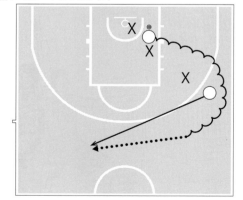

図1-107　ドリブルアウト

4. リバウンディングドリル

ドリル1　リバウンドジャンプ（図1-108）

目的

両手両足でボールに飛びつくこと，ボールをあご下にキープし，基本姿勢を保ちながらターンすることを習得する。

手順・方法

▶ハーフコートでおこなう。センターライン付近に4列に並ぶ。最初はボールを持たない。

▶エンドライン方向に向かって，ジグザグに1～2歩移動し両足で思いきりジャンプ。両手でボールに飛びついたイメージをつくり，両足で着地。

▶次に，それぞれボールを持ち，自分で空中にボールを高く投げ上げ，そのボールに飛びつく。さらに，空中で身体を90度回転させ外側を向き，両手でアウトレットパスを出すふりをする。

ポイント

▶着地と同時に足を大きく広げてボールをあご下にキープした姿勢を保つ。バレーボールのブロックに跳ぶ要領でジャンプする。この動作を4～5回繰り返す。

▶着地のときにふらついてしまったり，ボールを腹の前に下げてしまったりするプレイヤーは，体幹のトレーニング（「第9章　トレーニング」参照）を実施する必要がある。

ドリル2　オフェンスリバウンド（図1-109）

目的

ブロックアウトされても，スイムムーブとスピンムーブを使ってリバウンドに飛び込む方法を習得する。

手順・方法

▶最初は2人組でボールは使わない。4列になり，1人がブロックアウト役となる。

▶オフェンス役の人は，ブロックアウトに対してスイムムーブとスピンムーブを使ってブロックアウト役と入れ替わりながら，これを繰り返す。

▶次に3人組となり1人がボールを投げ上げる役となる。オフェンス役はブロックアウトに対して，スイムムーブとスピンムーブを駆使してブロックアウト役の人と競り合う。

▶ボールを持っている人は，競り合いの途中でボールをリングより高く投げ上げる。そのボールに

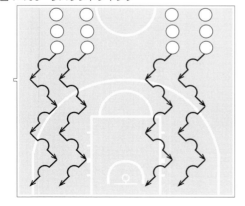

図1-108　リバウンドジャンプ

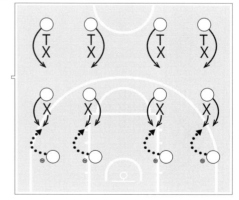

図1-109　オフェンスリバウンド

対して2人が飛びつきボールを争う。

ポイント

▶ハンズアップを忘れないようにして、相手を手で押したり、肘を使って相手を突いたりすることのないように注意する。

▶ブロックアウト役の人も体重をオフェンスに預けることのないように注意し、両手両足をしっかりと広げた基本姿勢をキープする。

ドリル3　ブロックアウト（図1-110）

目的

シューターブロックアウト、シュートとは逆サイドのペリメターへのブロックアウトの仕方を習得する。

手順・方法

▶ハーフコートでおこなう。オフェンスはフリースローラインの延長線上に2人位置する。ディフェンスは、ボールマンへのディフェンスで構える。

▶最初はボールを持たない。オフェンスがシュートするふりをしたら、ディフェンスはそれぞれオフェンスに向かってすばやく近づき、ブロックアウトをして相手を押し出してから、エンドラインに並ぶ次の人からトスされたボールに向かって両手両足で飛びつき、あご下でボールをキープする姿勢をとる。交互に交替する。

▶次に、ディフェンスは、ミドルラインをまたいでピストルで構える。コーチが「シュート！」とコールしたら、オフェンスはリバウンドを取るためにゴール方向へ移動する。ディフェンスはオフェンスにすばやく近づき、ブロックアウトをしてから、エンドラインに並ぶ次の人からトスされたボールに飛びつき、あご下でボールをキープする姿勢をとる。

ポイント

▶ボールをトスする人は、確実にブロックアウトができていることを確認してからリングよりも高く投げ上げる。

▶慣れてきたら、ブロックアウト直後にボールを床に弾ませるなどして、ルーズボールへの対応力を養う。

ドリル4　プレッシャー（図1-111）

目的

両手両足でのリバウンド、あご下でのボールキープをしながら、ディフェンスのプレッシャーに耐えてピボットし、アウトレットパスを出せるよう

図1-110　ブロックアウト

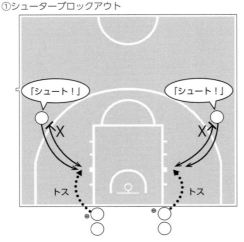

①シューターブロックアウト

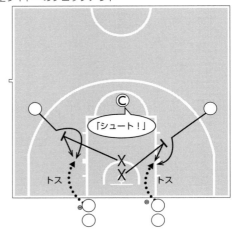

②逆サイドへのブロックアウト

図1-111 プレッシャー

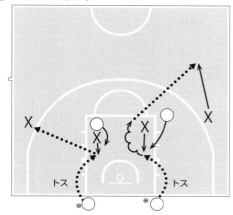

にする。

手順・方法

▶フリースローライン側にリバウンダーとその対戦相手2人，エンドライン側にボールを持った1人が位置する（左右2列）。エンドライン側の人はボールをリバウンドボールのように高く投げ上げる。フリースローライン側の前列のリバウンダーが両足でジャンプして両手でボールに飛びつき，あご下でボールをキープする。フリースローライン側の後列の対戦相手は，着地したリバウンダーに密着してボールを奪うようにプレッシャーをかける。

▶リバウンダーはバランスを崩さないようにピボットを2〜3回したら，サイドレーンに並ぶ次のプレイヤーに両手でアウトレットパスを出す。

ポイント

▶プレッシャーをかけられても，しっかりとボールをキープし，両手でアウトレットパスを出せるようにする。

▶アウトレットパスを出せるようになったら，プレッシャーを外すようにフリースローライン方向に2〜3回ドリブルをして，走り出したサイドレーンの人にパスを出してもよい。

ドリル5 リバウンド＆アウトレット（図1-112）

目的

リバウンドに飛び込み，バランスを保ったままあご下にボールをキープし，ピボットをしながら両手でしっかりとアウトレットパスができるようにする。

手順・方法

▶図1-112①のようにトップから右ウィングにパスをし，リターンパスを受けたら，自分でバックボードの右側にボールをぶつけてリバウンドに飛びつく。着地をしたら右足を軸にフロントターンをして右ウィングにアウトレットパスを出し，右

図1-112 リバウンド＆アウトレット

①
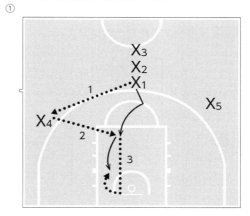

②
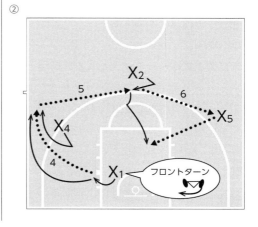

ウィングに並ぶ。
▶アウトレットパスを受けた右ウィングはトップの次の人にパスし，トップに並ぶ。パスを受けたトップの人は，逆サイドの左ウィングへパスをし，リターンパスを受け，同様にバックボードの左側にボールをぶつけてリバウンドし，左足を軸にフロントターンをしてアウトレットパスをおこなう（図1-112②）。

ポイント

▶両手で強いパスを出すことを強調する。また，ウィングでアウトレットパスを受ける人は，「アウトレット」と大きな声を出す。
▶慣れてきたら，コーチがアウトレットパスを阻止するようにウィングをマークしたり，リバウンダーにプレッシャーをかけたりしてもよい。

ドリル6　リバウンド＆ガービッジ

目的

ガービッジとはゴールのすぐ下からの容易なシュートのことを指す。オフェンスリバウンド後に得点することを習得する。

手順・方法

▶フリースローラインの両端に2列。先頭の人は自分でバックボードにボールを当ててリバウンドに飛び込む。その後，ゴール下からの各種ショットを練習する。
▶ショットの種類は次のとおり
①両手のタップショット
②両手で頭上にボールを構えたまま，着地と同時にクイックジャンプしてのショット
③あご下に構えてからのショット
④あご下に構えて，ポンプフェイクをしてからのショット

ポイント

▶ゴール下でシュートする際は，両肩のラインがバックボードと平行になるようにする。ゴールにまっすぐ向かってしまうとディフェンスにブロックされてしまう。ゴールに向かって右側からは右手，左側からは左手でシュートし，ヘルプハンドでボールをカバーする。

ドリル7　1対1　（図1-113）

目的

リバウンドを2人で争い，オフェンスのときはシュートに，ディフェンスのときはアウトレットパスができるようにする。ボールが奪われてもすぐにプレッシャーをかける習慣を身につける。

手順・方法

▶フリースローライン上のコーチがリングに向かってトスをする。その両脇に並んでいる2人がリバウンドを争う。コーチはボールをトスするときに「オフェンス」か「ディフェンス」をコールする。
▶ボールをキャッチした人は，コールされたオフェンスかディフェンスになり，対戦相手がその反対になる。オフェンスの場合はシュートをねらい，バランスを崩してシュートができない場合は，3ポイントラインの外側に並んでいる次の人にパスを出すか，ハーフライン付近までドリブルアウトする。ディフェンスの場合は，しっかりとボール

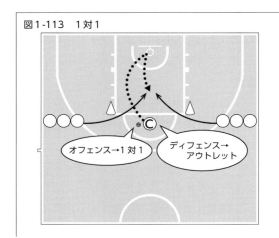

図1-113　1対1

をキープし，アウトレットパスを出すか，ドリブルでカウンターアタックをしかける。
▶ボールを受けた次の人は，コーチにパスをし，フリースローラインを越えるように正面からリバウンドに飛び込む。

ポイント
▶ボールを取られた人は，すぐにディフェンスになって，ボールマンに対してプレッシャーをかける習慣を身につける。
▶シュートが入ってしまった場合も，先にボールを取った者が，インバウンズ（スローイン）をし，もう一方が，インバウンダーに対して容易にパスを入れさせないようにディフェンダーとなってもよい。

ドリル8 ナンバーコール（図1-114）

目的
　自分がマークすべき相手を判断して，すばやくブロックアウトに出て相手を封じ込める習慣を身につける。

手順・方法
▶図1-114のようにオフェンス役を3ポイントラインに沿って「1」〜「5」まで5人配置する。コーチが2桁の数字をコールするので，その数字の所に並んでいる人が，ゴール方向に向かって移動する。ゴール下にはコーチがボールを頭上に持って位置する。
▶ブロックアウト役の2人は，ミドルラインに沿って縦に並び，ハーフライン側の人が10の位，エンドライン側の人が1の位に反応し，その番号から出てくるオフェンス役に対してすばやくブロックアウトする。
▶コーチは，ブロックアウトの状況がしっかりできたかどうか確認し，2〜3秒後にボールを軽く投げ上げ，リバウンドボールに飛びつかせる。ブロックアウト側がボールをキャッチし，「2」か「4」にアウトレットパスが出せたら，オフェンス役の2人が次のブロックアウト役となる。
▶オフェンスはスイムムーブやスピンムーブを駆使してゴール下へ入り込み，コーチの頭上にあるボールにタッチできたら勝ちとなる。ブロックアウト側は，オフェンス側にボールタッチされたら負けとなり，連続してブロックアウト役となる。

ポイント
▶コーチはマッチアップに応じてトスするボールの方向や高さを工夫し，徐々にオフェンス側とブロックアウト側が争えるようにする。もし，オフェンス側がボールを奪った場合は，ただちにリバウンドシュートする。
▶慣れてきたら，オフェンス側もリバウンダーに対して積極的にダブルチームにいくなどして，アウトレットパスを阻止する。状況に応じてコーチはリバウンダーにドリブルを許可してもよい。

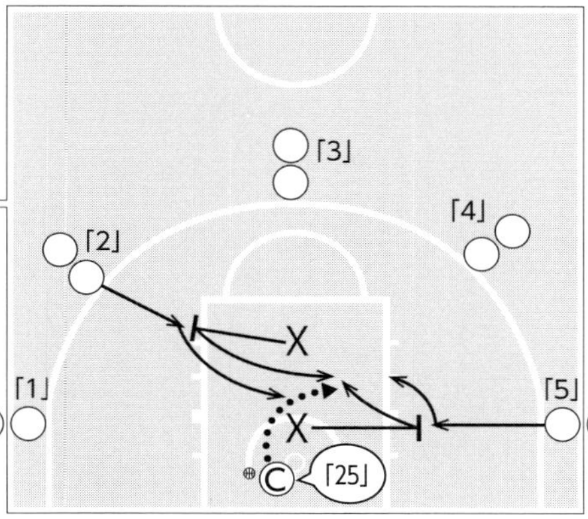

ドリル9 サバイバル

目的
　リバウンドボールを激しく争い，強い精神力を養うとともに，身体接触を恐れないプレイヤーを育成する。

図1-114　ナンバーコール

手順・方法

▶プレイヤー3人をゴール下に配置し，コーチがシュートしたり，ゴール近辺にトスしたりして，リバウンドボールやルーズボールを争う。ボールを獲得したプレイヤーがオフェンスとなり，残りの2人はディフェンスとなってシュートを阻止する。

▶シュートが落ちた場合のリバウンドボールを3人で争い，これを繰り返す。

▶ゴールした人はそのボールをただちにコーチにパスし，戦いの勝者となり，列の後ろに並ぶ。そして，コーチの脇に並んでいる次の人が入り，ふたたび3人での生き残りのリバウンド合戦が始まる。

ポイント

▶シュートが入らない限りいつまでも居残ることになる。コーチはプレイヤーの能力に応じてシュートができない場合にリターンパスを指示したり，シュートしやすいパスを出したりして調整する。

▶身長差を考慮したグループで練習すると効果的である。

ドリル10 スクランブル3対3，4対4

目的

3人あるいは4人によるスコアリングプレイとリバウンド争いによって，実際の試合に近い状態でリバウンドのポイントができているかどうかを確認する。

手順・方法

▶3人あるいは4人のチームを3チームつくる。ゴール下に位置するコーチが最初のオフェンスの誰かにパスをしたら，3対3（4対4）が始まる。オフェンスは8秒以内にシュートしなければならない。

▶シュートがあったら，ディフェンスは全員ブロックアウトし，オフェンスも全員リバウンドに参加する（セーフティはない）。

▶シュートが入れば，オフェンスの勝ちとなり，オフェンスは続けてコーチからボールを受けて攻撃することができる。負けたディフェンスはゴール下に控えている次のチームと交替する。

▶ディフェンス側がリバウンドを取ってアウトレットパスが成功したらディフェンスの勝ちとなり，次のオフェンスとなる（ただちにコーチにパスをする）。すぐにゴール下に控えているチームが次のディフェンスに入る。負けたオフェンスは，ゴール下に控える。

▶オフェンス側のシュートが成功しても，誰かがリバウンドに参加しなかったらオフェンスの負けとなる。

ポイント

▶コーチはゴール下から，すべてのプレイヤーがしっかりと自分のやるべきことに集中しているかどうかを見極め，チームの課題を見つける。

▶必要に応じて，ドリル1～6の分解練習を織り交ぜると，課題が明確になる。

BASKETBALL COACHING THEORY

2章 1対1から3対3のオフェンスの指導

2-1 1対1のオフェンス（アウトサイド）

　バスケットボールは5対5でおこなわれるチームスポーツである。したがって，各プレイヤーの能力やポジションに応じて，役割分担が必要である。しかし，アメリカンフットボールやサッカーと比べると，各プレイヤーの役割やプレイする領域はそれほど厳密に定められているわけではない。

　勝利を手中に収めるためには，チームのなかでエースと呼ばれるプレイヤーや，シュートがあたっているプレイヤーにボールを集めることも必要である。しかし，オフェンスにかけられる時間が短く制限されているので，あらかじめ計画した通りにシュートチャンスを得られないことも多い。また，比較的狭いコートでプレイするので，すばやく攻防を切り替え，次から次へと得点を重ねることが求められる。そのため，特定のプレイヤーの得点能力のみに依存してオフェンスを展開することは不可能である。したがって，すべてのプレイヤーが1対1のスキルを向上させ，チャンスがあればシュートをねらうという姿勢が要求される。

　もっとも，チームとしての戦術・戦略を理解することなく，単に1対1のスキルを向上させるだけではチーム全体のオフェンス力の向上にはつながらない。その一方で，ボールマンによる1対1（個人戦術）の能力により，シュートの成否が決まるのも事実である。

　そこで，本項では，パスを受けるための動き，ボールを保持した直後の動き，ドリブルからシュートに移るまでの動きという3つの局面に分け，アウトサイドおよびインサイドでの1対1について解説していく。

1. パスを受けるための動き

オフェンスを効果的に展開するためには，各プレイヤーとも有効に1対1を展開できる範囲内，言い換えれば一定の確率でシュートを決められるエリア，あるいはドライブをしかけられるエリアでパスを受ける必要がある。このようなエリアのことを，オペレーショナルゾーンと言う。

どんなに1対1の能力が高くても，オペレーショナルゾーンの中でパスを受けることができなければ意味がない。ただし，オフェンス同士のスペーシングが悪いと，パスを受けてもマークマン以外のディフェンダーが邪魔になり，シュートやドライブをねらえなくなる。また，自分自身のポジショニングが悪いと，チームメートのチャンスをつぶしてしまう可能性もある。したがって，オフェンスを展開する際には，スペーシングに注意して動く必要がある。

いずれにせよ，まずはディフェンスを振りきり，パスを受けるというスキルをしっかり身につけなければ，自らの能力を生かすことはできない。

■―ディフェンスを振りきる動き

1―Vカット（図2-1，図2-2）

マークマンが簡単にパスを受けさせないようにディナイしてきたときは，相手を引きつけるためにゴールに向かってから，すばやくアウトサイドにポップアウトする。このような動きをVカットと言う（図2-1）。

Vカットは，3つの局面から構成される。第一の局面では，ゴールに向かってマークマンを押し込むことにより，アウトサイドでパスを受けるためのスペースをつくり出す。このとき重要なのは相手を引きつけることであり，あまり速く動く必要はない。

第二の局面ではすばやく方向変換をおこなう。方向転換する直前，マークマンに近いほうの足

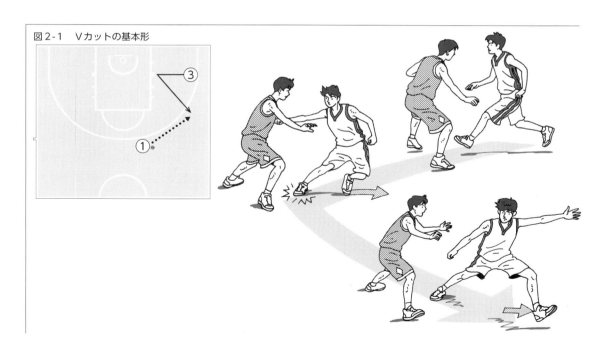

図2-1　Vカットの基本形

図2-2 Vカット

①レッグオーバー　　　　　　　　　②リバースターン

③Lカット，Iカット

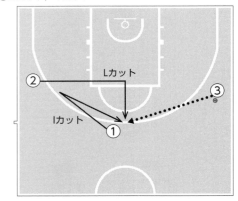

（インサイドフット）をゴールの方向に踏み出したら，その足で床を蹴るようにしてアウトサイドに向かってすばやくポップアウトする。このように，方向転換の局面ではサイドキック（→上巻p.54）の動きを用いることになるのだが，マークマンが密着してディフェンスしてきたときには，インサイドフットを相手に向かって踏み出すようにする。こうすれば，マークマンを臀部で押さえてから，アウトサイドにポップアウトすることができる。このような動きはレッグオーバーと呼ばれている（図2-2①）。

また，第二の局面に移行する段階でマークマンが激しくコンタクトしてきた場合は，インサイドフットをゴールに向けたあとに，もう一方の足を相手に向かって踏み出し，その足を軸にしてリバ

ースターンする（図2-2②）。こうして相手を背中で押さえてからアウトサイドにポップアウトするのである。

すばやくアウトサイドに動き，パスを受けるまでが第三の局面となる。第二の局面ですばやく方向転換したら，そのままアウトサイドに向かい，ターゲットハンドを上げてパスを受ける。

ほかにもパスを受けるための動きとしてLカットやIカットなどがある（図2-2③）。Vカットと同じく動きの軌跡に由来した呼称であるが，第一局面でのマークマンの位置が異なるため，動きの軌跡も異なる。特に第二局面でマークマンとあえて密着することが重要である。基本的にはVカットと同じテクニックが用いられる。

2――サークルカット，ハンズアップ（図2-3，図2-4）

Vカットするためにゴールに向かったが，フェイスガードされているため，このまま方向転換し

図2-3　サークルカット

図2-4　ハンズアップ

てもマークマンを振り切ることはできないと判断したときは，相手の背後をまわり込むようにしてからアウトサイドにポップアウトする（サークルカット：図2-3）。また，方向転換の直前にハンズアップし，あたかもロブパスを受けるようなふりをして相手を出し抜くという方法もある（ハンズアップ：図2-4）。

❷—ディフェンスの逆をつく動き

マークマンがパッシングレーンに入って激しくディナイ（オーバープレイ）してきたら，バックドアカットをねらう。ただしバックドアカットして向かうエリアで，チームメートがポジションを占めている場合には用いることができないので，注意しなければならない。また，バックドアカットに対しては，逆サイドからマークマン以外のディフェンダーがヘルプに来る可能性が高いので，パスを受けたらただちにストップして次のプレイを選択できるよう練習を重ねておく必要がある。

バックドアカットを始めるにあたっては，マー

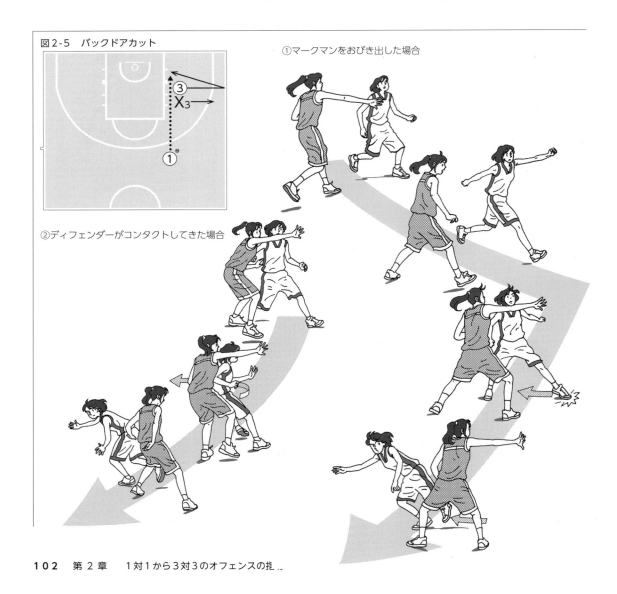

図2-5　バックドアカット
①マークマンをおびき出した場合
②ディフェンダーがコンタクトしてきた場合

クマンをなるべくゴールから離れた地点までおびき出すようにする。そして，鋭く方向転換し，ゴールに向かってカットする（図2-5①）。方向転換する際には，アウトサイドフットをゴールから離れた方向に踏み出してから，その足を軸にしてキックすればよい。ただし，マークマンがディナイの際にコンタクトしてきた場合には，リバースターンをして，身体の正面でのコンタクトは避けるようにする（図2-5②）。

バックドアカットをおこなう際には，パッサーとのコミュニケーションも必要である。どのような状況のもとでバックドアカットに移行するのかという点に関して両者の共通理解がないと，パスミスをはじめとするターンオーバーにつながる可能性が高くなる。そこで，例えばアウトサイドに向かってポップアウトしているとき，ターゲットハンドを握っていたらバックドアカットをおこなうといったように，あらかじめチームのなかで約束事を決めておくのも1つの方法である。

2. パスを受けてからの動き

パスを受けた際に基本となるのは，インサイドフットを軸にフロントターンしてゴールに正対（スクウェアアップ）し，シュート，パス，ドリブルのいずれもおこなうことができる構え（トリプルスレット）にすばやく移行することである（図2-6）。そしてマークマンや周囲の状況をすばやく判断し，プレイを選択する。このとき，マークマンとの距離が空いているようなら，すばやくシュートをねらう（キャッチ＆シュート）。相手が慌てて近づいてくるような場合には，シュートフェイクしてからドライブをねらう。

ゴールに正対した際，マークマンがゴールラインから大きく外れたポジションにいる場合や，いずれか一方の足を大きく前に出している場合にも，ドライブをねらう。とりわけ後者の場合，前足側

図2-6　キャッチ→スクウェアアップ

図2-7　前足側を攻める

図2-8　リバースターン

図2-9　リップ&ゴー

リップ&クロスオーバー

リップ&プルバック

に向かってドリブルをしかけると，相手は前足を大きくスウィングせざるを得なくなり，バランスを崩しやすくなる（図2-7）。

ディフェンスから激しくディナイされながらも何とかパスを受けたというようなときは，インサイドフットをピボットフットにしてリバースターンする（図2-8）。

また，パスキャッチと同時にアウトサイド側の足でキックしながらボールをすばやく移動させ（リップスルー），ゴールにドリブルする（リップ＆ゴー）といった動きもある（図2-9）。

なお，ディフェンスがリップスルーを予測して進行方向をふさいできたら，インサイドフットをすばやく踏み替えてドライブをねらう（リップ＆クロスオーバー）。また，リップスルーの動きに過剰に反応してくるようなら，即座にシュートをねらう（リップ＆プルバック）。

1 ― フロントターンからのプレイ

フロントターンしてゴールに正対した際，マークマンがシュートを防ごうとすばやく対応してきたら，以下のようにジャブステップ（→上巻p.54）を用いてディフェンスの対応をチェックし，次のプレイを選択する。

1 ― ジャブ＆ドライブ（図2-10）

ジャブステップに対してマークマンが反応してこない場合は，ジャブステップした方向にドライブする。

2 ― ジャブ＆クロスオーバー（図2-11）

ジャブステップに対し，マークマンがドリブルコースをふさぐように反応してきた場合には，ジャブした足をすばやく踏み替え（クロスオーバー），ジャブステップとは逆の方向にドライブする。

図2-10　ジャブ＆ドライブ　　図2-11　ジャブ＆クロスオーバー　　図2-12　ジャブ＆プルバック

なお，ジャブステップに対して相手が大きく後退したときには，ジャブステップを踏んだ足をすばやく引き戻し（プルバック），シュートをねらう（図2-12）。

2 ─ リバースターンからのプレイ

すでに述べたように，相手に激しくディナイされながらパスを受けた際には，インサイドフットをピボットフットにして，リバースターン（ドロップステップ）をするとよい。また，パスを受けてからタイトにマークされた場合も同様である。

リバースターンを用いたときには，ゴールに向かってドライブするというプレイが第一の選択肢となる（図2-13）。

1 ─ ドロップステップ＆スイングスルー

リバースターンに対し，ドリブルコースをふさぐようにマークマンがすばやく対応してきた場合には，ゴールに向かって踏み出した足を大きくス

図2-13　リバースターン→ドライブ　　図2-14　ドロップステップ＆スイングスルー　　図2-15　プルバックからのシュート

イングして（スイングスルー）ミドルレーン側にステップを踏み，ミドルレーン方向へのドライブを試みる（図2-14）。

2 ドロップステップからのスクウェアアップ

リバースターンに対してマークマンが大きく後退したら，ゴールに向かって踏み出した足をすばやく引き戻し（プルバック），シュートをねらう（図2-15）。

シュートできなかったときは，フロントターンからのプレイの場合と同じように，ジャブステップを用いて相手の対応を確認し，ドライブでしかけるチャンスをうかがう。

3. ドリブルおよびシュートの際の工夫

ドリブルを始めたが，ディフェンスに密着してマークされている，あるいはゴールへのコースをふさがれてしまったような場合には，ドリブルやシュートの際に何らかの工夫をする必要がある（→「第1章-2 シュート」参照）。

1 ドリブルコースをふさがれた場合

マークマンとの間合いがあるときにはクロスオーバーを，間合いがほとんどない場合にはロール（スピン）やビトウィーン・ザ・レッグといったテクニックを用いて方向転換し，ゴールに向かう。

また，長身のディフェンダーを前にシュートをねらう場合には，ボールを高く投げ上げる（フローター→p.16）といった工夫も必要となる。

2 ディフェンダーと競り合っている場合

ドリブルの途中でスピードを緩める。すなわち，ヘジテーションすることによってマークマンを油断させ，ギャロップステップ（→上巻p.79）やスキップステップなどを用いて動きのリズムを変化させて，相手を出し抜くといった方法が考えられる。

またシュートの際には，ワンカウントで踏み切ってのレイアップや，ステップする方向を左右に変化させながらのレイアップ（ユーロステップ→p.18），ディフェンスに身体を預けるようにしてのシュートなどを試みる。

さらには，1歩目でゴールに向かって大きくステップした直後に，2歩目の足でブレーキをかけるように急激にストップし，ジャンプシュートをねらう（プルアップ・ジャンパー）といったプレイや，ステップバックしてのジャンプシュートなども効果的である。

2-2 1対1のオフェンス（インサイド）

インサイドは，ゴール近くの比較的狭いエリアでの攻防なので，より有利なポジションを獲得するために，身体を使って相手を押さえることが要求される。有利なポジションでパスを得ることができれば，それだけでシュートチャンスにつながり，ディフェンスのファウルを誘うこともできる。

1. パスを受けるための動き

■1 ―ゴール下でのポジション確保

1 ―ダックイン（図2-16）

よりゴールに近いエリアでボールを受けたいのであれば，まずはマークマンの背後にまわり込むようにしてゴールに向かう。次いでゴールに近いほうの足（インサイドフット）を相手に向けて鋭くステップすると同時に，身体を使ってマークマンの動きを押さえ，相手とコンタクトしていない側の手でパスを要求する（図2-16①）。

マークマンが激しくコンタクトしてきた場合は，インサイドフットをゴールに向けた後にもう一方の足を相手に向かって踏み出し，その足を軸にしてリバースターンする。こうして相手を背中で押さえるようにしてパスを要求する（図2-16②）。また，マークマンがパッシングレーンに入り込もうとしてきたら，サイドステップを用いて相手の動きを封じるようにプレイする。

このように，マークマンをゴール近辺まで押し込んだあと，オフェンスからコンタクトしてポジションを確保する動きをダックインと呼ぶ。パスの展開に合わせて用いると，非常に効果的である。

■2 ―ローポストでのポストアップ

ローポストでポストアップする（パスを受ける

図2-16 ダックイン
①ダックインの基本形
②リバースターン

ためにポジションをとる）際は，両足でブロック（ニュートラルゾーン）をまたぐようなポジションに立つ（図2-17）。こうすれば，フリースローライン側，ベースライン側のいずれの方向にターンをしても，バックボードを利用してシュートをねらうことができる。

1―マークマンが背後にいる場合（図2-18）

マークマンが自分の背後にいるときは，よりゴールに近いエリアを確保するために，背中を使って相手をゴール方向に押し込むようにする。その際，マークマンのポジションを必ず確かめるようにする。マークマンの位置を確認しないでパスを受けようとすると，インターセプトされる危険性が高くなる。マークマンの位置を確認したらターゲットハンドを上げて，ボールを要求する。

2―マークマンが横に立っている場合（図2-19）

マークマンが横にいるときは，相手に対して自分の状態が直角になるようにポジションをとり，接触する側の肘を曲げて相手の胸に密着させる（図2-19①②）。肘は自然に曲げながらもしっかりと力を入れ，マークマンが身体を使ってプレッシャーをかけてきたら，しっかりと押さえるようにする。このように，肘を使って相手を押さえたら，反対側の手を大きく上げて，パスを要求する。

ただし，マークマンからのプレッシャーが強く，ブロック近辺でポストアップできなかったときは，

図2-17 ローポストでポストアップする位置

図2-18 マークマンが背後にいる場合

図2-19 マークマンが横に立っている場合

①右横に立っているとき　②左横に立っているとき

③スイムムーブ

相手に近いほうの足を軸にフロントターンをし，マークマンと正対する。次いで軸としていた足側の手を相手の頭上にスイングさせるように動かしながら（スイムムーブ：図2-19③），軸足を移動させる。このようにして，より良いポジションを確保する。

③—マークマンが横から激しくディナイしているとき（図2-20）

マークマンが横から大きくかぶるようにディナイしてきたときは，身体が接触している側の足を軸にリバースターンをし，相手の背後を通って逆サイドにまわり込む（図2-20①）。このとき，相手に身体を預けるようにターンすると，最終的にはマークマンが横に立っている場合と同じ状況をつくり出すことができる。

また，フロントターンでマークマンと正対してから，続けざまにリバースターンしてもよい（図2-20②）。こうすれば相手を背中で押さえるようにしてポストアップすることができる。

なお，マークマンからのプレッシャーが極めて強い場合や，パスを受けてもダブルチームされることが予想される場合には，ショートコーナーなどにポップアウトして，パスを受けることも考えたい（図2-20③）。

④—マークマンが前に立っているとき（図2-21）

マークマンが前に立ってパッシングレーンをふさいできたときは，相手をなるべくアウトサイドに押し出すようにする。それからマークマンの背中を肘で押さえ，ゴールに近いほうの手でロブパスを要求する。

なお，このようなパスに対しては逆サイドのディフェンダーがヘルプに来ることが多いので，パッサー，レシーバーともに注意しなければならない。また，一度ゴールに向かって移動することによってマークマンを引きつけておいてから，再度

図2-20 マークマンが激しくディナイしている場合
①リバースターン
②フロントターン→リバースターン
③ショートコーナーへのポップアウト

図2-21 マークマンが前に立っているとき

ポストアップを試みてもよい。

3——逆サイドから移動してのポストアップ

　ボールとは反対サイドから，あるいはボールの移動に合わせてローポストにポストアップする場合には，ボールやマークマンの位置に応じてゴールやボールの方向にフェイクしてから，ボールサイドのローポストに向かう（図2-22）。

　また，ローポストに向かって移動する際，マークマンが身体を密着させてきたら，後ろ側の腕を相手の頭上にスイングさせるように動かし（スイムムーブ：図2-22①），ポジションを確保する。マークマンからのプレッシャーがより厳しい場合には，リバースターン（図2-22②）をしながらボールサイドのローポストに向かう。

図2-22　ローポストへの移動
①スイムムーブ
②リバースターン

2. パスを受けてからの動き

　アウトサイドに比べ，インサイドでは，オフェンスとディフェンスともにより良いポジションを獲得するために身体を張ってプレイするため，身体接触の機会が多くなる。したがってインサイドでプレイするにあたっては，多少のコンタクトがあってもシュートにもち込めるだけのパワーが要求される。また，マークマンとは正対せず，ゴールを背にした動きが多くなるというのもインサイドでのプレイの特徴である。

　インサイドでボールを持たれたら，ダブルチームでボールマンにプレッシャーをかけるといった戦術を採用してくるチームもあるので，インサイドでプレイする際には，複数のディフェンダーからボールをキープする技術を身につけておかなければならない。場合によってはドリブルでアウトサイドに逃れるといったプレイも必要である。

■——ディフェンスが左右いずれかに寄っている場合

1——ドロップステップ（図2-23）

　パスを受けたとき，マークマンが左右いずれかに寄っていたら，相手のいない側の足でゴールに向かって大きくステップ（ドロップステップ）すると同時に力強くドリブルし，シュートをねらう。

図2-23 ドロップステップ
①ベースラインへのドロップステップ
②ミドルラインへのドロップステップ

図2-24 プルバックからのジャンプシュート

シュートはパワーレイアップやジャンプフックになることが多いが，相手の対応によっては，シュートの前にポンプフェイクを入れると効果的である。いずれにせよ，マークマンを背中で押さえ，ゴールに向かって力強くプレイすることが大切である。

2—プルバックからのジャンプシュート（図2-24）

ドロップステップに対してマークマンが大きく後退したときは，ゴールに向かって踏み出した足をすばやく引き戻し（プルバック），シュートをねらう。

3—ドロップステップ & スィーパー

ドロップステップに対してマークマンがすばやく対応してきたときには，ゴールに向かって踏み出した足を大きくスイングして逆側にステップを踏み（スイングスルー），ドリブルでゴールに向かう（図2-25）。

4—ステップバック（図2-26）

ドロップステップに対してマークマンがすばやく対応してきたときには，ゴールに向かって踏み出した足を軸にして，アウトサイドに後退するようにドリブルし（ステップバック），シュートをねらってもよい。

図2-25 ドロップステップ→スイングスルー　　図2-26 ステップバック→ジャンプシュート

2—ディフェンダーが背後にいる場合

1—フロントターンからのジャンプシュート

　マークマンに密着されているわけではないが，背後からのプレッシャーを感じるようなら，右もしくは左側にフェイクをすることによって相手を移動させ（ショルダーフェイク），フェイクとは反対側にフロントターンしてシュートをねらう（図2-27）。場合によっては，フロントターンの際にフリーフットを身体の後方に踏み出し，後ろに跳ぶようにしてシュートする（フェイドアウェイ：図2-28）。

2—アップ＆アンダー

　フロントターンすると同時にシュートフェイクをおこなう。マークマンがシュートチェックに跳ぶか，腰を浮かせたら，クロスオーバーステップでゴール方向に向かい，シュートをねらう（図2-29）。ディフェンダーと近接しておりクロスオー

図2-27 フロントターン

図2-29 アップ&アンダー①

図2-30 アップ&アンダー②（リバース）

図2-28 フェイドアウェイ

バーステップするだけのスペースがない場合には，リバースターンすると同時にドリブルをして，ゴールに向かってもよい（図2-30）。

❸—ディフェンダーが背後から密着してきた場合

マークマンが背後から密着してきたら，左右いずれかの側にフェイクする。次いでフェイクした側とは反対側の足を軸にスピンしてゴールに向かう（図2-31）。

❹—ハイポストおよびショートコーナーでのプレイ

ハイポストやショートコーナーでパスを受けた際は，キャッチしながらのシュートやキャッチしたあとのターン等，原則としてアウトサイドでプレイするときと同じテクニックが用いられる。

また，パッサーとしても重要な役割を果たすこ

図2-31　スピンムーブ

図2-32　ショートコーナーからのジャンプシュート

とが求められるので，アウトサイドの1対1の基本的な技術もしっかりと身につけておく必要がある。

一方，ゴールを背にしてパスをキャッチしたときは，ローポストでの1対1のテクニックを用いることになる。ショートコーナーでパスを受ける際は，エンドラインを背にすることが多く，コーナー側の足を軸に，ゴール側の足を引きながらシュートをねらう機会が多くなる（図2-32）。さらに，ショートコーナーからゴールに向かってドライブした際には，相手に向かって身体を寄せるようにスライド（パワースライド）してから力強くシュートしたり（図2-33），クイックネスを生かしてゴールを通過してレイバックしたり（図2-34）するようなテクニックが要求される。

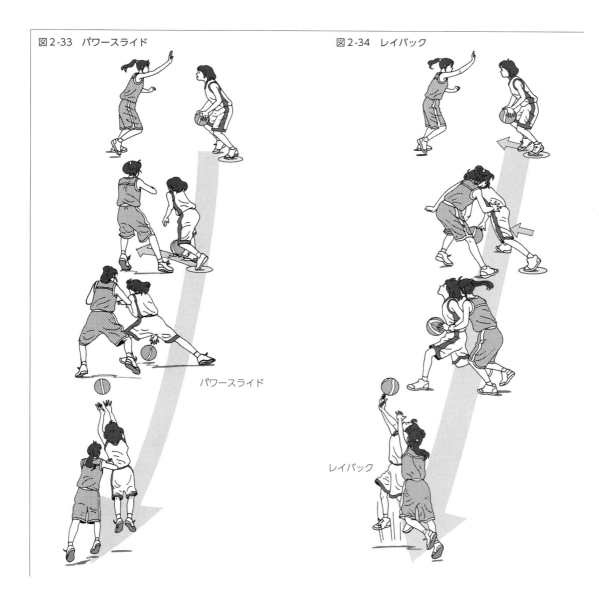

図2-33　パワースライド

図2-34　レイバック

パワースライド

レイバック

2-3 2人によるオフェンスプレイ

　オフェンスの目標はシュートを決めることであり，シュートの成否はシュートを託されたプレイヤーの技術や判断力にかかっている。そのため，すべてのプレイヤーが，1対1の能力を高めなければならない。

　しかし，チームとして協力してプレイすれば，ディフェンスからのプレッシャーをかわし，より簡単なシュートをねらうことが可能となる。そもそも1対1と言っても，味方の協力なくしてはそのような機会をつくることはできない。例えば1対1が得意なプレイヤーにパスが渡ったら，1対1をおこなうスペースをつくるために，ほかの4人が逆サイドなどにクリアアウトする戦術がある。このようなプレイも，チームとしての協力がなければ成り立たない。すべてのオフェンスの基本は，協力してシュートチャンスをつくることにあるとも言えるのである。

　複数のプレイヤーが協力してプレイを成功させるためには，各プレイヤーの能力を最大限生かせるようなシステムを選択することが大切である。また，プレイヤーには現在おこなわれているオフェンスの目的やチームメートの意図を理解すると同時に，ディフェンスの対応を読みながらプレイを展開していくことが要求される。

　そこで，本項では協力するプレイの最小構成単位である2人のプレイヤーによるオフェンスプレイについて解説していく。

1. アウトサイドプレイヤー2人によるプレイ

❶―パスによるプレイの展開

①―ギブ＆ゴー（図2-35，図2-36）

　パス（ギブ）をしたらゴールに向かってカット

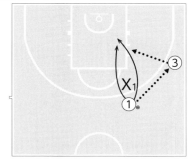

図2-35 ギブ＆ゴーの基本形

（ゴー）し、リターンパスを受けてシュートをねらうというプレイ（ギブ＆ゴー：図2-35）は、2人によるコンビネーションプレイのなかで最もシンプルかつ基本的なものである。仮にカッターへのリターンパスができなくとも、ゴールに向かってカットしたプレイヤーにディフェンスが引きつけられるので、ボールマンはマークマン以外からのヘルプディフェンスを気にすることなく、1対1をしかけることが可能となる。

ギブ＆ゴーの成否は、ゴールに向かってカットする前に、ディフェンスの状況を適切に読んでプレイできるか否かにかかっている。

パスが出されると、これまでボールマンをマークしていたディフェンダーは気を緩めることが多い。このような場合はただちにゴールに向かい、リターンパスを要求する。

マークマンがリターンパスを警戒してポジションを修正した場合には、ボールの方向に1、2歩動いてからバックドアカットする（図2-36①）。パスが出されたあとも相手が密着してディナイポジションをとっているような場合には、パスと同時にマークマンの背後を通り、ゴールに向かう。

マークマンがゴールの方向に1、2歩下がった場合には、ボールとは逆側に向かう振りをしてから、相手の前をカットし、リターンパスを要求する（図2-36②）。

いずれのケースでも、鋭いリターンパスを送ること、あるいはディフェンダーとの位置関係に応じてパスの種類を使い分けることが重要である。

なお、カッターがインサイドでのプレイを得意としているようなら、カットのあとにポストアップしてもよい（図2-36③）。また逆サイドにクリアアウトすれば、ボールマンが1対1をしかけるためのスペースをつくり出すことができる（図2-36④）。

2―ハンドオフ（図2-37）

ギブ＆ゴーでは、ウィングにパスを送ったプレイヤーがゴールに向かってカットしたが、ハンドオフプレイでは、パスを追ってレシーバーの外側にまわり込むようにカットし、レシーバーをスクリナーとして利用しながらハンドオフパス（手渡しパス：図2-37①）を受ける（→p135「ガードアラウンド」参照）。

このときカッターのマークマンがスクリーンに

図2-36 ギブ＆ゴー

①バックドアカット

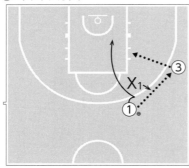

②フロントカット

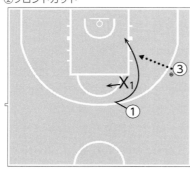

③ギブ＆ゴーからのポストアップ

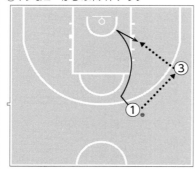

④ギブ＆ゴーからのクリアアウト

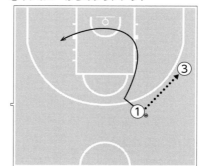

図2-37　ハンドオフ
①ハンドオフ基本形
②ディフェンスの対応が遅れた場合
③ディフェンスがすばやくスイッチしてきた場合
④ディフェンスがスライドしてきた場合
⑤スイッチへの対応

かかっているようなら，カッターはパスを受けたあとゴールに向かってドライブし，シュートチャンスをうかがう（図2-37②）。

ハンドオフパスを受けたあと，スクリナーのマークマンがすばやくスイッチしたためゴールに向かってドライブできないと判断したら，ドリブラーはディフェンダーを引きつけながらアウトサイドに広がるように動く。スクリナーはゴールに向かい，パスを要求する（図2-37③）。

ハンドオフパスを受けたとき，マークマンがスクリナーの背後をスライドしているときは，スクリナーを利用してすばやくシュートをねらう（図2-37④）。

スクリナーのマークマンがカッターの動きを警戒し，ハンドオフパスが渡される前にスイッチするための準備をしているようなら，スクリナーはカッターにパスフェイクしたあと，シュートないしゴールに向かってのドライブを選択する（図2-37⑤）。

2 ドリブルによるプレイの展開

1 ドライブ＆キック（図2-38）

ボールマンがドリブルを始めたとき，ワンパスアウェイのポジションにいるプレイヤーが適切に反応しないと，ドリブラーの邪魔になるだけでなくパッシングレーンもふさいでしまう。とりわけ自分の側にドリブラーが向かってきたときには，ドリブラーのためのスペースを確保すべく，適切な場所に移動しなければならない。この際，自分のマークマンがドリブラーに対してどのように反応しているのかを見極めたうえでプレイすることが大切である。

ドライブ＆キックの状況は，トップとウィング，ウィングとコーナーなど，コート上さまざまな位置関係のもとで起こり得るが，ここではトップと

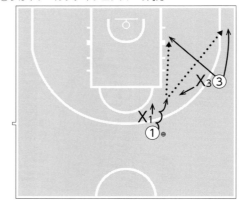

図2-38 ドライブ＆キック

①すばやいヘルプディフェンスへの対応

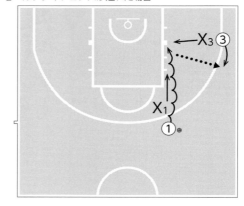

②ヘルプディフェンスが遅れた場合

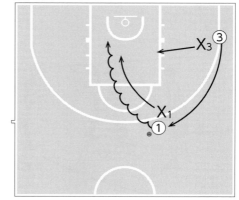

③逆サイドへのドライブがあった場合

図2-39　ドリブルスクリーン

①基本形

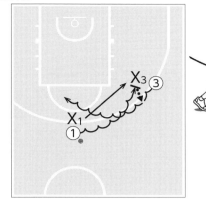

②ディフェンスの対応が遅れた場合

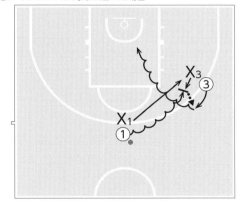

③ディフェンスがスライドしてきた場合

④スイッチへの対応

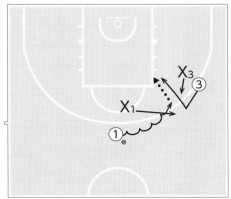

2-3　2人によるオフェンスプレイ

ウィングという位置関係のもと，トップにいるプレイヤーがドライブするという前提で話を進める。

はじめに，トップにいるプレイヤーが自分のいる側に向かってドリブルを始めたら，ウィングにいるプレイヤーは原則としてコーナーの方向に動き出し，ドリブラーのためのスペースをつくり出す。その後ウィングのディフェンダーがドリブラーに対してすばやくヘルプに向かうようなら，ゴールもしくはコーナーに向かいパスを要求する（図2-38①）。

いっぽう，ドリブラーに対するヘルプが遅い場合には，コーナーからウィング方向に移動して，パッシングレーンをつくり出す（図2-38②）。

ドリブラーが自分とは反対側に向かってドリブルを始めたら，原則としてトップのエリアに向かい，パッシングレーンを確保する（図2-38③）。

2 ― ドリブルスクリーン（図2-39）

ドライブ&キックとは異なり，ドリブルスクリーンプレイではドリブラーとボールを持っていないプレイヤー（カッター）がすれ違うようにプレイする。このとき，ドリブラーが内側，ボールを持っていないプレイヤーが外側のコースを通ることにより，スクリーンプレイと同じような状況をつくり出す（図2-39①）。両者がすれ違う際，ドリブラーはストップしてパスを渡してもよいし，ドリブルしながらパスを渡してもよい。

ドリブラーのスクリーンにより，カッターをマークしているディフェンダーの対応が遅れたら，カッターはパスを受けるや否やゴールに向かってドライブする（図2-39②）。

カッターのマークマンが，スライドで対応してきたら，カッターはドリブラーによるスクリーンを利用して，ジャンプシュートをねらう（図2-39③）。

ディフェンスがドリブルスクリーンを予想し，スイッチで対応しようとしてきたら，カッターはドリブラーとすれ違う直前に方向転換してゴールに向かい，ドリブラーからのパスを要求する（図2-39④）。

2. アウトサイドプレイヤーとインサイドプレイヤーによるプレイ

身長や体重など，体格面で差があるプレイヤー同士が協力してシュートチャンスをつくるには，それぞれが得意とするエリアでプレイし，より優位な状態でプレイできるような状況をつくり出すことが重要である。

例えば，後述するスクリーン&ロールでは，インサイドのプレイヤーがアウトサイドのプレイヤーのためにスクリーンをセットする。こうしてアウトサイドのプレイヤーによるシュートチャンスをつくり出すと同時に，スクリーナーとなったインサイドのプレイヤー自身，ゴール近辺でのシュートチャンスをうかがうことになる。ディフェンスがスクリーンプレイに対応するためスイッチしてきたら，体格面でのミスマッチが生じ，オフェンスにとってはより有利となる。

1 ― オンボールスクリーン

スクリーン&ロール（ピック&ロール）はギブ&ゴーと並んで，2対2の基本的なプレイであると言える。

一般的に，スクリーン&ロールでは，インサイドプレイヤーが，ボールを保持しているアウトサイドプレイヤーのためにスクリーンをセットし，アウトサイドもしくはインサイドでのシュートチャンスをつくり出す。

1 ― スクリーン&ロール（ピック&ロール）

スクリーナーはスクリーンを利用するプレイヤー

図2-40 スクリーンのかけ方

が向かう方向に背を向けるよう立つが、両足は肩幅以上に広げ、膝を曲げておく。そして両手を胸の前、もしくは股間の前で組み、ディフェンスにぶつかられても、簡単には倒れないように体勢を整える（図2-40）。

いっぽう、ボールマンはスクリーンがセットされるのを待ってからドリブルを始める。このとき進行方向とは逆側にジャブステップでフェイクを入れてからドリブルすると、より効果的である。

スクリーナーに阻まれ、ドリブラーのマークマンによる対応が遅れたときは、そのままドリブルを続け、レイアップないしジャンプシュートのチャンスをうかがう（図2-41①）。

また、ドリブラーのマークマンがスクリーナーの背後をスライドしてきたら、スクリーナーを利用してシュートをねらう（図2-41②）。

ドリブラーに対し、スクリーナーのマークマンがスイッチして対応してきたら、スクリーナーがゴールに向かい（ロール）、ドリブラーからのパスを要求する。ゴールに向かう際、スクリーナーはリバースターンを用いてドリブラーのマークマンを背中で押さえてから動いてもよいし（図2-41③）、フロントターンをしてすばやくゴールに向かってもよい（図2-41④）。スクリーンの位置がゴールに近いため身体を張ってディフェンダーを押さえる必要がある。スクリーナーが大型プレイヤーの場合にはリバースターンを、スクリーンの位置が比較的ゴールから離れており、すばやいターンでディフェンスを振り切りたい場合はフロントターンを用いるとよい。

② ― スクリーン＆ポップ（図2-42）

スクリーナーのゴールに向かう動きを阻止するため、ディフェンスがすばやく下がって対応してきたら、スクリーナーはアウトサイドにポップアウトして、シュートをねらう。

③ ― スリップスクリーン（図2-43）

スクリーンをセットする前にディフェンスがスイッチするための準備を始めたら、スクリーナーはスクリーンをかけるふりをしながらすばやくゴールに向かってカット（スリップ）する。

❷ ― ポストにパスを入れてからのプレイ

① ― スライド（図2-44）

オフェンス側がインサイドのプレイヤーにパスを送ると、ゴール下で簡単にシュートさせないように、ディフェンス側はゴールに向かって収縮することが多い。インサイドのプレイヤーに対するダブルチームも、ゴール下で確率の高いシュートが放たれるのを防ぐためである。

このようなとき、アウトサイドのプレイヤーがディフェンスの動きを適切に読んで対応しないと、インサイドのプレイヤーはシュートチャンスを失うばかりか、ボールを奪われてしまう可能性もある。ディフェンスがインサイドに収縮したらアウトサイドにパス、逆にアウトサイドからのシュートを防ごうと広がってきたらインサイドにパス。このようなプレイはインサイドアウトと呼ばれる。インサイドとアウトサイドの双方から効果的にオフェンスを展開するためには、必ず身につけておかなければならないプレイである。

図2-41 スクリーン&ロール

①ディフェンスの対応が遅れた場合

②ディフェンスがスライドしてきた場合

③リバースターン

④フロントターン

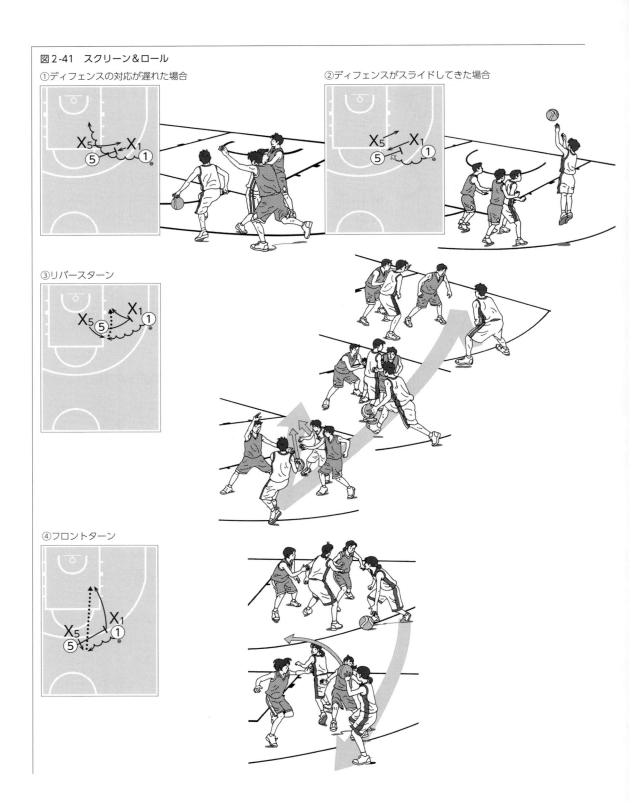

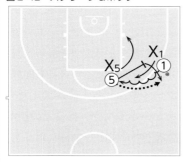
図2-42 スクリーン&ポップ

図2-43 スリップスクリーン

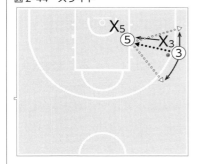
図2-44 スライド

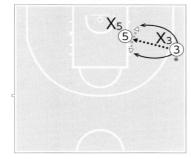
図2-45 ゴールに向かってのカット

図2-46 スクリーン&ロール

　インサイドにパスを入れたら，アウトサイドのプレイヤーはマークマンの動きと視野を確認する。マークマンがインサイドに収縮したら，相手の視野から外れるようにスライドしてインサイドからのリターンパスを待つ。

②―ゴールに向かってのカット（図2-45）

　インサイドのプレイヤーにパスを入れたあとも，パッサーへのリターンパスを阻止すべくマークマンが密着してディフェンスしている場合には，ゴールに向かってカットする。インサイドのプレイヤーはカッターへのパスをねらうが，パスを送れない場合でも，カッターがそのまま逆サイドに移動すれば，インサイドで1対1をねらうことができる。

③―スクリーン&ロール（図2-46）

　アウトサイドのプレイヤーからインサイドにパスできないときは，インサイドのプレイヤーがアウトサイドにステップアウトし，スクリーン&ロールに移行してもよい。

2-4 3人以上でのオフェンスプレイ

　2人のプレイヤーによるコンビネーションプレイを解説した際、オフェンスの目的やチームメートの意図を理解したうえで、ディフェンスの対応を読みながらプレイすることが大切であると記した。3人以上でプレイを展開する場合にも同様である。むしろ、プレイに加わる人数が増えた分、ほかのプレイヤーがいる場所や、自分との距離、各プレイヤーの得手不得手などを把握したうえで動かないと、お互いにプレイを邪魔してしまう可能性は高くなる。

　本項では主として3人のプレイヤーによるコンビネーションプレイを解説していく。オフェンスに絡むプレイヤーの数が多くなればなるほど、さまざまな選択肢が考えられるようになる。したがって、本項で取り上げるプレイもあくまで代表的なものに過ぎない。各プレイヤーの能力に応じてどのようなアラインメント（プレイヤーの配置）やオフェンスの展開を選択するか、それぞれのチーム事情に応じてオフェンスをデザインしていただきたい。

1. ボールサイドでのプレイ①：トップ-ウィング-ローポスト

　「トップ-ウィング-ローポスト」は、ボールサイドでのオフェンスを展開するにあたって、最も基本的なアラインメントである。

■1—ウィングへのエントリー

　近年では、ガードとインサイドのプレイヤーが、トップ周辺のエリアでスクリーン&ロールをおこなうケースも見られる。しかし、やはりオフェンスはウィングないしハイポストにパスを送ることから始まることが多い。なかでもウィングへのパスはオフェンスの開始方法（エントリー）として

図2-47 ガードからウィングへのエントリーパス

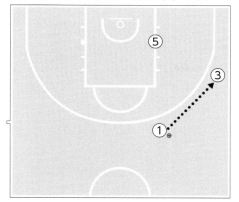

図2-49 ダウンスクリーン

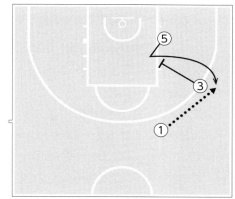

図2-48 ドリブルエントリー
①ウィングまで移動

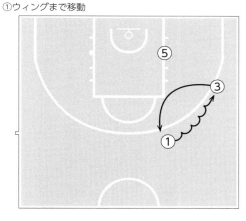

②逆サイドにクリアアウト

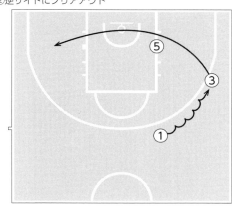

最もポピュラーなものである（図2-47）。ディフェンスの際にウィングでのディナイが強調されるのは、エントリーパスを妨害することにより、相手チームのリズムを崩すためである。

ウィングにパスできない場合には、以下のようなプレイを用いてボールをウィングに移動させる。

1――ドリブルエントリー（図2-48）

トップにいるプレイヤー（ガード）がウィングまでドリブルで移動する。ウィングのプレイヤーはガードがドリブルで近づいてきたら、ガードがいたポジションに向かって移動する（シャロウカット、図2-48①）か、逆サイドにクリアアウトする（図2-48②）。後者の場合、ウィングとローポストによる2対2に移行することになる。

2――ダウンスクリーン（図2-49）

ウィングのプレイヤーがローポストのプレイヤーのためにスクリーンをセットする。ローポストのプレイヤーはスクリーンを利用して、ウィングエリアに向かう。

ローポストのプレイヤーがゴールに正対するプレイを得意としている場合は、非常に有効な選択肢となる（スクリーンの利用法については、「ス

タック」を参照)。

2 — ウィングディナイに対するカウンタープレイ

ウィングへのディナイが非常に厳しい場合には，バックスクリーンもしくはバックドアカットプレイを用いると効果的である。

1 — バックスクリーン（図2-50）

ローポストのプレイヤーはウィングにステップアウトして，スクリーンをセットする。ウィングのプレイヤーはスクリーンを利用してゴールに向かい，ガードからのパスを要求する（図2-50①）。

ウィングのディフェンダーがスクリーンの背後を通って対応してきたら，コーナーにフレアーカット（フェイド）し，シュートチャンスをうかがう（図2-50②）。ガードがコーナーにパスを送ると同時にスクリナーはローポストに向かい，コーナーからのパスを待つ。

スクリナーのディフェンスがスイッチして対応してきたら，スクリナーはエルボーに向かい，シュートチャンスをうかがう（図2-50③）。

2 — バックドアカット（図2-51）

ローポストのプレイヤーはすばやくハイポストへ移動し，ゴール下にスペースをつくり出す。ガードがハイポストにパスを送ると同時にウィングのプレイヤーはゴールに向かい，シュートチャンスをうかがう。ガードはバックドアカットしたプレイヤーに直接パスしてもよいし，ハイポストを経由してもよい。

3 — スタックからのプレイ

ウィングにボールを移動させるための手段として，ダウンスクリーンを用いる方法を紹介した。しかし，ローポストで2人のプレイヤーが連なるように立った状態（スタック）からオフェンスを

図2-50 バックスクリーン

①基本形

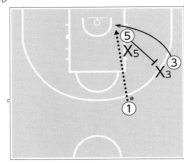

②フレアーカット（フェイド）

③ディフェンスがスイッチした場合

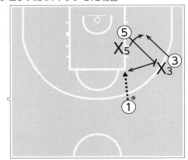

図2-51 バックドアカット

始めれば，ダウンスクリーンと同じような効果を期待することができる。また，あまり動かずにディフェンスの状況を観察することができるので，プレイの判断が容易になる。

スタックを形成する際は，ウィングのプレイヤーがエンドライン側に立ち，インサイドプレイヤーをスクリナーとして利用しながら，ウィングにポップアウトする（図2-52①）。

ウィングプレイヤーは，ディフェンスがタイトにマークしてきたら，ゴールに向かってカールカットする（図2-52②）。

ウィングプレイヤーのマークマンがインサイドプレイヤーの背後を通ったときは，コーナーにフレアーカットする（図2-52③）。

ディフェンスがスイッチして対応してきたら，インサイドプレイヤーはローポストでポジションをとり，ガードからのパスを要求する（図2-52④）。

p.200「スタック」も参照。

4 ─ ローポストにパスを入れたあとのプレイ

前項「インサイドアウト」（→p.125）で説明したように，ウィングのプレイヤーは，ローポストにパスを送ったら，ディフェンスの動きに応じてプレイを選択する。

ウィングのプレイヤーがゴールに向かってカットした場合は，ガードがウィング方向に移動して，インサイドプレイヤーと2対2を展開する（図2-53①）。

インサイドにパスを送ったあと，ウィングのプレイヤーはガードのためにスクリーンをセットしてもよい。ガードはスクリーンを利用してウィングに向かい，インサイドからのパスを待つ。このようなプレイは，スプリット・ザ・ポストと呼ばれている（図2-53②）。

図2-52　スタックからのプレイ

①基本形

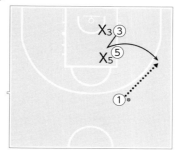

②カールカット

③フレアーカット

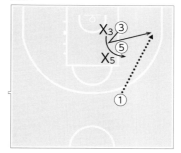

④ディフェンスがスイッチした場合

図2-53 インサイドへのパスを入れたあとのプレイ

①ガードとローポストによる2対2

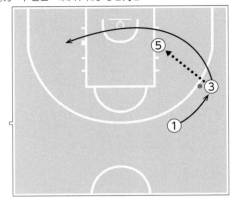

②スプリット・ザ・ポスト

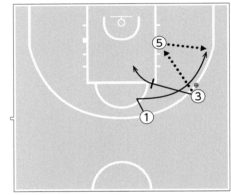

③ディフェンスがスイッチした場合

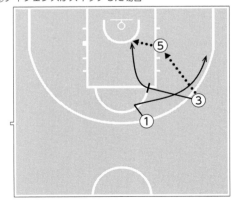

ディフェンスがスイッチして対応してきたら，ウィングプレイヤーはゴールに向かってカットし，ローポストからのパスを要求する（図2-53③）。

5 ― サイドライン・トライアングル

強力なポストプレイヤーを擁しているのであれば，サイドライン・トライアングルを形成して，インサイドにパスを送る機会を増やすとよい。

ガードはウィングにパスしたら，コーナーに向かってカットする。こうすれば，ウィング，コーナーいずれのポジションからもローポストへのパスをねらうことができ，インサイドへパスを送る機会を増やすことができる（図2-54①）。

ウィングのプレイヤーはローポストないしコーナーにパスを送る。ローポストにパスを送ったときは，コーナーにいるプレイヤーのためにスクリーンをセット（図2-54②），あるいはゴールに向かってカットする（図2-54③）といったプレイを選択する。後者の場合ウィングのプレイヤーが逆サイドにクリアアウトすると同時に，コーナーにいるプレイヤーとローポストプレイヤーによる2対2に移行する。

また，ウィングとコーナーのプレイヤーが交差するようにカットし，ゴールに向かってもよい（シザース・図2-54④）。

ウィングのプレイヤーがコーナーへのパスを選択したときは，ローポストのプレイヤーがステップアウトして，ウィングのプレイヤーのためにバックスクリーンをセットしてもよい（図2-54⑤）。

p.204「サイド・トライアングル」も参照。

図 2-54　サイドライン・トライアングル

①サイドライン・トライアングルの形成

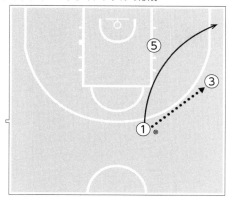

④ローポストへのパス[3]：シザース

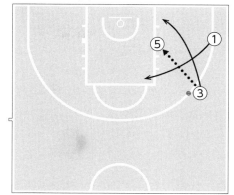

②ローポストへのパス[1]：コーナーへのスクリーン

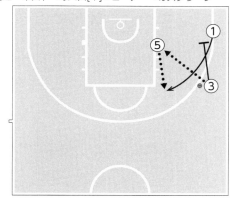

⑤コーナーへのパス：バックスクリーン

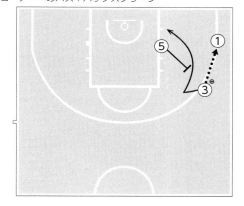

③ローポストへのパス[2]：ゴールに向かってのカット

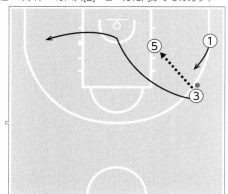

2. ボールサイドでのプレイ②：トップ−ウィング−ハイポスト

　トップ−ウィング−ハイポストのアラインメントをとると，ゴール近辺に大きなスペースが生まれる。したがってウィングおよびハイポストのプレイヤーがゴールに向かうドライブを得意とする場合，非常に効果的となる。また，常にバックドアカットをねらうことにより，ディフェンスが激しくディナイすることを防ぐことができる。

■1─ウィングにパスしてからのプレイ

1─UCLAカット（図2-55）

　トップ-ウィング-ハイポストというアラインメントからのオフェンスで，最もポピュラーなものがUCLAカットである。

　ウィングにパスをしたら，ガードはハイポストにいるプレイヤーのスクリーンを利用してローポストに向かい（UCLAカット），シュートチャンスをうかがう（図2-55①）。

　ガードのマークマンがスクリーンを予想してスクリナーの背後に下がったら，トップに戻り，ウィングからのリターンパスを要求する（図2-55②）。

　ローポストへカットしたガードにパスできなかったら，ウィングはハイポストにパスを送り，ローポストに向かってスクリーンをセットする（図2-55③），もしくはハイポストのプレイヤーがウィングプレイヤーのためにスクリーンをセットし，スクリーン＆ロールに移行する（図2-55④）。後者の場合，ガードはローポストからコーナーに移動し，ポストがゴールに向かってカットするスペースを確保する。

　p.203「UCLA」も参照。

図2-55　UCLAカット

①基本形
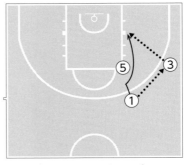

②ディフェンスがスクリーンを予想してプレイしている場合

③ダウンスクリーン
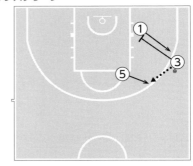

④スクリーン＆ロール

2 — ガードアラウンド（図2-56）

　ガードはウィングにパスすると同時にパスを追ってウィングに向かい，ハンドオフパスを受ける。このように，ガードがパスした相手の外側にまわり込むプレイは，ガードアラウンドと呼ばれている（図2-56①）。

　パスを受けたら，まずはゴールへのドライブをねらう。ゴールにドライブできないと判断したら，ハイポストのスクリーンを利用してゴールに向かっているウィングプレイヤーへのパスをねらう（図2-56②）。

2 — ハイポストにパスしてからのプレイ

1 — ピンチポスト（図2-57）

　ウィングのプレイヤーが激しくディナイされているようなら，ガードはハイポストへのパスを選択する。ウィングのプレイヤーは，ガードがハイポストにパスを送ると同時にゴールに向かってカット（バックドアカット）し，シュートチャンスをうかがう。パスを受けられないと判断したらそのまま逆サイドにクリアアウトする。ウィングのプレイヤーがバックドアカットしたら，ガードはハイポストのプレイヤーに向かってカットし，ハンドオフパスを受け，シュートないしドライブをねらう（ピンチポスト）。

2 — シザース（図2-58）

　ガードからハイポストにパスが送られたときは，シザースプレイを展開してもよい。ガードはハイポストにパスを送ったあと，ただちにゴールに向かってカットする。ハイポストにボールが渡ったことで自分のマークマンが気を抜いたら，ただちにリターンパスを受け，シュートないしゴールへのドライブをねらう。ガードにパスできなかったら，ウィングのプレイヤーはハイポストに向かってカットする。

図2-56　ガードアラウンド

①基本形

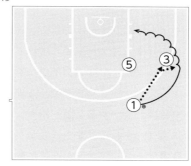

②バックスクリーン

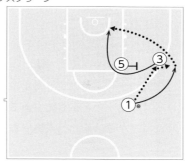

図2-57　ピンチポスト

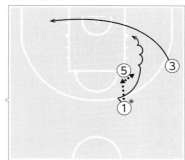

図2-58　シザース

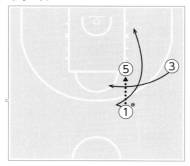

3. アウトサイドプレイヤー3人によるプレイ

アウトサイドでは，ボールを保持していないプレイヤーにディフェンスが密着し続けることは少ない。特にヘルプサイド側のディフェンスは，常にボールマンのポジションを意識し，場合によってはヘルプに向かう。するとボールマンのシュートチャンスもつぶされてしまう。しかし，アウトサイドに位置するプレイヤーが適切に動けば，自分をマークしているディフェンダーを引きつけておくことができる。

アウトサイドプレイヤー3人によるコンビネーションプレイでは，マークマンを常に自分に引きつけ，自分以外のプレイヤーが1対1をねらいやすい状況をつくり出すことが重要である。先に紹介したギブ＆ゴーなどはその代表例である。

1─ダウンスクリーン

アウトサイドのプレイヤーが3人以上でオフェンスを展開する場合，ボールマンのほかに2人のプレイヤーが存在する。このような状況で展開する基本的なプレイの1つとして，パスをしたプレイヤーが逆サイドのプレイヤーのためにダウンスクリーンをセットするプレイがある。

ダウンスクリーンは次のような手順でおこなわれる。

まずパスをしたプレイヤーは，パスした方向とは反対側に動き，スクリーンをセットする（スクリーンアウェイ：図2-59）。

スクリーンをセットする際は，スクリーンする相手の位置を確認し，そこに向かってまっすぐ走っていく。1，2歩ゴールの方向に動いてからスクリーンに向かうと，スクリーンの角度がよくなることが多い。そして，スクリーンする相手とぶ

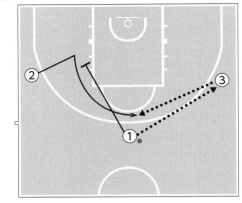

図2-59 ダウンスクリーン

つかる直前にジャンプストップし，接触があっても簡単には倒れないようなスタンスをとる。

スクリーンを利用するプレイヤー（カッター）はVカットと同じ要領でゆっくりゴールに向かい，マークマンを引きつけておく。そして，スクリーンがセットされたらすばやくボールに向かってカットする。スクリーンを通過する際は，スクリナーの肩と自分の肩がぶつかるくらいぎりぎりを通り，ディフェンスに間を割られないようにする。

スクリーンをセットしたあと，スクリナーはゴールに向かってカットしシュートチャンスをうかがう，もしくは，すばやくアウトサイドに移動してパスの展開を待つ。

1─カッターのオプション[1]：バックドアカット（図2-60）

マークマンがスクリーンプレイを予測し，これから向かおうとしている方向にポジションを移動させたら，あたかもスクリーンを利用するようなステップを踏んでから，ゴールに向かってカットする。スクリナーはアウトサイドにポップアウトし，シュートチャンスをうかがう。

2 ― カッターのオプション[2]：カールカット（図2-61）

スクリーンを利用する際，マークマンがスクリナーと自分の間に割って入ろうとしてきたら，カッターはレーンの中に向かってカールカットする。すると，スクリナーのディフェンスもカールカットしたプレイヤーに注意を向けざるを得なくなる。このとき，スクリナーはすばやくポジションを移動し，パスを要求する。

3 ― カッターのオプション[3]：フレアーカット（図2-62）

マークマンがスクリナーの内側を通って対応してきたら，アウトサイドにフレアーする。スクリナーはゴールに向かいパスを要求する。

4 ― スクリナーのオプション（図2-63）

スクリナーとなるプレイヤーは，原則としてカッターの動きを見てプレイを選択する。ただし，自分のマークマンがスイッチする準備をしていると判断したら，スクリーンアウェイする途中ですばやく方向転換し，ゴールに向かう（スクリーン&ゴーカット）。

2 ― フレアースクリーン

アウトサイドからのシュートを得意とするプレイヤーがいるときは，フレアースクリーンが有効な選択肢となる。フレアースクリーンはバックスクリーンの一種と考えることができ，ディフェンスの対応に応じたプレイの選択肢も，バックスクリーンを利用する場合とほとんど同じである（図2-64）。しかし，バックスクリーンとは異なり，カッターはゴールから遠ざかるように動いてシュートチャンスをうかがうことになる。カッターにパスが送られたら，スクリナーはローポストに向かい，カッターからのパスを待つ。

なお，ここではフレアースクリーンをアウトサ

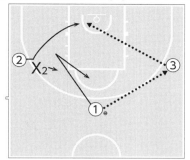
図2-60　カッターのオプション[1]：バックドアカット

図2-61　カッターのオプション[2]：カールカット

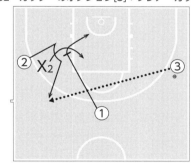
図2-62　カッターのオプション[3]：フレアーカット

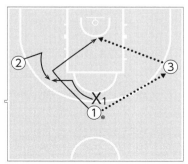
図2-63　スクリナーのオプション：スクリーン&ゴーカット

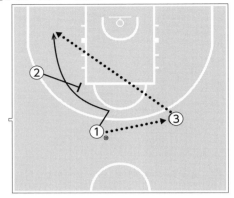

図2-64　フレアースクリーン

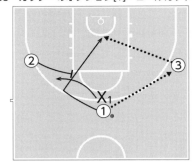

図2-65　カッターのオプション[1]：ゴールカット

図2-66　カッターのオプション[2]：カールカット

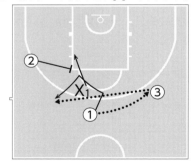

図2-67　カッターのオプション[3]：ポップアウト

図2-68　スクリーナーのオプション：ゴールカット

イドプレイヤー同士のコンビネーションプレイとして紹介しているが，インサイドプレイヤーがスクリーナーとなれば，より効果的なプレイとなる。

1 ─ カッターのオプション[1]：ゴールカット（図2-65）

マークマンがフレアースクリーンを予測して，スクリーナーの方向に先まわりしているようなら，カッターはスクリーンを利用しないでゴールに向かってカットする。

スクリーナーはアウトサイドにステップアウトして，パスを要求する。

2 ─ カッターのオプション[2]：カールカット（図2-66）

マークマンがスクリーナーと自分の間に割って入ろうとしてきたら，カッターはフレアーカットする代わりにゴールに向かい，シュートチャンスをうかがう。

スクリーナーはアウトサイドにステップアウトして，パスを要求する。

3 ─ カッターのオプション[3]：ポップアウト（図2-67）

マークマンがスクリーナーの背後を通って対応してきたら，すばやくアウトサイドにポップアウト

して，パスを要求する。

④—スクリーナーのオプション：ゴールカット（図2-68）

スクリーナーのディフェンスがスイッチして対応したら，スクリーナーはゴールに向かってカットし，パスを要求する。

4. インサイドプレイヤー2人とアウトサイドプレイヤー1人によるプレイ：ローポスト2人＋ウィング

ゴール近辺で，複数のインサイドプレイヤーがほかのプレイヤーの存在を無視するかのように勝手気ままにプレイしてしまうと，お互い邪魔になるだけでなく，アウトサイドのプレイヤーがインサイドにドライブするためのスペースもふさいでしまう。このような事態を避けるためにも，インサイドプレイヤーは協力してプレイしなければならない。また，アウトサイドのプレイヤーがゴールに向かってドライブを始めたら，お互いのシュートチャンスを広げるために，適切なプレイを選択しなければならない。

ここでは，ボールサイドと逆サイドのローポストにそれぞれ1人ずつ，およびウィングに1人という設定で，3人によるオフェンスプレイを解説する。

■—インサイドプレイヤー2人による協力プレイ

複数のインサイドプレイヤーが同時にプレイする場合，ボールサイドのローポストにいるプレイヤーに優先権が与えられる。ほかのインサイドプレイヤーは，ボールサイドのローポストにいるオフェンスやディフェンスの状況を見て，プレイを選択しなければならない。また，ボールサイドのローポストにボールが渡ったら，リバウンドへ向

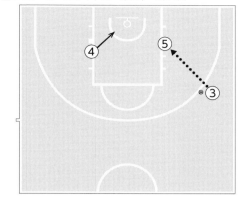

図2-69 ボールサイドローポストへのパス

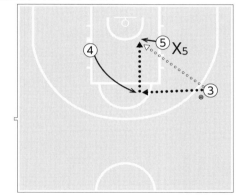

図2-70 ハイ-ロープレイ

かう準備をする（図2-69）。

①—ハイ-ロープレイ（図2-70）

ボールサイドのローポストプレイヤーに対し，相手チームがフロントに立ったり，サイドから，かぶるようにしてパッシングレーンをふさいできたら，逆サイドのプレイヤーはハイポストにフラッシュし，ローポストへとパスを中継する（ハイ-ロープレイ）。

また，逆サイドのプレイヤーがハイポストに動けば，ウィングのプレイヤーが逆サイドのディフェンスを気にすることなく，ゴール下へロブパスを送ることができる。

図2-71 クロススクリーン

①基本形

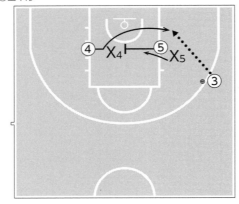

②スイッチへの対応

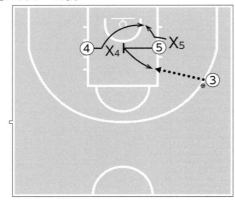

③逆サイドへのロブパス

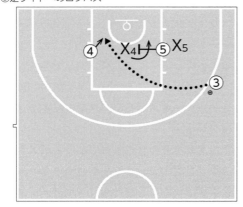

2―クロススクリーン（図2-71）

ボールサイドのインサイドプレイヤーは、ウィングからパスを受けられないと判断したらすばやく逆サイドに向かい、スクリーンをセットする。このようにレーンを横切るような形でのスクリーンプレイは、クロススクリーンと呼ばれている（図2-71①）。

スクリーンプレイは、次のような手順でおこなう。

まず、スクリナーとなるプレイヤーはターンをして逆サイドの状況を確認し、スクリーンをセットする相手に向かってまっすぐ移動する。スクリナーがスクリーンをセットし終えたら、逆サイドのローポストはスクリナーに向かって動き出し、マークマンをスクリナーに押し当てるようにしてからスクリーンを通過する。

クロススクリーンに対し、ディフェンスがスイッチで対応してきたら、スクリナーはボールサイドにカットバックしてウィングにパスを要求する（図2-71②）。

なお、ディフェンスがスクリーンを予想して逆サイドのローポストが向かうエリアに先まわりしているときは、ウィングから逆サイドにロブパスを送る（図2-71③）。

2―ウィングからのドライブ

ウィングのプレイヤーがゴールに向かってドライブしてきたら、インサイドのプレイヤーはマークマンの状況を見て、適切なポジションに移動しなければならない。

1―トップ側へのドライブ（図2-72）

ウィングのプレイヤーが、相手のトップ側を抜いてレーンに向かってドライブしてきたら、ボールサイドのローポストは、自分のマークマンの背中側すなわちエンドライン方向に2、3歩移動し

図2-72 トップ側へのドライブ

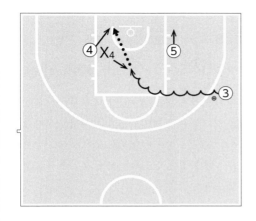

図2-73 ベースライン側へのドライブ

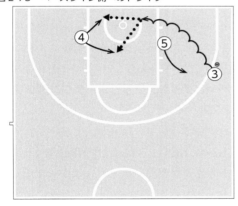

て，ゴール近辺のスペースを確保し，パスに備える。逆サイドのローポストも自分のマークマンの背中側からゴールに向かい，ゴール下でのシュートチャンスをうかがう。

2――ベースライン側へのドライブ（図2-73）

ウィングのプレイヤーがベースライン側からレーンに向かってドライブしてきたら，ボールサイドのローポストは，ウィング方向に向かって広がり，ゴール下のスペースを空ける。逆サイドのローポストは，マークマンがドライブへのヘルプに出ると同時にゴール方向かミドルライン側に向か

い，シュートチャンスをうかがう。

5. 4人以上のプレイヤーによるプレイ

オフェンスに参加するプレイヤーの数が増えれば増えるほど，プレイの選択肢は多くなる。しかし，それぞれの局面を切り取れば，5人のオフェンスであっても1対1や2対2，3対3から成り立っている。日頃から基礎的なプレイを反復練習することの大切さが唱えられるゆえんである。

ここでは3人によるコンビネーションプレイには含まれないようなプレイ，具体的にはスタッガードスクリーンと，スクリナーにスクリーンをかけるプレイ（スクリーン・フォー・ザ・スクリナー）を紹介する。

1――スタッガードスクリーン

スタッガードスクリーンとは，1人のプレイヤーのために，複数のプレイヤーがスクリーンをセットするプレイである。ディフェンス側からすれば，スクリーンが立て続けにセットされるため，カッターへの対応が非常に難しくなる。

1――ダウンスクリーン（図2-74）

トップ-ウィング-ハイポストというアラインメントから，逆サイドにパスを展開したとしよう。このときトップとハイポストのプレイヤーがウィングのプレイヤーのために，スクリーンをセットする。2人目のスクリナーはウィングのディフェンダーの動きを見て，スクリーンの位置を調整する。

2――ベースラインスクリーン（図2-75）

ウィングと左右両サイドのローポスト2人というアラインメントから，逆サイドにパスを展開したとしよう。このときウィングがエンドライン

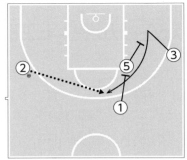

図2-74 ダウンスクリーン

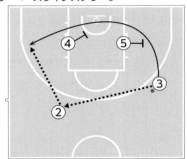

図2-75 ベースラインスクリーン

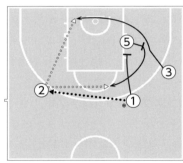

図2-76 ベースラインスクリーン＋ダウンスクリーン

図2-77 クロススクリーン＋ダウンスクリーン

（ベースライン）に沿って逆サイドまで走り抜ければ（スイング），ローポストの2人によるスクリーン（ベースラインスクリーン）を利用して，シュートチャンスをうかがうことができる。

❷―スクリーン・フォー・ザ・スクリナー

　スクリーン・フォー・ザ・スクリナーとは，スクリーンプレイをおこなった直後に，スクリナーとなったプレイヤーのためにスクリーンをセットするプレイのことであり，ピック・ザ・ピッカーとも呼ぶ。

　スクリーンプレイがおこなわれると，ディフェンスはスイッチするのか否かといった判断をしなければならない。そこに2つ目のスクリーンをすばやくかけるのである。ディフェンス側からすれば，どのように対応すべきか，判断に苦しむことになる。

①―ベースラインスクリーン＋ダウンスクリーン（図2-76）

　トップ―ウィング―ローポストというアラインメントから，逆サイドにパスを展開したとしよう。このときウィングのプレイヤーはローポストのプレイヤーによるスクリーン（ベースラインスクリーン）を利用して，逆サイドのローポストに向かう。続けてトップにいたプレイヤーがローポストのプレイヤーにダウンスクリーンをかける。こうして最初にスクリナーとなったローポストのためにスクリーンをセットするのである。

②―クロススクリーン＋ダウンスクリーン（図2-77）

　ウィングと左右両サイドのローポストに加え，ハイポストないしは，トップにオフェンスを配置すれば，クロススクリーンからダウンスクリーンというプレイの展開が可能となる。

BASKETBALL
COACHING THEORY

3章

マンツーマンディフェンスの指導

3-1 マンツーマンディフェンスの原則

1. ディフェンスの考え方

❶—現代バスケットボールのディフェンスの考え方

　一般に，ディフェンスという言葉は「防御」ないし「守備」という意味で用いられるが，現代のバスケットボール競技においては，ディフェンス側から積極的にしかけていくことも重要である。

　「防御」「守備」とは，相手が何かしようとすることを防ぐ行為である。しかし，ディフェンスの際，「相手に合わせて反応する」だけでは，どうしても後手にまわってしまう。ゲームで勝利するためには，相手を苦しませること，言い換えれば，オフェンスの思い通りにプレイさせないことが重要である。そのためには，ディフェンス側からしかけ，ディフェンスが有利となるようなエリアにオフェンスを追い込む必要がある。

　ディフェンス側が主導権を握ることができれば，オフェンス側は思うようにプレイできなくなる。その結果，オフェンスによるターンオーバーの回数は増加し，シュート確率も低下する。こうして，失点を最小限に抑えることができるのである。

❷—育成年代のディフェンスの考え方

　日本では，これまでミニ（U-12）のレベルでも多くのチームがゾーンディフェンスを導入し，中学校（U-15）では多くのチームがゾーンディフェンスを中心に試合を組み立ててきた。本来15歳までは基礎的なスキルを学ぶべき年代である。ところが，ゾーンディフェンスの形式的な部分だけの指導に終始してきたためか，オフェンス，ディフェンスの両面において1対1の対応力が不足する状態が続いてきた。

　世界の強豪国では14歳以下のゾーンディフェン

スを禁止しており，国際バスケットボール連盟（FIBA）もミニバスでは禁止している。そのため，日本バスケットボール協会は，2016年より15歳以下のゲームでのゾーンディフェンスを禁止し，マンツーマンディフェンスを推進することになった。

育成年代でゾーンディフェンスを認めてしまうと，誰が誰と戦っているのかを個々のプレイヤーが把握するのは難しくなる。その一方で，複雑に変化する状況下での判断が不可欠となる。

目の前の相手を飛び越えた先の状況の変化を察知する能力ももちろん重要であるが，人間は，ある一定の年齢に達しないと，複雑に変化する状況のなかで冷静な判断はできない。ある程度の知識を得て，ものごとの原理や原則を学び，複雑な変化のなかから一定の規則性や法則性を見出すことができるようになるには，それなりの学習と経験が必要である。NBAで活躍するプレイヤーの多くが20代後半から30代半ばの年齢であることを鑑みれば，バスケットボールは，体操競技や水泳のように若年層が世界で活躍する種目とは異なっていると言えよう。つまり「状況判断」の段階的育成が重要で，発育発達段階に応じた豊かな経験を積ませるような指導が不可欠なのである。

3―プレッシャーとは

ディフェンスの際，コーチから「プレッシャーをかけろ」と檄が飛ばされることがある。しかし，プレッシャーをかけるということが具体的に何を意味するのか，声をかけられたプレイヤーが理解できているのか，ひいてはチームとしての共通理解が構築されているのかどうか，疑問を抱かざるを得ないような場面も少なくない。

例えば，右側にドライブしたいのだが，左側にドライブせざるを得ない状態に追い込まれている，あるいは，チームの得点源となるプレイヤーやシュートをねらわせたいプレイヤーにボールが渡らないといった状態をつくり出すことができているのであれば，ディフェンス側はプレッシャーをかけることに成功していると言えよう。

このような状態が続くと，オフェンス側は徐々にリズムを崩し，欲求不満を募らせていく。その結果，ゲームの終盤にミスを犯しがちになる。すなわち，相手にプレッシャーをかけるとは，単に激しくプレイするだけでなく，相手の思い通りにプレイをさせないような状態を維持することなのである。

4―サイドライン・エンドラインの意味

ディフェンスで主導権をとりたいのであれば，ボールマンをどのエリアに追い込むかを考えなければならない。コートの中央，すなわちミドルレーンにボールがあると，前後左右すべての方向にパスを展開されてしまう。一方，ボールマンをサイドラインやコーナーへと追い込むことができれば，パスを出す方向を限定することができる。サイドラインやエンドライン付近からパスは180度，コーナーやコフィンコーナーからのパスは90度の範囲に限定されるのである。したがって，ディ

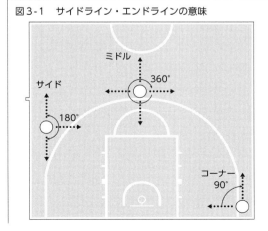

図3-1　サイドライン・エンドラインの意味

フェンスすべき範囲も限定され，相手にプレッシャーをかけやすくなる。このように，サイドライン，エンドラインはディフェンダーとしての役割も担っていると言えよう（図3-1）。

2. マンツーマンディフェンスの基本

1─相手を読む

ディフェンスの際に最も重要なことは，オフェンスが何をしようとしているのかを察知してプレイすることである。自分のマークしている相手が何をしようとしているのかを，目の動きや身体の動き，ボールの動きなどから判断する。また，オフェンスのアラインメントや，ポイントガードの動きなどから，相手がどのようなプレイを展開しようとしているのかを先読みして備えておく。こうしてディフェンスが主導権を握れば，オフェンスは後手にまわることになり，思い通りにプレイを展開することができなくなる。

2─基本的なポジション

ボールマンのディフェンスをする際には，ゴールライン（自分がマークしている相手とゴールを結んだ仮想のライン）上でシュートやドリブルに対応できるポジションをとる（図3-2）。ボールマン以外のプレイヤーに対しては，チームディフェンスの方針に従ったポジションをとることになるが，少なくとも，マークするプレイヤーがボールマンになった際には，ボールマンをディフェンスできるポジションに戻れるようでなければならない。

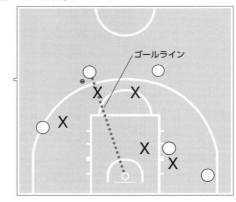

図3-2　基本的なポジション

3─ディフェンスのビジョン

ボールマンをディフェンスする際には，ボールマンの動きに集中し，何をしようとしているのかを読みとるよう心がける。

ボールマンからワンパスアウェイ（ボールマンの隣の位置）にいるプレイヤーをディフェンスするときには，パッシングレーンに手を伸ばすと同時に，指先の方向に顔を向け，マークマンとボールを視野に入れる（ディナイポジション）。また，相手が簡単にはパスを受けられないように激しくディフェンスし，できるだけゴールから遠ざける。マークマンがバックドアカットを始めたら，すばやく顔の向きを変え，これまでとは逆の手でパッシングレーンを遮る。

ボールマンからツーパスアウェイ以上のポジションにいるオフェンスをマークする際には，ボールマンとマークマンを視野に入れるべく，ボールマンとマークマンの両方を指さし確認をするような姿勢をとる（ピストルスタンス）。このとき，マークマンの動きに気をとられ，ボールを見失わないように注意したい。人の動きと比べるとボールの移動速度のほうが速く，ボールを見失う可能

性のほうが高いからである。

4 ─ ディフェンスでのコミュニケーション（トーク）

チームとしてディフェンスを成功させたいのであれば，それぞれの役割を明確にしたうえで，5人全員で協力してプレイしなければならない。そのためにはコミュニケーション（トーク）が不可欠である。また，ディフェンスの際，頻繁にコミュニケーションをとり合えば，互いの信頼感を醸成することにもつながる。

ボールマンをマークしているプレイヤーは，「ボール」と叫ぶ。こうすることで他のプレイヤーは，ボールマンがどこにいるのかを確認することができる。ワンパスアウェイでディナイしている者は，「ディナイ」と叫びながら，マークマンの動きについていく。

ツーパスアウェイ以上のポジションでディフェンスしているプレイヤーは，後方から「ヘルプOK」と声をかける。このような声があれば，ボールマンやワンパスアウェイにいるオフェンスをマークしているディフェンダーも，思いきってプレッシャーをかけることができる。たとえマークマンに出し抜かれても，味方がヘルプしてくれるという安心感を得ることができるからである。

5 ─ ボールマンに対するディフェンス

1 ─ ボールマンに対する構え

ボールマンをマークする際には，ボールマンに正対するような姿勢で構える（スクウェアスタンス→上巻p.49）。相手がドリブルを始める前であれば，腕1本分以内の距離（ハーフアーム）を保ち，自分の鼻が相手の胸の高さなるようにする（ノーズ＝チェスト）。このとき左右の足を真横に広げていると，前後にバランスを崩し，相手の動きにすばやく対応できなくなる可能性がある。そこで，相手を追い込んでいきたい方向の足のつま足を，もう一方の足のかかとの位置に置く（ヒール・トゥ・トゥ）。なお，従来より足幅は肩幅程度とされてきたが，すばやく動ける限り足幅はなるべく広げるようにしたい（図3-3）。相手がドライブを始めたら，進行方向の足を真横に出し，ゴールに向かって直線的にドライブさせないようにする。

2 ─ ハンドワーク

ヒール・トゥ・トゥのスタンスで構えた際，前足側の手をトレースハンドと呼ぶ。例えば，右足が前に出ている場合には右手がトレースハンドであり，マークマンが保持しているボールをなぞるように動かす（図3-4）。そして隙あらばボール

図3-3　ボールマンに対する構え

図3-4　トレースハンド

図3-5 スライドステップ（ステップ-スライド）

図3-6 ボールマンがドリブルしているとき

図3-7 ドリブルが終わったとき（スティック）

をスナップして奪い取る。もう一方の手は顔の高さで手のひらを開き，肩口にパスを通させないようにする。

③―スライドステップ

両足を広く開いた状態から，左右どちらかに足を出すことをステップと呼ぶ。そして，さらに移動するために，もう一方の足を引き寄せることをスライドと呼ぶ。通常は，この一連の動きを「スライドステップ」と呼ぶ（→上巻p.57）が，足を動かす順番通り「ステップ-スライド」と呼べば，ステップが先であることが明確となり，初心者にも理解しやすくなるかもしれない（図3-5）。近年では，すばやく足を動かすことを強調するために，「ステップ-ステップ」と呼ぶコーチもいる。

つまり，足を引き寄せるというより，ステップの際に，横に踏み出す足とは逆の足（スライドさせる足）で力強く蹴り出すことが重要であり，引き寄せる（スライドさせる）場面を意識させないように指導するのである。このような指導法は，上下に飛び跳ねたり，足を交差させたりする動作を防ぐうえで効果的である。スライドステップは，クロスステップに比べ，重心が常に身体の中心にあるため，左右どちらにも対応できるというメリットがある。

④―ドリブルへの対応

ボールマンがドリブルしているときは，オフェンスの進行方向に対して半歩リードしたポジションを維持する。すなわち，相手がドリブルしてい

る側の手を身体の中心で捉え，トレースハンドでボールにプレッシャーをかけるのである（図3-6）。また，常にゴールラインを意識し，相手とゴールの間のポジションを確保する。ゴールラインから大きく外れてしまうと，簡単に方向転換され，ゴールに向かってドライブされてしまうからである。

相手が方向変換したら，スイングステップ（→上巻p.58）で対応する。ただし，スイングした足をゴール方向に大きく引いてしまうと，ゴールに向かってまっすぐドリブルされてしまうので注意したい。

相手がドリブルのスピードを上げてきたら，クロスステップ（→上巻p.58）に切り替える。クロスステップを用いれば，相手がかなりのスピードでドリブルしても対応できるようになる一方で，急激な方向変換に対する対応が難しくなる。そこで，常に相手より半歩ほどリードしたポジションをキープし，ボールの正面に入る。こうすれば，ドリブルしているプレイヤーにプレッシャーをかけることができるし，最終的には方向転換させてサイドラインやエンドライン方向に追い込むこともできる。

5──ドリブル後の対応

オフェンスがドリブルを止めたあとの選択肢は，シュートかパスのみである。そこで，マークマンがドリブルを止めたら，ただちに間合いをつめ，徹底的にプレッシャーをかける（図3-7）。なるべくスタンスを大きく広げ，簡単にはピボットさせないように身体を密着させると同時に，両手を使ってボールをトレースする（スティック）。そして大声で「スティック」と叫んでチームメートに知らせ，ドリブルを終えたプレイヤーから出されたパスのインターセプトをねらうように促す。

6──ワンパスアウェイでのディフェンス：ディナイ

ボールマンの隣（ワンパスアウェイ）に位置するプレイヤーをマークする際は，簡単にボールを持たせないようディフェンスする（ディナイ）。足幅は肩幅程度に開いて相手の胸の高さに自分の耳が位置するような姿勢（イヤー＝チェスト）を保ちながら，パッサー側の手と足を前側，ゴール側にある足を後方にしてすばやく動けるように構える（クローズドスタンス）。このとき前側の手はまっすぐ前に伸ばし，手のひらをパッサー側に向ける。もう一方の腕は，肘を曲げて前腕部が胸の前で床と並行になるようにし，相手と軽く触れるようにする（アームバー）。こうして激しくディナイすると，オフェンスはバックドアカットをねらってくる。そのため，後方の足にもある程度体重をかけ，ゴール方向にもすばやく動けるように準備しておく（図3-8）。

オフェンスがボールマンの方向へ動いてパスを受けようとしたら，アームバーで相手の動きを受け止め（バンプ），ボールマンに近づけさせないようにする。こうして，パスがレシーブできたとしても，リングに背を向けなければボールをキー

図3-8　ディナイ

プできない，あるいは，シュートができないくらいゴールから離れた場所に追いやるのである。

7 ツーパスアウェイ以上のエリアでのディフェンス

1 ツーパスアウェイ以上のエリアでの構え

ボールマンからツーパスアウェイ以上のポジションにいるプレイヤーのマークマンは，ディフェンスの最後方に位置していることが多い。したがって，コート全体を見渡してプレイするだけでなく，声を出し，味方にさまざまな情報を伝えることが求められる。こうして，チームメートの背後からディフェンスをリードするのである。特にオフェンスがスクリーンをセットしたり，ハイポストにフラッシュしたりしたときには必ず声を出し，注意を促すようにする。

ツーパスアウェイ以上のエリアでは，オープンスタンス，クローズドスタンスのいずれの姿勢で構えてもよい。重要なことは，ボールマンとマークマンの双方が見えるようなポジションに立ち，両者の動きにすばやく対応できるよう準備しておくことである（図3-9）。例えば，マークマンがボールやゴールに向かってフラッシュしたら，身体を使って相手の動きを封じ込めるようにする（バンプ）。また，ボールマンがゴールに向かってドライブしてきたときには，ただちにヘルプに向かう。

なお，ツーパスアウェイ以上のポジションでも，「イヤー＝チェスト」の高さを維持して構える。マークマンからはやや離れたポジションでプレイするため，腰高な姿勢となりがちなので注意したい。

2 スキップパスへの対応：クローズアウト

ツーパスアウェイ以上のポジションでは，オフェンスとディフェンスの距離が離れている。このときボールマンへのプレッシャーが弱いと，相手はスキップパスを利用してオフェンスを展開してくる可能性が高くなる。したがって，スキップパスでディフェンスを崩されないようにするためには，ボールマンにプレッシャーをかけることが大切である。

マークマンにスキップパスが送られたら，簡単にはシュートさせないようにすばやく間合いをつめる。このときの一連の動きを，クローズアウトと呼ぶ。パスが出されたらただちに反応し，マークマンまで腕2〜3本分の距離まで全速力で走る。そのあとはスタッターステップ（→上巻p.55）を使い，腕1本分の距離（ワンアーム）まで間合いをつめる。スタッターステップを用いて

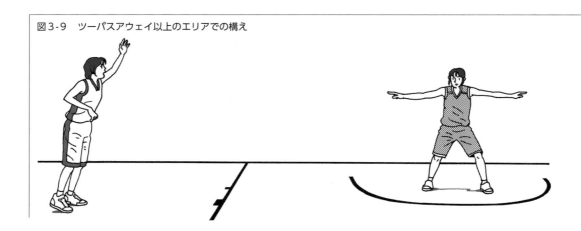

図3-9　ツーパスアウェイ以上のエリアでの構え

図3-10 クローズアウト

近づくときは両手を上げて，シュートを防ぐとともに，相手のドライブに備え，ただちに手を下げて対応できるようにしておく（図3-10）。

8──シューターへの対応とリバウンド

1──シューターへの対応

相手がシュート動作に入ったら，必ず間合いをつめ，トレースハンドを上げてプレッシャーをかける。シューターの視界を遮るように手を上げておけば，シュートの確率を著しく低下させることができる。

また，ブロックショット（→上巻p.63）に跳ぶ際は，相手より一瞬遅れてジャンプするようにしたい。先にジャンプしてしまうと，相手のシュートフェイクに対応できず，シュートファウルを犯してしまったり，簡単にドライブされてしまったりするからである。

2──リバウンドへの準備：ブロックアウト

ゲームを通じてのシュート確率が50%を超えることは，きわめてまれである。したがって，シュートが外れたあとのボールをどちらのチームが奪うかによって，お互いの攻撃回数は大きく変化する。とりわけ相手にオフェンスリバウンドを取られてしまうと，簡単にシュートを決められてしまうだけでなく，ディフェンス側のファウルもかさんでくる。

したがって，ディフェンス側のプレイヤーは，必ずマークマンをブロックアウトして（→上巻p.89/下巻 p.74），オフェンスリバウンドを取られないようにしなければならない。

3-2 マンツーマンディフェンスの実際

　オフェンスの技術が高度化している今日，ある程度のレベルに達すると，おのおののプレイヤーが責任をもってマークマンをディフェンスするといったやり方では，オフェンスに対抗できないことが多い。そこでチームとして計画に基づき，ボールマンや得点力のあるプレイヤーに対しては複数のプレイヤーで対処するといったシステムを構築することが必要となる。

　チームディフェンスのシステムといっても，コーチの考え方やチーム事情によって千差万別であろう。そこで，本項ではその一例として，比較的基本的なシステムを紹介する。なお，オフェンスは左右のガードポジションと両ウィングにそれぞれ1人ずつ立っているという状況を想定して，各ディフェンダーの役割を説明していく。ボールは右ガードポジションのプレイヤーが保持している（図3-11①）。

　ボールを保持している右ガードのプレイヤー①のマークマンX_1は，ボールマンにプレッシャーをかけるだけでなく，後述するように相手を右ウィングに追い込むよう意識する（ディレクション）。ボールマンの両隣にいる左ガード②と右ウィング③のプレイヤーをマークするX_2とX_3はパッシングレーンに手を伸ばし，簡単にはパスをレシーブされないようにディフェンスする（ディナイ）。ここで①から②へのパスを簡単につながれてしまうと，X_3やX_4はディフェンスのポジションを確立するために大きく移動しなければならなくなる。その結果，ディフェンスが後手にまわることになり，チームとしてのディフェンスが機能しなくなってしまうので注意したい。左サイドのウィング④はボールマンからツーパス以上離れているので，X_4はオープンスタンスないしクローズドスタンスで構え，オフェンスの動きに備える。右サイドのウィングにいる③にパスが渡ったら，

図3-11　基本的なポジショニング

①

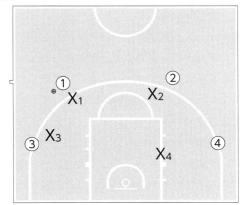

②

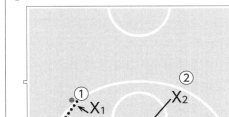

図3-12　ボールサイドとヘルプサイド

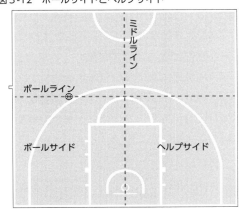

X_4はゴール下まで移動して，③のドライブに備える。もちろん，クロスコートパスや④のフラッシュに対しても，ただちに反応できるよう準備しておかなければならないが，そのためにはボールマンとマークマンを結んだラインからやや後方に下がったポジションをとり，ビジョンを確保しておくことが前提となる（図3-11②）。

なお，ディフェンスに関して説明をおこなう際は，コートをミドルラインで分割し，ボールマンのいるサイドをボールサイド，ボールマンとは反対側のサイドをヘルプサイドと呼ぶことにする（図3-12）。

1．チームディフェンスの原則：共通理解の構築

❶—ボールラインの原則

　ボールラインとは，ボールが位置している場所から両サイドラインと直角に交わるような仮想のラインを指す。したがって，ボールラインはオフェンス側がどの程度ボールの位置を進めたのかを表す指標となる。

　バスケットボールでは，シュートの成否にかかわらず攻防の切り替えがおこなわれる。とりわけオフェンス側がミスを犯すと，ディフェンス側はボールを確保すると同時にすばやくボールを前に進め，シュートをねらってくる。このようなとき，相手を止めるために戻るべき目安となるのがボールラインである。

　また，後述するように，オフェンスがインサイドにパスを送ったら，ボールラインより上側（ハーフライン側）にいるディフェンスが，ボールラインまで下がり，インサイドのディフェンスをヘルプする。

❷―ディレクション

オフェンスを特定の方向に追い込むようにディフェンスすることをディレクション（方向づけ）と呼ぶが、ハーフコートのマンツーマンディフェンスでは、フリースローラインの延長線とサイドラインが交わる点（ウィング）と、コーナー、ショートコーナーのややゴール寄りの場所（ショートコーナー）およびフリースローサークルの頂点（トップ）がディレクションの際の目安（ポイント）となる（図3-13）。

例えば、トップエリアのボールマンに対しては、左右いずれか近い側のウィングにあるポイントに向かわせるようディフェンスする。また、ハイポストでボールを持たれた際には、コーナーのポイントを目安にディフェンスする。ただし、トップエリアのボールマンに対しては、相手の利き手ではない側にディレクションしてもよい。利き手とは逆側の手でボールを扱わせれば、正確なパスを出すことが困難となり、ボールマンによる攻撃の選択肢を少なくすることができるからである。

ウィングエリアのボールマンに対しては、ショートコーナーないしトップのポイントを目安にディフェンスする。もちろんディフェンスのほうがクイックネスに長けている場合は、コーナーに追い込むことを目標にしてもよい。

すでに述べたように、ミドルレーンからはすべての方向にパスすることができるので、オフェンスを封じ込めるのは難しい（→p.145「サイドライン・エンドラインの意味」）。また、ペイントエリアでは、簡単なシュートをねらわれたり、ファウルを誘われたりしてしまう。したがって、このようなエリア（危険地帯）には、ボールを入れさせないようにしなければならない（図3-14）。

オフェンスを特定の方向に追い込むことにより、プレイを展開できるエリアを狭めていく。と同時に、ボールサイドとヘルプサイドを確立し、以下に記すようなチームディフェンスが機能しやすい状況をつくり出していく。これがディレクションの目的である。

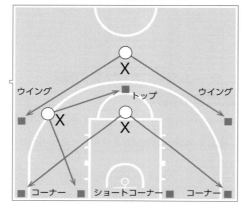

図3-13　ディレクションの目安（ポイント）

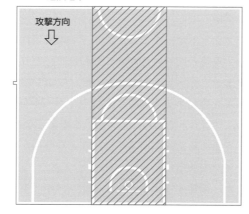

図3-14　危険地帯

2. ドライブへの対応：ディフェンスローテーション

ボールマンがマークマンを出し抜き，ゴールに向かってドライブしてきたら，周りのプレイヤーがすばやくヘルプに向かわなければならない。そして，ドライブを止めたら，ただちに元のポジションに戻る（リカバー）。場合によっては，ほかのディフェンダーとローテーションし，ヘルプに向かう前とは異なるプレイヤーをマークすることも必要である。このような一連の動きを，ヘルプ＆リカバーと呼ぶ。

■1─ディフェンスローテーションの実際

1─ウィングからゴールに向かってのドライブ

ウィングにいる③がパスを受けたら，X_3はショートコーナーのポイントへ追い込むようにディレクションする。このとき，X_3だけで③の動きを止められるようであれば，ほかのディフェンダーがヘルプに向かう必要はない。しかし，③がX_3を振りきり，ペイントエリアへドライブしてきそうなときは，ヘルプサイドにいるX_4がすばやくヘルプに向かい，③をペイントエリアに侵入させないようにする。X_3は相手に密着し，できるだけエンドライン側に追い込むようディフェンスする。また，X_2はゴールに向かって移動し，ゴール近辺へのパスやカットを防ぐ。X_1もペイントの中へ入り，①と②をカバーする（**図3-15①**）。

③がドリブルを止めたら，ヘルプに向かったX_4はただちに元いたポジションまで戻る。場合によってはX_4が③をマークし，X_3が④のカバーに向かうが，ここではX_3が③をカバーし続けるという想定のもとで，ディフェンスのローテーションについて説明する。

③がドリブルを止めたら，X_3は「スティック」

図3-15　ウィングからのドライブに対するローテーション
①ウィングからのドライブに対するヘルプ

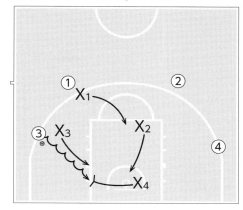

②ベースラインドライブから逆サイドへのパスに対するローテーション

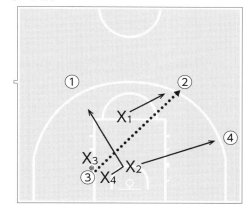

③ベースラインドライブから逆サイドウィングへのパスに対するローテーション

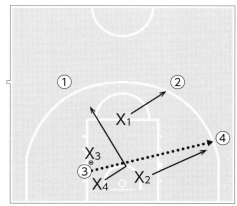

と叫び，ボールをトレースする。ここで③が①にパスしたら，ディフェンスはローテーションすることなく，元のプレイヤーのカバーに戻る。しかし，②にパスが送られた場合はX_1が②をカバーすることになり，X_2，X_4はその時々に応じて①と④のどちらかをカバーすることになる（図3-15②）。また，③から④にパスが送られたときも，X_2が④のカバーに向かうほうが早い場合が多く，ディフェンス側はローテーションして対応することになる（図3-15③）。

いずれにせよ，ペイントエリアに向かってのドライブに対しては，いずれかのプレイヤーがヘルプに向かうため，ドリブラーがパスアウトしたら，レシーバーに最も近い者がカバーに向かうのが鉄則であり，チーム内でのコミュニケーションが不可欠となる。

2—トップからゴールに向かってのドライブ

トップにいる①に対しては，サイドラインのポイントに追い込むようにディフェンスする。しかし，①がX_1を振りきり，ペイントエリアにドライブしてきそうなときは，X_4がすばやくヘルプに向かい，ゴールに向かってドライブされないようにする。X_2はX_4がいたポジションまで下がり，②と④をカバーする（図3-16①）。

ここで①が②にパスを送ったら，X_2はすばやくクローズアウトして②をマークする。またX_4は④のマークに戻る（図3-16②）。一方，①が④にパスしたら，X_2が④のマークに向かい，X_4は②をマークする（図3-16③）。

3．カッティングへの対応

ボールマンをサイドラインやショートコーナーのポイントに追い込むことができても，そこから

図3-16 トップからのゴールに向かってのドライブに対するローテーション

①トップからのドライブに対するヘルプ

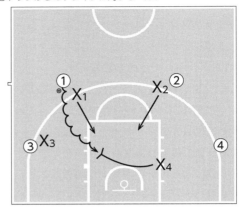

②ペイントへのドライブから逆サイドトップへのパスに対するローテーション

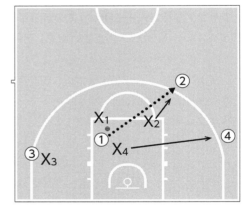

③ペイントへのドライブから逆サイドウィングへのパスに対するローテーション

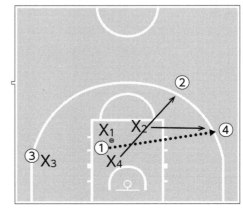

ボールを保持していないプレイヤーへ簡単にパスされてしまっては意味がない。

そこで，本項では，ボールを保持していないプレイヤーが簡単にパスを受けられないようにするためにはどうすればよいのかを説明する。

1—バンプ

ボールを保持していないプレイヤーが，パスを受けるために動きを始めたら，すばやくパッシングレーン（パスコース）に入り込んでディナイする。とりわけペイントエリアに向かってくる相手に対しては，胸やアームバーを用いて相手の動きを封じ込めなければならない（バンプ）。バンプしたあとは相手をゴールから遠ざける，あるいはバックドアカットさせ，逆サイドに向かわせるようにする（図3-17）。

2—ジャンプ・トゥ・ザ・ボール

ボールマンがパスしたら，フロントカットされないよう，レシーバーに向かって2，3歩移動する（ジャンプ・トゥ・ザ・ボール）。続けてゴール方向に1，2歩下がり，ディナイスタンスをとる（図3-18）。こうしてギブ&ゴーのようなプレイで簡単に得点されてしまうことを防ぐのである。

図3-17　バンプ

図3-18　ジャンプ・トゥ・ザ・ボール

3—バックドアカットへの対応

バックドアカットに対しては，オフェンスがゴールに向かってドライブしてきた場合に準じて対応する（pp.156-157「ドライブへの対応」参照）。

例えばウィングにいるプレイヤーがバックドアカットを始めたら，ディフェンスはすばやく顔の向きを変え，カッターの進行方向に向かって手を伸ばす。こうして，パッシングレーンをふさぐとともに，できるだけ相手と密着して，エンドライン方向に押し出すようにプレイする。

また，ヘルプサイドのディフェンスはすばやく反応し，パスカットをねらったり，オフェンスのチャージングを誘発させたりするようにプレイする（図3-19）。

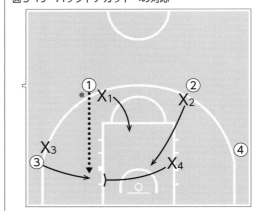

図3-19　バックドアカットへの対応

4．ポストディフェンス

　インサイドにボールを集め，ゴールに近い場所から得点を重ねていけば，ゲームを有利に展開できる。3ポイントシュートが導入されている今日でも，インサイドを支配できるか否かは，ゲームの勝敗を大きく左右する。

　したがって，ディフェンスの際は，インサイドへ簡単にパスを送られないようプレイしなければならない。また，相手のポストマンの手にボールが渡ったら，インサイドでのプレイを封じ込めるべく，チーム全体で協力しながら対応する必要がある。

❶─フラッシュへの対応

　ポストマンがパスを受けるためにフラッシュしたら，必ずバンプして相手の動きを止める（→図3-17）。ディフェンスがバンプすると，オフェンスはスイムムーブなどを駆使して有利なポジションを占めようとするが，このとき力任せに相手を封じ込めようとして，ファウルを犯さないようにする。まずはオフェンスが意図した通りのタイミングでパスをさせないようにしたい。また，バンプしたあともポストマンとコンタクトし続け，ボールサイドのブロック（ニュートラルゾーン）のようなオフェンス側に有利な場所へ向かわせないようにしたい。

　例えばオフェンスがヘルプサイドのローポストからボールサイドのローポストに向かってきたら，相手をベースラインのほうへ押し込み，簡単にはポストアップさせないようにディフェンスする。（図3-20①）。また，オフェンスがハイポストからボールサイドのローポストに向かってきたら，相手を逆サイドに押しやるようにプレイする（図

図3-20　フラッシュへの対応
①ヘルプサイドローポストからのフラッシュへの対応

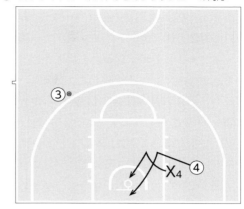

②ハイポストからのフラッシュへの対応

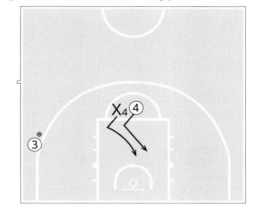

3-20②）。

❷─ボールサイドでのポストディフェンス

　相手にポストアップされてしまったら，ボールマンとの位置関係に応じてディフェンスのポジションを変え，簡単にパスをレシーブされないようにする。アウトサイドでは相手よりゴールに近い位置でディフェンスするのが原則だが，インサイドではボールを持たせないことを優先し，相手の前に立つ（フロント）といったことも必要となる。

1 ― ローポストでのディフェンス

　フリースローラインの延長線を基準として，ボールマンが延長線より上側（ハーフライン側）にいるときと下側（エンドライン側）にいるときで，ディフェンスのポジションを変化させる。すなわち，ボールマンが延長線上より上側にいるときは，ハイポスト側（ハイサイド）からポストマンに覆いかぶさるようにディフェンスし（図3-21①），下側にあるときにはエンドライン側（ローサイド）から覆いかぶさるようにディフェンスする（図3-21②）。いずれの場合も，パッシングレーンに手を伸ばすと同時に，アームバーで相手との接触を保つ。

　ボールがトップからウィングに移動したら，ディフェンスもハイサイドからローサイドに移動する。このとき，必ずポストマンの前を通るようにする（図3-22①）。後ろ側を通ると，パスを入れられてしまうからである。

　ボールがウィングからトップに移動したら，ディフェンスはローサイドからハイサイドに移動する（図3-22②）。このとき，ポストマンをアウトサイドに押し出すようにしながら，相手の後ろ側（ゴール側）を通るようにする。前側を通ると頭越しにロブパスを送られ，簡単に得点されてしまうので注意したい。

　なお，ポストマンが非常に強力で，ローポストからのプレイが得点源となっているような相手に対しては，ボールがウィングエリアにある限り常にフロントディフェンスするといったことも選択肢の1つとなる（図3-23）。このようなディフェンスをおこなうと，頭越しにロブパスを送られる可能性が高くなるので，後述するようにヘルプサイドにいるプレイヤーからのサポートが不可欠となる（→p.162〜）。

図3-21　ローポストでのディフェンス
①ハイサイドからのディナイ
②ローサイドからのディナイ

図3-22 ボールの移動に対するディフェンス
①ハイサイドからローサイドへ動くとき

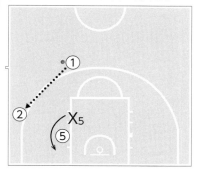

②ローサイドからハイサイドへ動くとき

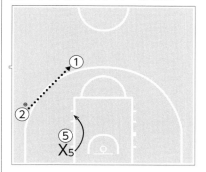

図3-23 ボールがウィングエリアにある場合：
フロントディフェンス

2―ハイポストでのディフェンス

ハイポスト付近では，マークマンの横に立ち，パスをディナイするに留める。相手に覆いかぶさるようにディフェンスすると，ゴールに向かってロブパスを送られてしまうからである。

トップエリアにボールがあるときにはミドルライン側からディナイし，相手をサイドライン側に押し出すようにプレイする。ウィングにボールがあるときにはエンドライン側からディナイし，相手をゴールから遠ざけるようにプレイする。ボールの位置が移動したら，オフェンスの後方を通ってボールのある側に移動し，パスをディナイする。

3 ― インサイドへのヘルプディフェンス

相手が強力なポストプレイヤーを擁している場合には，マークマン以外のプレイヤーによるすばやいヘルプディフェンスが不可欠となる。ヘルプサイドにいるディフェンダーからのサポートや，アウトサイドのプレイヤーからのヘルプなどは，その一例である。

1 ― ヘルプサイドからのサポート

相手のポストプレイヤーがボールサイドのローポストでポストアップしたら，ヘルプサイドのディフェンスはペイントの中に移動して，ポストプレイヤーのマークマンをバックアップする。相手チームがポストプレイヤーにロブパスを送ったら，ヘルプサイドのX_4がパスカットをねらったり，オフェンスチャージングを誘ったりするようにプレイする（図3-24①）。このあとのローテーションは，ウィングからベースラインに向かってドリブルされた際の対応に準じておこなう（→図3-15参照）。

ローポストにパスが渡ったら，ヘルプサイドのディフェンダーがダブルチームに向かってもよい。このとき，X_2とX_4のどちらがダブルチームに向かってもよいが，チームとして何らかのルールを設けておいたほうがよい（図3-24②）。ダブルチーム後のローテーションも，ウィングからベースラインに向かってドリブルされた際の対応に準じておこなう。

2 ― カバーダウン

インサイドにパスが送られたら，アウトサイドのプレイヤーはボールラインまで下がり，ポストマンを挟むようにプレイする（カバーダウン）。こうして，ポストマンがアウトサイドにパスを返すよう仕向けるのだが，相手のアウトサイドシュート力がそれほど高くないときには，非常に効果

図3-24　ヘルプサイドからのサポート
①ロブパスへの対応

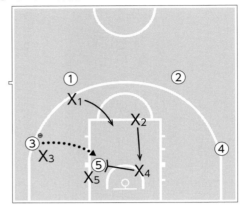

②ダブルチーム
[X_2がダブルチームへ向かう]

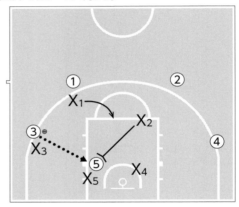

[X_4がダブルチームへ向かう]

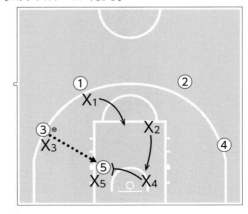

的である。

　例えばローポストでポストアップしているプレイヤーにパスが送られたときは，ウィングエリアにいるディフェンダーがすばやくローポストに向かう（図3-25①）。また，ハイポストにパスが渡ったときは，トップエリアにいるディフェンダーがハイポストに向かう（図3-25②）。

　カバーダウンする際，アウトサイドのプレイヤーに背中を向けてしまうと，バックドアカットから簡単に得点されてしまうので注意したい。

図3-25　カバーダウン
①ウィングからローポストへのカバーダウン

②トップからハイポストへのカバーダウン

5. スクリーンプレイに対するディフェンス

スクリーンプレイに対しては，さまざまな対処方法が考案されている。スクリーンプレイに対し，必ずスイッチして対応するよう指導するコーチもいれば，スイッチすることなく対応するよう指導するコーチもいる。しかし，ディフェンスの効果を最大限引き出したいのであれば，場面に応じて適切な対処方法を選択できるように準備しておくことが望ましい。

そこで，本項ではピック＆ロールのようなボールマンに対するスクリーンプレイ（オンボールスクリーン）と，ダウンスクリーンのようなボールを保持していない者同士のスクリーンプレイ（オフボールスクリーン）に分けて，スクリーンプレイに対する対処法を解説する。

スクリーンプレイに対して適切に対応するためには，コミュニケーションとチームワークが不可欠である。この２点が欠けていると，ディフェンス同士でプレイの邪魔をしてしまうといった事態にも陥りかねない。

■1―オンボールスクリーンに対するディフェンス：ピック＆ロールへの対応

オンボールスクリーンへの対処法はいろいろあるが，ここでは代表的なものとしてファイトオーバー，ショー＆リカバー，スライドスルーとジャム＆ゴーアンダー，スイッチ，トラップを紹介する。オフェンスの能力に応じていかに使い分けるべきかを理解したい。

1―ファイトオーバー

スクリナーがスクリーンをセットするために動き始めたら，スクリナーのマークマンはバンプして相手の動きを遅らせる。同時に，スクリナーをなるべくアウトサイドに押し出すようにプレイして，オフェンスがタイミングよくスクリーンプレイを展開できないようにする。

ボールマンをマークしているプレイヤーはスクリーンプレイを予測し，相手がドリブルのためにボールをつき出すや否や，スクリナーのアウトサイドフットの外側にステップする。こうしてスクリナーとボールマンの間に入り込み（ファイトオーバー），スクリーンをかわすのである（図3-26）。ただし，あまりに先回りしすぎると，スクリーンとは反対の方向にドライブされてしまうので注意したい。

スクリーンプレイに対してスイッチで対応すると，ミスマッチが生まれ，ディフェンスにとって不利な状況に陥る可能性が高い。ミスマッチを避けたいのであれば，可能な限りファイトオーバーして対応すべきである。

2―ショー（ヘッジ）＆リカバー

スイッチせずに対応したいが，ボールマンのオフェンス能力が高く，簡単にはファイトオーバーできないようなときには，スクリナーのマークマンがショーディフェンスをする。

スクリナーのマークマンはスクリーンがセットされたらすぐにアウトサイドにステップアウトして，ドリブルの進行方向をふさぐように立つ（ショー／ヘッジ）。こうしてドリブラーを大きく外回りさせ，ドリブラーのマークマンがディフェンスポジションを確立するための時間を稼いだら，スクリナーのマークに戻る（リカバー）（図3-27）。

ショー＆リカバーでは，瞬間的にスクリナーがノーマークとなり，ゴールに向かってスリップ（→p.125）されてしまう危険性がある。したがって，スクリーンに関わらないプレイヤーからのヘルプが欠かせない。

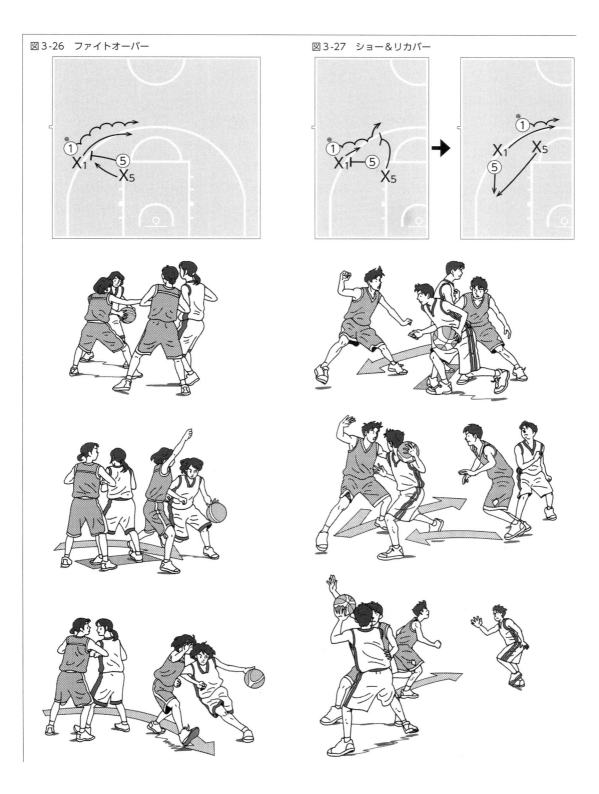

3 ― スライドスルーとジャム＆ゴーアンダー

ボールマンのシュート力がそれほど高くない場合には，スライドスルーやジャム＆ゴーアンダーで対応する。

スライドスルーでは，ボールマンのディフェンダーがスクリナーとそのマークマンの間を通ってドリブルを追いかける。スクリナーのマークマンはスクリナーから離れ，スライドスルーするためのスペースを確保する（図3-28）。

ジャム＆ゴーアンダーでは，スクリナーのマークマンはスクリナーと密着し（ジャム），相手をアウトサイドに押し出すようにプレイする。ボールマンのディフェンスはスクリナーとそのマークマンの背後を通り（ゴーアンダー），ドリブルに対応する（図3-29）。

4 ― スイッチ

ボールマンのボールハンドリング能力がそれほど高くない場合や，ミスマッチが生じる可能性が

図3-28　スライドスルー

図3-29　ジャム＆ゴーアンダー

低い場合には，スイッチして対応する。

　スクリナーのディフェンスは，ボールマンがドリブルでスクリーンを通過するや否やすばやくスイッチし，相手をアウトサイドに押し出すようにプレイする。このとき，スイッチして対応するという意思を明確に伝えるようにする。ボールマンのディフェンダーはスクリナーとコンタクトして，簡単にパスを入れさせないようにする（図3-30）。

5─トラップ（ダブルチーム）

　ボールマンのオフェンス能力が極めて高い場合には，トラップ（ダブルチーム）をしかけることも考えたい。

　スクリナーのマークマンは，ドリブラーがスクリーンを通過するや否やアウトサイドにステップアウトして，ドリブラーのマークマンと共にトラップ（ダブルチーム）をしかける（図3-31）。

　ボールマンをトラップすると，スクリナーがノ

図3-30　スイッチ　　　　　　　　　　　　　　図3-31　トラップ（ダブルチーム）

ーマークになる。したがって，ほかのディフェンダーからのヘルプが不可欠であるが，スクリナーがアウトサイドからのシュートを得意としている場合には，簡単にシュートされてしまう可能性が高いので注意したい。

6 ディフェンスローテーション

オンボールスクリーンがセットされたら，周りのプレイヤーがサポートする。ショー＆リカバーや，トラップ（ダブルチーム）の際に見られるように，一時的にスクリナーがノーマークになる可能性もあるからである。

そこで，ここではトップエリア（ミッド）およびウィングエリア（サイド）でのピック＆ロールに対してダブルチームをしかけたとの想定のもと，ディフェンスのローテーションについて解説する。いずれの場合も，スクリーンプレイに直接関わっている2人はボールに対して激しくプレッシャーをかけ，ほかの3人はゴールに向かってくるスクリナーに対応する。

[ミッド・ピック＆ロールに対するトラップとローテーション]

トップエリアでのピック＆ロールに対しては，

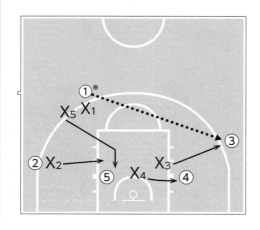

図3-32　ミッド・ピック＆ロールに対するトラップとローテーション

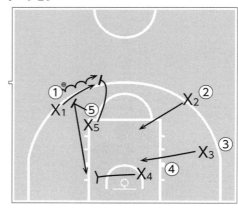

図3-33　サイド・ピック＆ロールに対するトラップとローテーション

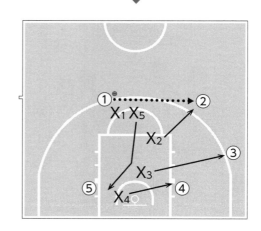

ゴールに向かってくる⑤をX₄がカバーし，インサイドへのパスを防ぐ。X₃はペイントの中に入って④へのパスを警戒する。①が③にパスしたら，X₃はクローズアウトし，ショートコーナーのポイントに追い込むようにディフェンスする。X₅は⑤のマークに戻るとともに，③のドライブに備える（図3-32）。

[サイド・ピック&ロールに対するトラップとローテーション]

ウィングエリアでのピック&ロールに対しては，ゴールに向かってくる⑤をX₄がカバーし，インサイドへのパスを防ぐ。X₃はペイントの中に入って④をマークし，X₂が②と③をカバーする。①が②にパスしたら，X₂はクローズアウトし，サイドラインのポイントに追い込むようにディフェンスする。X₃，X₄，X₅はそれぞれのマークに戻るとともに，②のドライブに備える（図3-33）。

❷—オフボールスクリーンに対するディフェンス①：ダウンスクリーンへの対応

ボールを保持していない者同士のスクリーンプレイを成功させるためには，パッサーとスクリナー，カッターがタイミングよくプレイすることが求められる。これをディフェンス側の視点から捉えれば，オフェンスのタイミングをいかに崩すかが，スクリーンプレイを抑えるうえでの鍵となる。

ボールマンに対してプレッシャーをかけ，簡単にパスをさせないようにするだけでも，スクリーンプレイの効果は半減する。また，スクリナーと競り合うことで，スクリナーとカッターのアングルを変えることができれば，スクリーン自体無意味なものにできるかもしれない。

カッターに対しては必ずバンプして動きを遅らせるとともに，オフェンスのねらい目となるエリアに行かせないようにする。こうしてカッターをアウトサイドに押し出すことができれば，たとえパスが送られても，プレイのタイミングやスペーシング，シュートレンジという点で，相手からの脅威を大きく減少させることができる。

オンボールスクリーンに対する場合と同じく，ダウンスクリーンに対してもさまざまな対応策があるが，ここでは代表的なものとしてファイトオーバー，スイッチ，スライドスルーとジャム&ゴーアンダーを紹介する。

1—ファイトオーバー

アウトサイドでのオフェンス力に秀でているプレイヤー（カッター）に対しては，スクリーンがセットされる直前にコースをふさぐとともに，激しくディナイしてスクリーンの外側に大回りさせるか（図3-34），バックカットせざるを得ないようにディフェンスする。こうして，カッターが得意とするエリアでボールを持たれないようにするのである。

2—スイッチ

カッターのオフェンス能力が極めて高い場合や，マークマンが変わってもミスマッチが生じる可能性が低い場合は，スイッチで対応する。

図3-34 ダウンスクリーンへの対応：ファイトオーバー

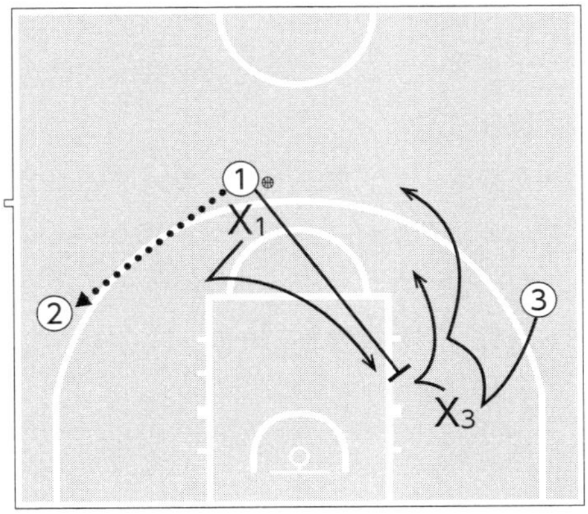

カッターがスクリーンを通り抜けるや否や，スクリナーのマークマンはカッターの進路をふさぎ，激しくディナイする（スイッチ）。ただし，あまりに早い段階でスイッチすると，スクリナーにゴールに向かってカットされてしまうので注意したい。

カッターのマークマンはスクリナーをマークするが，ボールマンとスクリーンの位置関係に応じて，以下のように対応を変える必要がある。

ボールサイドのウィングがローポストに向かってスクリーンをセットした場合（ピンダウン），カッターのマークマンはハーフライン側に大きくステップを踏み出し（ステップオーバー），スクリナーにポストアップされないようにディフェンスする（図3-35）。

スクリナーが逆サイドに向かってスクリーンをセット（スクリーンアウェイ／ダイアゴナルスクリーン）した場合には，ステップオーバーする必要はない（図3-36）。

③―スライドスルーとジャム＆ゴーアンダー

カッターのシュート力がそれほど高くない場合には，スライドスルーやジャム＆ゴーアンダーで対応する。

スライドスルーではカッターのディフェンダーがスクリナーとそのマークマンの間を通って対応する。スクリナーのマークマンはスクリナーから離れ，スライドスルーするためのスペースを確保する（図3-37）。

ジャム＆ゴーアンダーでは，カッターのディフェンダーがスクリナーとそのマークマンの背後を通り対応する。スクリナーのマークマンはスクリナーと密着し（ジャム），相手を押し出すようにプレイする（図3-38）。

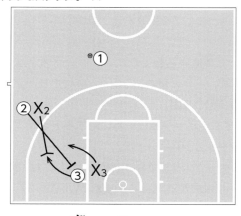

図3-35　ダウンスクリーン（ピンダウン）への対応：スイッチ＆ステップオーバー

図3-36 ダウンスクリーン（スクリーンアウェイ）への対応：スイッチ

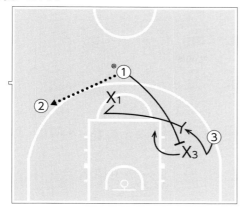

図3-37 ダウンスクリーンへの対応：スライドスルー

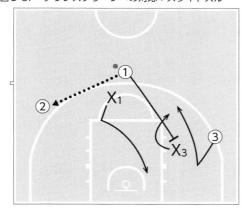

図3-38 ダウンスクリーンへの対応：ジャム＆ゴーアンダー

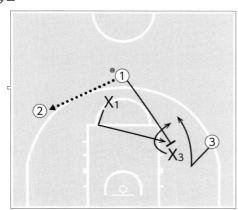

3 ― オフボールスクリーンに対するディフェンス② ：バックスクリーンへの対応

　バックスクリーンは，スクリーンのターゲットとなるプレイヤーが見えないところでセットされる。したがって，スクリナーのマークマンは必ず声をかけ，スクリーンの位置を伝えなければならない。

　バックスクリーンがセットされたら，ショー＆リカバーもしくはスイッチで対応する。ただしカッターがボールサイドをカットしたときは，マークマンがディナイし続けることにより，その動きを封じ込める（図3-39）。

1 ― バックカットへの対応①：ショー（ヘッジ）＆リカバー

　カッターがバックカットを始めたらすぐに，スクリナーのマークマンが進路を遮り（ショー／ヘッジ），カッターの動きを止める。こうしてカッターを大きく外回りさせ，カッターのマークマンが再度ディフェンスポジションを確立するための時間を稼ぐ。カッターのマークマンがディフェンスポジションを確立するや否や，スクリナーのマークに戻る（図3-40）。

2 ― バックカットへの対応②：スイッチ

　カッターの運動能力が高いときには，カッターがバックカットを始めたらすぐに，スクリナーのマークマンが進路をふさぎ，スイッチして対応する。このとき必ずバンプして，カッターの動きを止めるようにする。カッターのマークマンはスクリナーをマークするが，必ずボールサイドにまわり込み，パスをディナイする（図3-41）。

4 ― オフボールスクリーンに対するディフェンス③ ：クロススクリーンへの対応

　インサイドでは，わずかに後手を踏むだけでも，

図3-39　バックスクリーン＋ボールサイドカット への対応

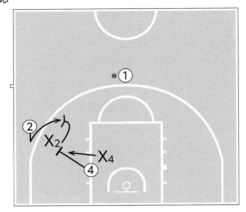

図3-40　バックスクリーン＋バックカットへの対応：ショー（ヘッジ）＆リカバー

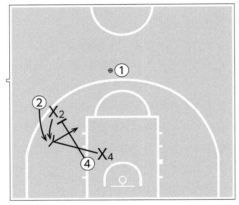

図3-41　バックスクリーン＋バックカットへの対応：スイッチ

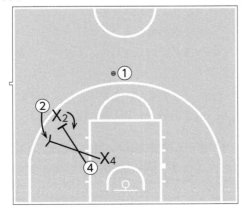

図3-42　クロススクリーン＋フロントサイドカットへの対応

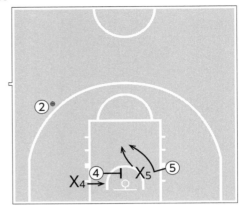

図3-43　クロススクリーン＋ベースラインカットへの対応：ショー（ヘッジ）＆リカバー

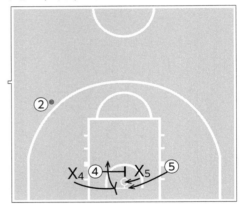

図3-44　クロススクリーン＋ベースラインカットへの対応：スイッチ

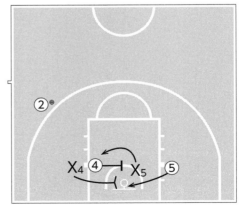

簡単に得点されたり、ファウルをせざるを得ない状況に追い込まれたりしてしまう。したがって、オフェンスがスクリーンプレイを始めたら、ボールの位置を確認しつつも、スクリーンプレイへの対応に集中しなければならない。

クロススクリーンの際には、ウィングからパスが出されることが多い。したがって、カッターがスクリーンの上側（フロントサイド）に向かった際には、マークマンがディナイを続け、相手の動きを封じ込める（図3-42）。

1――ベースラインカットへの対応①：ショー（ヘッジ）＆リカバー

スクリナーがインサイドでのプレイを得意としていない場合や、スイッチするとミスマッチが生じる可能性が高いときは、ショー（ヘッジ）＆リカバーで対応する。

カッターがスクリーンの下側（ベースライン側）に向かってカット始めるや否や、スクリナーのマークマンが進路を遮り（ショー／ヘッジ）、カッターの動きを止める。こうしてカッターのマークマンがディフェンスポジションを確立するための時間を稼ぐ。カッターのマークマンがディフェンスポジションを確立するや否や、スクリナーのマークに戻る（図3-43）。

スクリナーがインサイドでのプレイを得意とする場合にショー（ヘッジ）＆リカバーを用いると、スクリナーにボールが送られ、簡単に得点されてしまうので注意する。

2――ベースラインカットへの対応②：スイッチ

スクリナー、カッターともにインサイドでの得点能力が高い場合には、スイッチして対応する。カッターがスクリーンの下側（ベースライン側）に向かってカット始めるや否や、スクリナーのマークマンが進路を遮り（ショー／ヘッジ）、カッターの動きを止める。カッターのマークマンはすばやくステップオーバーし、スクリナーへのパスをディナイする（図3-44）。

BASKETBALL
COACHING THEORY

4章

チームオフェンスの指導

4-1 マンツーマンオフェンスの基本的な考え方

1. チームオフェンスのデザイン

どのようなオフェンスを選択するにしても，チームオフェンスを効果的に展開するためには，次のような要件を満たしている必要がある。

❶——効果的なオフェンスに必要な要件

1——チームに適したテンポとパターン

チームメンバーの特徴を最大限に生かし，そしてオフェンスの基本的なパターンやそこから派生するオプションプレイから，確率の高いシュートチャンスを生み出すことができるとよい。

インサイドでのプレイを得意とする長身プレイヤーがいるのであれば，ゲームのテンポをスローダウンさせ，なるべくインサイドにボールを集められるようなオフェンスを選択するとよい。また，クイックネスを備え，ドリブルで突破する能力に長けているプレイヤーが揃っているのであれば，アップテンポなゲームを展開し，アウトサイドからドライブをねらえるようなオフェンスを選択するとよい。

2——フロアバランス

チームオフェンスでは，複数のプレイヤーが協力してスクリーンやカットをおこなう。このとき5人全員のフロアバランスを常に保つことができるようなシステムであることが望ましい。

5人全員のフロアバランスが保てれば，個々のプレイヤー同士のスペーシングを適切に保つことができ，パスを展開しやすくなる。適切なフロアバランスのもとで，タイミングよくカットしたり，スクリーンプレイを活用したりすれば，シュートをねらわせたいプレイヤーをノーマークにすることができる。また，ディフェンスがダブルチームをしかけたり，ゴールに向かってドライブしてく

るプレイヤーをヘルプしたりするのが難しいような状況をつくり出すこともできる。

3 ― シンプルかつ効果的であること

普段練習している2対2や3対3の延長線上にあり、プレイヤーにとってシンプルだと感じられるオフェンスであるとよい。

日々のドリルを通してディフェンスの動きをしっかり読み、適切に対応する術を教えておけば、オフェンス自体はシンプルでも、ゲーム中それほど困ることはない。しかし、コーチがあれやこれやとプレイをつけ加えたり、プレイの本質とは関係ないコメントを繰り返したりすると、プレイヤーにとっては難しく感じられてしまう。いかにシンプルなオフェンスでも、コーチ自身がプレイヤーを混乱させてしまうことのないよう注意しなければならない。

4 ― リバウンドに向けたポジショニング

シュートが放たれた際、センターやフォワードなど、少なくとも2人、できれば3人のプレイヤーがオフェンスリバウンドに向かえる状態になっているとよい。

オフェンスリバウンドで優位に立てれば、相手チームはディフェンスリバウンドに集中しなければならなくなる。したがって、ファストブレイクを防ぐという意味でも、オフェンスリバウンドは重要である。

5 ― ディフェンスへの備え

相手チームにリバウンドを取られても、すばやくディフェンスに戻り、ファストブレイクからの得点を防ぐための準備ができているとよい。

このような準備を怠ると、相手チームにすばやくボールを運ばれ、ノーマークのレイアップシュートを許してしまう。

オフェンスを展開する際には、5人がタイミングを合わせてプレイすることが重要である。そしてシュートチャンスが生まれたら、果敢にシュートをねらういっぽうで、他のプレイヤーはリバウンドやセーフティなど、次のプレイに向けた準備をしなければならない。

2 ― オフェンスのデザイン

1 ― プレイヤーの評価

効果的なオフェンスを展開するためには、プレイヤーの能力をよく見極めたうえで、オフェンスをデザインする必要がある。理想を言えば、コート上にいる5人のプレイヤー全員が、平等にシュートのチャンスを与えられるようなオフェンスが望ましい。しかし、すべてのプレイヤーが同じ能力を有しているわけではない。シュートには長けているが、クイックネスに欠けるプレイヤー、あるいはドリブルは得意だが、アウトサイドからのシュートは苦手なプレイヤーなど、プレイヤーごとに得手不得手は千差万別である。このような違いを当然のものとして受け止め、各プレイヤーの長所を生かし、短所が表面化しないような工夫をすることこそ、コーチの仕事であり、腕の見せどころでもある。

その一方で、成長期にあるプレイヤーを指導する際には、現時点での体格や体力にとらわれず、ある程度自由にシュートできるようなオフェンスを選択するといった配慮が必要となる。小学生や中学生のときに、背が高いという理由だけでインサイドのプレイをさせても、将来にわたってインサイドでプレイするかどうかはわからない。逆に背の低いプレイヤーが将来はインサイドでプレイすることになるかもしれない。若年層のプレイヤーを指導する際には、あまりポジションを固定せずにプレイさせるほうが望ましい。

2 ― ゲームのテンポ

相手チームよりクイックネスや運動能力に優れ

ているのであれば，すばやくフロントコートまでボールを進め，ドリブルを用いてアグレッシブにゴールをねらったほうがよい。相手チームが大型で，スローテンポなゲーム展開を得意とする場合も，リズムをかく乱するためにアップテンポな展開をするとよい。

逆に，相手チームがアップテンポなゲームを得意とする場合や，運動能力に優れている場合には，スローテンポなゲームに徹することが選択肢の1つとなる。

ゲームのテンポを考える際には，残り時間と点差も考慮する必要がある。残り時間が少なく，相手チームにリードを許している状況では，攻撃回数を増やすためにアップテンポなゲームを展開する必要がある。逆に自分たちがリードしている場合には，ショットクロックの24秒間際でシュートをねらうなど，相手チームの攻撃回数を少なくするようプレイしたほうが賢明である。

3―シュートセレクション

オフェンスの目標はシュートを決めることである。したがって，アウトサイドからのシュートが苦手なプレイヤーや，インサイドでのパワープレイを得意とするプレイヤーに3ポイントシュートをねらわせても意味がない。常日頃から，誰がどのようなときにシュートをねらうべきか，プレイヤーに説いておくことが大切である。

もちろん育成年代のプレイヤーを指導する際には，将来のことを考え，ある程度自由にシュートをねらわせるといった配慮も必要である。しかし，各自のプレイスタイルやシュートレンジが固まってきたら，適切なシュートを選択するよう指示しておくことが必要となる。

4―ディフェンスとの整合性

オフェンスをデザインする際には，どのようなディフェンスを用いるかということも併せて考えておく必要がある。

オールコート，ハーフコートを問わず，オフェンスのミスを誘発すべく何度もダブルチームをしかけるようなディフェンスを用いるのであれば，オフェンスの際も，まずはファストブレイクやアーリーオフェンスのようなアップテンポなゲーム展開から得点をねらうのが自然である。

アウトサイドからのシュートがなかなか決まらないような局面では，フルコートでディフェンスを展開し，相手のミスを誘い，レイアップをはじめとする近距離シュートの数を増やすといった選択肢も考えられる。あるいは，インサイドで，ある特定のプレイヤーにシュートさせることを優先することも考えられる。この場合，オフェンスのテンポは比較的ゆっくりしたものとなる。

このように，オフェンスとディフェンスは相互に関連しており，それぞれ独立してデザインされるような類いのものではない。

2．代表的なマンツーマンオフェンス

1―モーションオフェンスとセットオフェンス

ハーフコートでのマンツーマンオフェンスは，モーションオフェンスとセットオフェンスに大別される。

モーションオフェンスでは，5人全員が1つの場所に留まることなく，スクリーンやカットを利用して，コート上のポジションを次から次へと変えていく。そのためコート上にいる5人全員が平等にボールを扱うことになるので，チーム全体でじっくりとシュートチャンスをつくり出すという意識を共有できるか否かが，成功の鍵となる。

いっぽう，セットオフェンスは，ドリブルに長

けたプレイヤーやシューター，ビッグマンなど，特定のプレイヤーにシュートをねらわせるために用いられることが多い。したがって，プレイヤーによっては，シュートをねらわずに，パッサーやスクリナーとしての役割に専念することが求められる。

いずれにせよ，互いの長所を生かすためにはどうすればよいのか，またディフェンスのポジションに応じてどのよう動きを選択するかといった点に関して，チーム内での共通理解が構築されていなければ，息の合ったプレイなどできるはずもない。このような共通理解を築くための指針を示すことこそがコーチの役割なのである。

2―モーションオフェンスの分類

モーションオフェンスには，フリーランスオフェンスと呼ばれるものと，パターンオフェンスと呼ばれるものがある。

フリーランスオフェンスでは，プレイヤーが自らの判断によって動き，プレイをつくり上げていくことになる。ただし，フリーランスオフェンスだからと言って，何をしてもよいというわけではない。後述するように，オフェンスを展開していくなかで，お互いが適切なスペーシングを保つために，各プレイヤーの動きには一定のガイドラインが設けられることが多い。また，それぞれの長所を最大限に生かすため，各プレイヤーのプレイするエリアやプレイの選択肢に制限をつけることもある。

パターンオフェンスでは，あらかじめ決められたルートに沿って，各プレイヤーが動くことになる。もっとも，ディフェンスの対応のいかんによっては，パターンから離れ，1対1をねらうことが必須となる。シュートやドライブのチャンスがあると判断したらパターンを崩し，そうでない場合には決められたパターンに沿って動くというのがパターンオフェンスの基本的な考え方である。

このように，フリーランスオフェンスだからといって，何をしてもよいというわけではないし，パターンオフェンスだからといって，プレイヤーが自らの判断で動くことができないというわけではない。

3―モーションオフェンス

1―フリーランス・パッシングゲーム

フリーランスオフェンスであっても，プレイの際に守るべき一定のルール（ガイドライン）が必要である。このようなルールが存在することによって初めてオフェンスの連続性やフロアバランスを確保すると同時に，プレイヤー同士の予見可能性を高め，チームとして効率よくオフェンスを展開することができるのである。

もっとも，フリーランスオフェンスで用いられるルールは極めて常識的なものであり，プレイヤーに与えられる自由度をそれほど制限するようなものではない。むしろ各人がルールを守ることにより，ボールマンが1対1をしかけるチャンスが大きくなると言える。

なお，かつてフリーランスオフェンスと言えば，フリーランス・パッシングゲームのことを指し，ドリブルを多用することはタブー視されてきた。しかし，近年ではドリブルを多用した，いわゆるドリブル・ドライブ・モーションオフェンスを用いるチームが増えている。ドリブル・ドライブ・モーションでは，プレイヤーがサイドラインからサイドラインに大きく広がることによって相互のスペースを広くとり，ペネトレーションからのレイアップシュートやジャンプシュート，ドリブルで複数のディフェンスを引きつけてからパスをさばくといったプレイをねらうことになる。

3 ― パターンオフェンス

　パターンオフェンスでは，各プレイヤーがあらかじめ決められたルートに従って動き，シュートチャンスが生まれるまで，我慢強くオフェンスを継続することになる。もっとも，常にパターン通りに動いていたのでは，ディフェンスに動きを読まれてしまう。また，ディフェンスの対応いかんによっては，パターンを崩し，積極的に1対1をねらうことも必要である。

4 ― セットオフェンス

　セットオフェンスの場合，プレイヤーの配置（アラインメント）や，そのオフェンス特有の動きに応じて，シュートをねらうプレイヤーや攻略するエリアが決まってくる。したがって，モーションオフェンスとは異なり，オフェンスをする際にも全員が平等にシュートをねらうのではなく，シュートをねらうプレイヤーに優先順位がつけられることになる。つまり，いつ，どこで，誰がシュートをねらうのか，あらかじめ明示されることになるのである。そのため，パッサーやスクリナーに徹するプレイヤーに対して，なぜそのようなオフェンスを選択するのか，また各プレイヤーがそれぞれの役割を果たすことがいかに重要かを理解・納得させることが，オフェンスを成功させるための前提条件となる。

　特定のプレイヤーにシュートをねらわせたい，あるいは各プレイヤーの特徴を最大限生かしたいといった場合には，セットオフェンスが第一の選択肢となる。

4-2 モーションオフェンス

1. フリーランス・パッシングゲーム

■1─フリーランス・パッシングゲームの類型

ひと言でパッシングゲームと言っても，コーチの考え方やチームの事情によって，基本的なアラインメントや動きのルール（ガイドライン）はさまざまある。そこで，本書では最も基本的なアラインメントやルールを示したあと，チームの事情に応じた応用例を，いくつか例示することにしたい。

1─3アウト2イン（レギュラー）

パッシングゲームで最も一般的な形は，アウトサイドに3人，インサイドに2人配置するタイプのものである。そのため，このタイプのオフェンスは，レギュラー・モーションオフェンスと呼ばれることもある。

インサイドの2人は両サイドのローポストエリアに立ってもよいし（**図4-1①**），1人がハイポスト，もう1人がローポストという位置関係になってもよい（**図4-1②**）。

2─4アウト1イン（シングルポスト）

ビッグマンが1人しかいない場合は，4人がアウトサイド，ビッグマンがインサイドでプレイすることになる。このタイプのオフェンスは，シングルポストのパッシングゲームと呼ばれることも多い。インサイドのプレイヤーは，ハイポストに立ってもよいし（**図4-2①**）ローポストに立ってもよい（**図4-2②**）。

3アウト2インのモーションオフェンスのように，インサイドのプレイヤーがゴール近くのエリアを常に占めているわけではないので，アウトサイドからゴールに向かってドライブするためのスペースも十分確保されている。

図4-1　3アウト2インの基本的なアラインメント
①ダブルローポスト

図4-2　4アウト1インの基本的なアラインメント
①ハイポスト

②ハイーロー

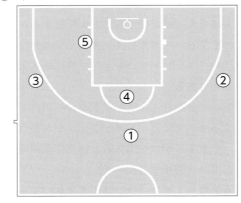

②ローポスト

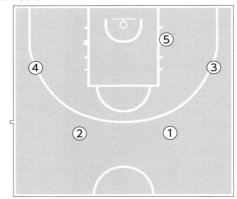

図4-3　5アウトの基本的なアラインメント

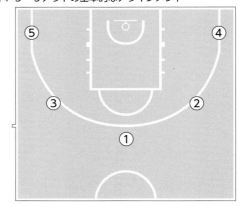

③─5アウト（ノーポスト／オープンポスト）

ビッグマンがいない場合は，5人全員がアウトサイドのポジションからオフェンスを開始する（図4-3）。このタイプのオフェンスは，ノーポスト，あるいはオープンポストのパッシングゲームとも呼ばれている。

インサイドのスペースが大きく空いているため，アウトサイドからドライブをしかけたり，ゴールに向かってカットしたりといった，クイックネスを生かしたプレイが有効となる。

❷─パッシングゲームの基本原則

①─アウトサイドのプレイヤー

パッシングゲームのタイプによって若干の相違は出てくるが，アウトサイドのプレイヤーはおおむね以下のような基本原則に基づいて動くことになる。もちろんパスをしたあとの動きをはじめ，基本原則以外のプレイは多数考えられる。初めからすべてのオプションを提示するのではなく，徐々にプレイの自由度を上げていくという指導が望ましい。

①適切なスペーシングを保つ

アウトサイドにいるプレイヤーは，互いに5m前後の距離を保ちながら，ボールの動きに合わせてポジションを移動する。また，自分の隣のエリアにいるプレイヤーがパスを受けたら，Vカットしてパスを受ける準備をする（図4-4①）。

②パスをしたら立ち止まらない

パスをしたら，原則としてゴールに向かってカットするか，逆サイドに移動するかを選択する。逆サイドに移動した場合，ほかのプレイヤーとポジションチェンジすることになるが，スクリーンをセットしてもよい（図4-4②）。ポジションチェンジするプレイヤーがいない場合は，Vカットして，リターンパスを受ける準備をする。

ポストにパスしたあとも，ゴールに向かってカットするか（図4-4③），ほかのプレイヤーとポジションチェンジする（図4-4④）。ただしマークマンがポストマンにカバーダウンした場合は，マークマンの背中側に移動（スライド）し，ポストからのリターンパスを待つ（図4-4⑤）。

③パスを受けたらトリプルスレットの構えをとる

パスを受けたらすばやくゴールに正対し，シュートやパス，あるいはゴールに向かってのドライブができるかどうかを確認する。

④ドリブルに合わせて動く

ほかのプレイヤーがドリブルを始めたら，必ずパスを受けられるポジションに移動する（図4-4⑥⑦）。

⑤インサイドのエリアに留まらない

ポストアップしているときのような特別な場合を除き，アウトサイドのプレイヤーはゴール近くのエリアに留まらないようにする。とりわけ，ゴールに向かってカットやドライブしたあとは，アウトサイドの空いているスペースまですばやく移動する。

⑥ディフェンスの準備をする

シュートが放たれたら，必ず1人はディフェンスに戻る準備をする。基本的にはトップのエリアにいるプレイヤーがセーフティになることになるが，ポイントガードは必ずディフェンスに戻るといったルールを定めてもよい。

②─インサイドのプレイヤー

パッシングゲームのタイプ，言い換えればゴール近辺でプレイするプレイヤーの人数に応じて，インサイドのプレイヤーが守るべき基本原則は変わってくる。ここでは3アウト2インおよび4アウト1インのパッシングゲームに共通する基本原則を示す。

①ローポストでのポジショニングとシュート

図4-4 アウトサイドの基本原則

①Vカット

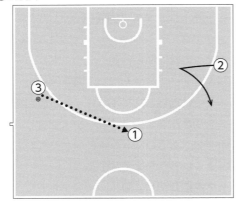

④ポストフィード後の動き［2］ポジションチェンジ

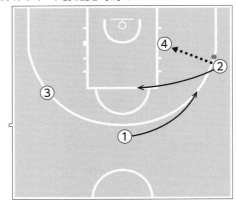

②パスしたあとの動き

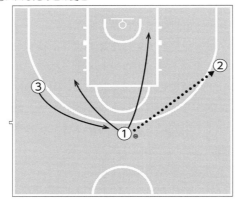

⑤ポストフィード後の動き［3］スライド

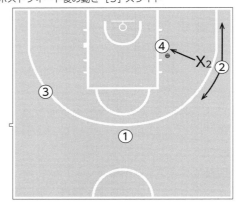

③ポストフィード後の動き［1］ゴールへのカット

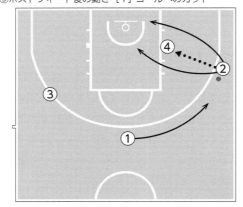

⑥ドリブルへの合わせ［1］

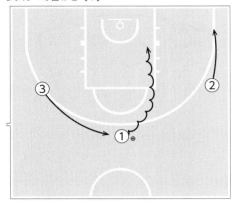

図4-5　インサイドの基本原則
①バックドアプレイ［1］

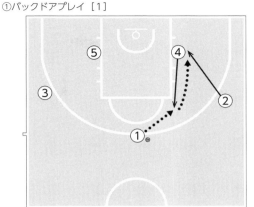

⑦ドリブルへの合わせ［2］

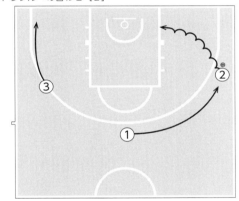

②バックドアプレイ［2］

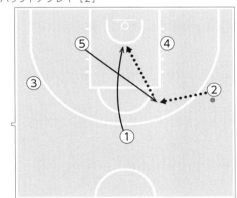

　ローポストでは少しでも有利なポジションを確保できるようにプレイし，パスを受けたらゴールをねらうことを第一に考える。
②必要に応じてアウトサイドのパスを中継する
　アウトサイドのプレイヤーがパスをディナイされたら，ステップアウトしてパスを中継する。場合によっては，バックドアプレイをねらうことになる（図4-5①②）。特にハイポストでプレイする場合は，パッサーとしての役割を積極的に果た

すよう心がける。
③オフェンスリバウンドに向かう
　シュートが放たれたら，オフェンスリバウンドに参加する。パッシングゲームの場合，どこでシュートが放たれるか予想できないことも多いが，ゴールから離れた場所からでも，必ずオフェンスリバウンドに向かうこと。

図4-6 アウトサイドのプレイエリア
①3分割

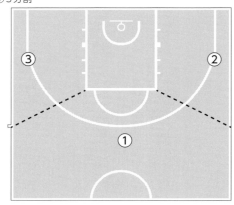

図4-7 スイングからのシュート

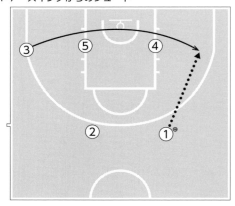

②4分割

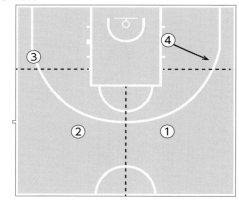

図4-8 ウィークサイドでのスクリーンプレイ

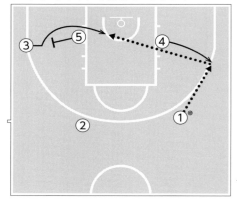

3 ─ 3アウト2イン

1 ─ 基本的な考え方

　3アウト2インのパッシングゲームでは，アウトサイドのエリアをトップと左右のウィングに3分割し，スクリーンやポジションチェンジをするとき以外は，分割されたエリアに複数のプレイヤーが留まらないようにする（図4-6①）。ただし，インサイドのプレイヤーのいずれかがアウトサイドでのプレイを得意としている場合は，アウトサイドを左右トップと左右ウィングの4つのエリアに分割して考えてもよい（図4-6②）。また，アウトサイドのプレイヤーをエンドラインに沿ってスイングさせ，コーナーからのシュートをねらわせたい場合（図4-7）や，スクリーンを利用して，ウィークサイドからゴール下に向かってカットするプレイを多用したい場合（図4-8）も，アウトサイドを4分割してオフェンスを組み立てたほうがよい。

　インサイドでは，いずれか一方のポストマンが

図4-9 インサイドのコンビネーション
①ローポストがパスを受けた場合

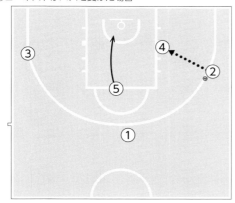

③アウトサイドプレイヤーとのスクリーンプレイ

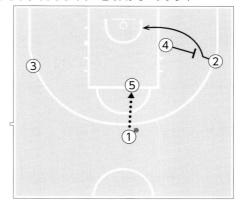

②ハイポストがパスを受けた場合

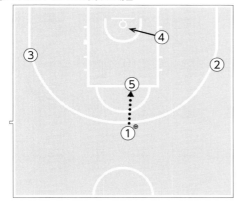

④クロススクリーン

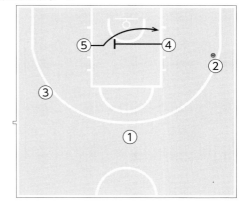

ボールを受けたら，もう一方のポストマンは，ゴールに向かって動くようにする（図4-9①②）。ただし，ボールを受けた場所がハイポストの場合は，アウトサイドのプレイヤーのためにスクリーンをセットしてもよい（図4-9③）。

なお，ボールサイドでパスを受けられないと判断したら，逆サイドに移動し，スクリーンをセットする（図4-9④）。

2―3アウト2インでの工夫

インサイドのプレイヤーのスキルや得点力がそれほど高くない，あるいはパワープレイは苦手だがクイックネスを備えている場合には，レーンから少し離れた場所に立たせ，ゴール近辺にスペースをつくっておく（図4-10①）。こうすることにより，両ウィングのプレイヤーはゴールに向かってのカットやドライブがしやすくなる（図4-10②）。また，インサイドの2人も，スクリーンをセットしたあと，クイックネスを生かしてプレイすることができる（図4-10③）。加えて，ウィングエリアでのフレアースクリーンや（図4-10

図4-10 3アウト2インでの工夫

①ワイドセット

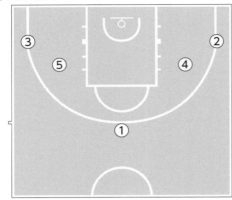

②ウィングからのカット／ドライブ

③スクリナーによるゴールカット

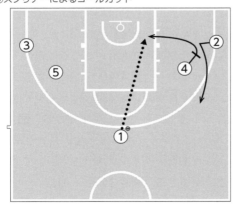

④ウィングでのフレアースクリーン

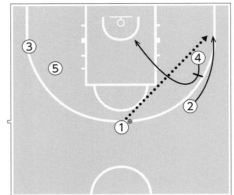

⑤ウィングでのスクリーン&ロール

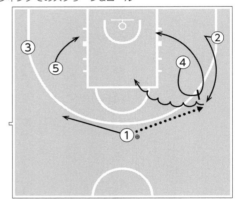

⑥ウィングでのハンドオフプレイ

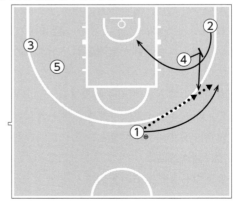

④），スクリーン＆ロールプレイ（図4-10⑤），ハンドオフプレイを多用することができるようになる（図4-10⑥）。

ゴール近辺にインサイドのプレイヤーが2人立ってしまうと，ゴール近辺のスペースが狭くなってしまう。インサイドでプレイする2人の得点力が高い場合はそれでもよいが，チーム事情によっては，このような工夫が必要となってくる。

4 ― 4アウト1イン

1 ― 基本的な考え方

4アウト1インのパッシングゲームでは，アウトサイドを左右トップと左右ウィングの4つのエリアに分割して考える。スクリーンやポジションチェンジをするとき以外は，分割されたエリアに複数のプレイヤーが留まらないようにする（図4-11①）。ただし，どちらかのサイドでトライアングルをつくり，インサイドのプレイヤーにボールを集めたい場合は，アウトサイドのエリアをトップ，左右のウィング，左右のコーナーと5分割しておく（図4-11②）。

インサイドのプレイヤーはローポスト，ハイポストいずれのポジションでプレイしても構わない。ただし，ボールサイドのローポストでは少しでも有利なポジションを確保できるようにプレイし，パスを受けたらゴールをねらう。逆サイドのローポストでは，おもにスクリナーとなり，アウトサイドのプレイヤーをゴールに向かってカットさせる（図4-12）。ハイポストにいるときは，主としてスクリナーないしパスを中継する役割が期待されるが，自ら1対1をねらってもよい。

2 ― 4アウト1インでの工夫

4アウトのパッシングゲームでは，パスを受けたプレイヤーと逆側のサイドに，2人のアウトサイドプレイヤーがいる可能性がある。基本的には

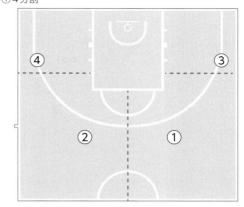

図4-11　4アウト1イン：アウトサイドのプレイエリア
①4分割

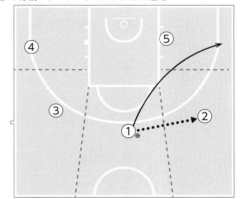

②5分割：サイドトライアングルの活用

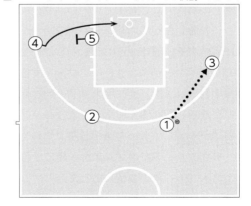

図4-12　ウィークサイドローポストでの役割：スクリナー

図4-13　4アウト1インでの工夫

①スクリーンアウェイ

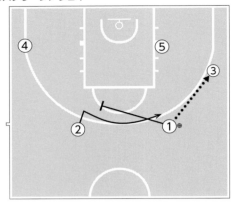

③スクリーンの継続

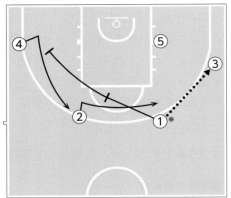

②スタッガードスクリーン

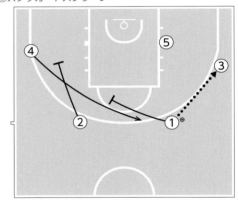

④カッターへのスクリーン

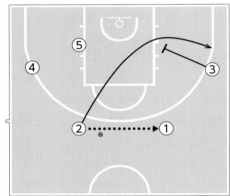

パッサーの隣にいたプレイヤーがパッサーによるスクリーンを利用して，レシーバーの隣のポジションに移動する（図4-13①）。しかし，パッサーの隣のプレイヤーがスクリーンアウェイすることを選択すれば，スタッガードスクリーンをセットする形になる（図4-13②）。このように，パッサーの隣にいるプレイヤーの選択肢を1つ増やすだけで，アウトサイドでのプレイが多様になる。

ほかにも，チームの事情に応じて，パスしたプレイヤーがエンドラインに達するまでスクリーンをセットし続ける（図4-13③），あるいはゴール下を通ってアウトサイドにアウトしてくるプレイヤーを見つけたら，ローポストでスクリーンをセットするなどといったルールを加えてもよい（図4-13④）。

ハイポストにいるプレイヤーは，ガードエリアにいるプレイヤーにスクリーンをセットする。インサイドのプレイヤーがハイポストにいるときは，ゴール下のスペースが空いているので，アウトサイドのプレイヤーがポストアップしたり（図4

図4-14 ハイポストでのスクリーンプレイ

①アウトサイドプレイヤーによるポストアップ

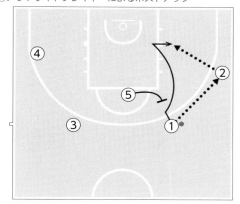

③サイド・ピック＆ロール

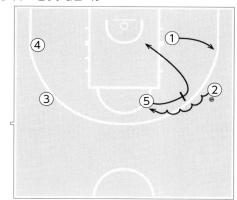

②ロブパスからのシュート

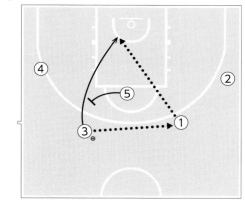

④ミッド・ピック＆ロール

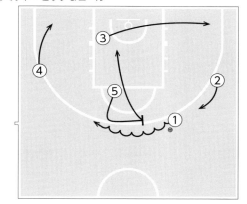

-14①)，ロブパスからのシュートをねらったりすることができる（図4-14②)。ハイポストでカッターにスクリーンをセットしたら，アウトサイドにステップアウトして，オンボールスクリーンをセットしてもよいだろう（図4-14③④)。

なお，インサイドのプレイヤーがハイポストにいるときは，ウィングからゴールに向かってのドライブを積極的にねらうとよい（図4-15)。

図4-15 ウィングからのドライブ

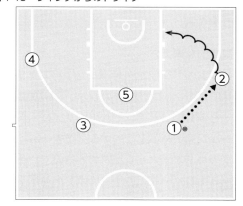

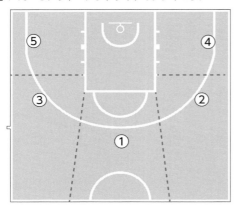

図4-16　5アウト：アウトサイドのプレイエリア

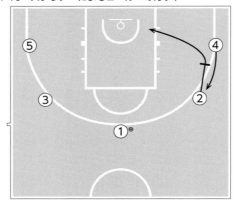

図4-18　スクリナーによるゴールへのカット

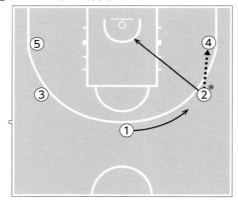

図4-17　ゴールへのカット

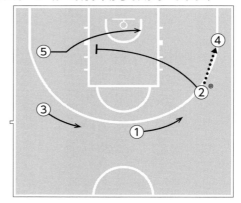

図4-19　ゴールへのカットからのスクリーンプレイ

5 ― 5アウト

1 ― 基本的な考え方

　5アウトのパッシングゲームでは、アウトサイドのエリアをトップ、左右のウィング、左右のコーナーと5分割し、それぞれのエリアに1人ずつポジションを占めるようにする（図4-16）。インサイドのエリアが大きく空いているので、各プレイヤーともにゴールに向かってカットやドライブをねらうことができる。また、アウトサイドから ゴールに向かってカットし、ポストアップするといったプレイを多用することもできる。したがって、コート上にいる5人がインサイドプレイのスキルを身につけていれば、より効果的なオフェンスとなる。

　その一方で、アウトサイドで各プレイヤーに割りあてられる領域が比較的狭いため、プレイヤー同士のスペーシングに注意しながらプレイしなければならない。

　基本的には4アウト1インでアウトサイドのプ

レイヤーが守るべき原則の延長線上でオフェンスをデザインすることになるが，ゴールに向かってのカット（図4-17）や，スクリーン後のゴールに向かってのカット（図4-18）といったプレイを意識しておこなうとよい。

ゴールに向かってカットしたあとは，ボールサイドのローポストでポストアップできるかどうかを判断し，パスが来ないようなら左右いずれかのコーナーに向かう。

2 ― 5アウトでの工夫

5アウトのパッシングゲームでも，4アウト1インの項目で示したような工夫がそのまま適用できる。加えて，ゴールに向かったプレイヤーは，ウィークサイドでスクリーンをセットできるかどうか判断してから，アウトサイドに出ていくといったルールを設けてもよいだろう（図4-19）。

2．パターンオフェンス

1 ― パターンオフェンスとは

パターンオフェンスでは，あらかじめ決められたルートに沿って各プレイヤーが動くことになる。NBAやFIBAとは異なり，1980年代半ばまでショットクロックの導入が見送られていたNCAAでは，このタイプのオフェンスを用いるチームが数多く存在した。とりわけ毎年上位にランクされる強豪校とは異なり，リクルートによって常に運動能力の高いプレイヤーを確保できる立場にないチームにとっては，パターンオフェンスが有力な選択肢となっていた。チャンスが生まれるまで何度でもパターンを繰り返しながら我慢強く攻めることによって，シュート確率の向上と相手チームによる攻撃回数の削減を試み，運動能力の差を埋めることがもくろまれたのである。

現在FIBAルールのもとではショットクロックが24秒と定められているので，パターンオフェンスをそのまま用いることは現実的ではない。しかし，パターンオフェンスで用いられている動きの一部をフリーランスのオフェンスやセットプレイのなかに組み込んで用いることは十分可能である。実際NBAでも，パターンオフェンスの要素を取り込んだセットプレイを用いているチームは数多く見受けられる。また，後述するサイド・トライアングルオフェンスのように，元来パターンオフェンスであったものが，今日ではセットオフェンスの1つとみなされるようになっているものもある。

2 ― リバースアクション

リバースアクションでは，ウィングエリアでのガードアラウンドプレイと，ウィークサイドでのスクリーンプレイを交互に繰り返しながら，シュートチャンスをうかがう。

⑤はハイポストもしくはウィークサイドのローポストからプレイを始める。①は右ウィングにいる③にパスしたら③の背後に向かってカットし，いわゆるガードアラウンドプレイからオフェンスをスタートさせる（図4-20①）。③からリターンパスを受けたら，①はシュートもしくはゴールに向かってのドライブをねらう。③が①にリターンパスしなかったときは①は右コーナーに向かう。③は左サイドのローポストにいる⑤のスクリーンを利用してゴール下にカットしてくる④へのパスをねらう（図4-20②）。

これら一連のプレイでシュートチャンスが生まれなかったら，③は②にパスを送り，左サイドでガードアラウンドからのプレイを再開する（図4-20③）。

図4-20 リバースアクション
①ガードアラウンド

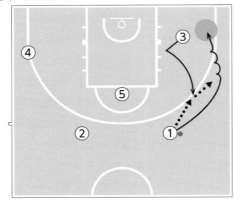

②ウィークサイドでのスクリーンプレイ

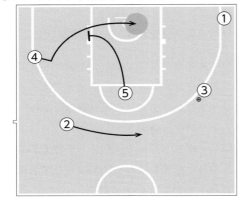

③逆サイドからの再開

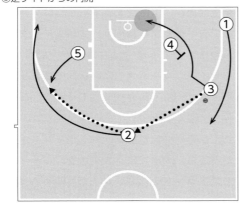

3 ─ シャッフル

　元来シャッフルオフェンスとは，5人全員がポジションをローテーションしながら，ゴールに向かってのカットを繰り返すオフェンスである。したがってクイックネスに優れ，すべてのポジションをそつなくこなせるプレイヤーが揃っているチームが用いると，非常に効果的である。また，長身のプレイヤーがいないチームが，身長差をカバーするために用いることもできる。

　シャッフルオフェンスにはさまざまなバリエーションがあり，ポストを除く4人のプレイヤーがローテーションするタイプのものも考案されている。また，オフェンス開始時のアラインメントも多様性に富んでいる。したがって，ここで取り上げるものも，あくまで一例に過ぎない。

　ただし，いずれのオフェンスでも，ウィークサイドのウィングエリアにいるプレイヤーが，エルボー付近に立っているプレイヤーのスクリーンを利用してゴール下にカットするという共通点があり，今日このようなプレイはシャッフルカットと呼ばれている。

1 ─ 5人でのローテーション

　左右非対称なアラインメントからスタートする。③は①にパスしたら左ハイポストにいる⑤のスクリーンを利用し，ゴールに向かってカットする。①はすばやく右ウィングの②にパスを展開し，⑤および④のためにスクリーンをセットする。②は③，もしくは④へのパスをねらう。その後③は右サイドのショートコーナー，④は右サイドのハイポストに移動する（図4-21①）。②が⑤にパスすると同時に右サイドからのシャッフルプレイがスタートする（図4-21②）。

2 ─ 4人でのローテーション

　1-4アラインメントからスタートする。①は

図 4-21　シャッフル：5人でのローテーション
①シャッフルカット＋ダウンスクリーン

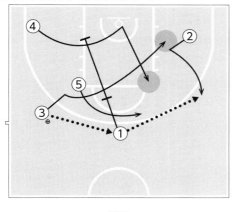

②逆サイドからの再開

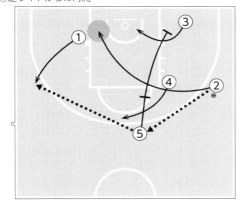

図 4-22　シャッフル：4人でのローテーション
①コーナーへの移動

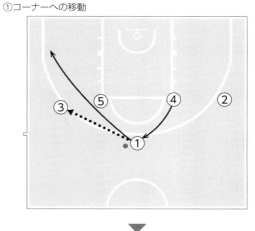

②シャッフルカット＋スタッガードスクリーン

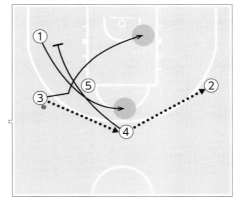

③逆サイドからの再開

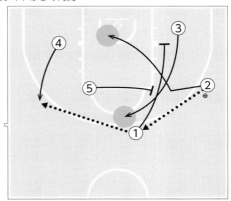

左ウイングにいる③にパスしたら，コーナーに向かってカットする（図4-22①）。④はトップに移動し，③からパスを受ける。③は左ハイポストにいる⑤のスクリーンを利用し，ゴールに向かってカットする。④は②にすばやくパスを展開したら，⑤とともに左サイドのコーナーにいる①のためにスクリーンをセットする。②は，まず③へのパスをねらう。次いで④⑤によるスタッガードスクリーンを利用し，トップに向かってカットしてくる①へのパスをねらう（図4-22②）。

①にパスが渡ったら，⑤は右サイドのハイポストに向かう。①が左ウイングの④にパスを送ったら，②は⑤のスクリーンを利用し，ゴールに向かってカットする。こうして右サイドからのシャッフルプレイがスタートする（図4-22③）。

このオフェンスでは，⑤はローテーションに加わらず，もっぱらスクリナーとしての役割を果たすことになる。

4 ― ホイール

ホイールオフェンスでは，ウィークサイドのコーナーからゴールに向かってカットするプレイヤーのために，ダブルスクリーンをセットする。この点を除けば基本的な発想はシャッフルオフェンスと同じである。また，シャッフルオフェンスと同じく，オフェンス開始時のアラインメントやローテーションには多種多様なものが考案されているので，ここで紹介しているものもあくまで一例にすぎない。

1 ― 5人でのローテーション

2-1-2のアラインメントからスタートする。①は右ウイングの③にパスを送ったら左サイドのローポストに向かう。②は①と⑤のダブルスクリーンを利用して右サイドに向かい，シュートチャンスをうかがう。また，④は①のスクリーンを利用して，トップに向かう（図4-23①）。

③は④にパスしたら，②と⑤によるダブルスクリーンを利用してゴールに向かう。④は左ウイングにいる①にすばやくパスを展開し，レーンの中に移動する。②は⑤のスクリーンを利用してゴールに向かい，シュートチャンスをうかがう。⑤はトップに移動する（図4-23②）。

①は⑤にパスしたら，②③によるダブルスクリーンを利用してゴールに向かい，左サイドからのホイールオフェンスをスタートさせる（図4-23③）。

2 ― 4人でのローテーション

①が右ウイングの②にパスしたら，④は左サイドのローポストに移動する。③は④⑤のダブルスクリーンを利用して，ゴールに向かう。次に④は①のスクリーンを利用してトップに向かう（図4-24①）。

②が④にパスしたら，⑤は右サイドのローポストに移動する。②は③と⑤のダブルスクリーンを利用してゴールに向かい，右サイドからのホイールオフェンスをスタートさせる（図4-24②）。

5 ― フレックス

フレックスオフェンスでは，バックスクリーンとダウンスクリーンを立て続けにセットするプレイを，左右のローポストで交互におこなう。その結果，スクリナーにスクリーンをかけることになるので，ディフェンスにとってはスクリーンにどう対処するか大きな課題となる。

具体的には，①が②にパスしたら，③は⑤のバックスクリーンを利用してゴールに向かい，ゴール下でのシュートチャンスをうかがう。次いで①は⑤のためにダウンスクリーンをセットし，⑤はハイポストエリアでのジャンプシュートをねらう（図4-25①）。②が⑤にパスしたら④は③のスク

図4-23 ホイール：5人でのローテーション
①ダブルスクリーンの形成

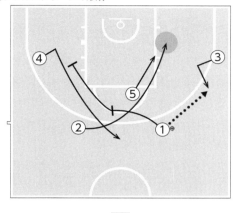

図4-24 ホイール：4人でのローテーション
①シャッフルカット＋スタッガードスクリーン

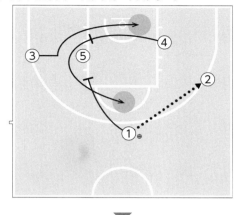

②ダブルスクリーン

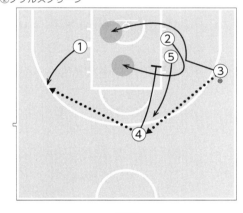

②逆サイドからの再開

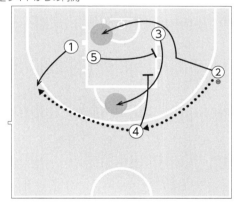

③逆サイドからの再開

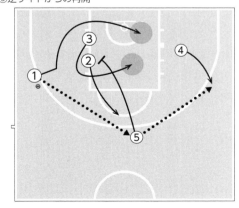

図4-25 フレックス
①バックスクリーン+ダウンスクリーン

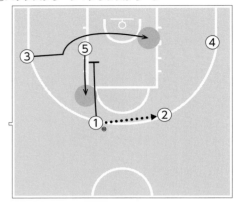

②逆サイドからの再開

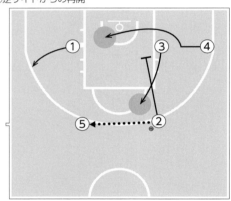

リーンを利用してゴールに向かい，②は③にダウンスクリーンをセットする（図4-25②）。

6 ― ミッド・トライアングル

大型のプレイヤーを3人同時にプレイさせたい場合には，ミッド・トライアングルオフェンスを用いるとよい。とりわけアウトサイドでプレイする2人にシュート力がある場合は，このオフェンスが第一の選択肢となる。

右ウィングにいる①は⑤へのパスをねらう。このとき，③と④はダウンスクリーンやアップスクリーンを利用してポジションを移動してもよい（図4-26①②）。⑤は①からパスを受けられないと判断したら，左サイドに向かい，クロススクリーンをセットする。④は⑤のスクリーンを利用してインサイドでのシュートチャンスをうかがう。③は⑤のためにダウンスクリーンをセットする。⑤は③のスクリーンを利用してハイポストに向かい，シュートチャンスをうかがう（図4-26③）。

①が⑤にパスしたら，⑤はすばやく左ウィングの②にパスを展開する。③は右サイドの④に向かってクロススクリーンをセットし，インサイドプレイヤーによるスクリーンプレイを継続させる（図4-26④）。

なお，トライアングルオフェンスと言えば，このタイプのオフェンスを指すことが一般的であるが，ここでは後述するセットオフェンスのサイド・トライアングルオフェンスと区別するために，ミッド・トライアングルオフェンスと表記している。

図4-26　ミッド・トライアングル

①ダウンスクリーン

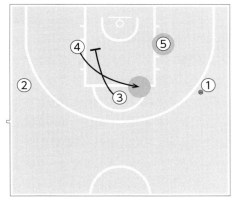

②アップスクリーン

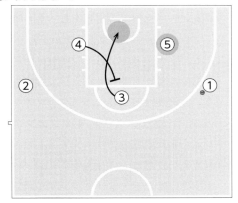

③クロススクリーン＋ダウンスクリーン

④逆サイドからの再開

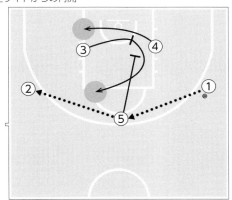

4-3 セットオフェンス

1. セットオフェンスの特徴

　FIBAルールでは2001年よりショットクロックが24秒に短縮された。その結果，チャンスが生まれるまでじっくりオフェンスを続けるといった戦術を採用することはほぼ不可能となり，すばやくシュートチャンスをつくり出すための手段としてセットオフェンスを用いるチームが増えつつある。

　パッシングゲームやパターンオフェンスとは異なり，セットオフェンスは特定のプレイヤーに特定のエリアからシュートをねらわせるために用いられる。したがって，オフェンスを効果的に展開するためには，各種セットオフェンスがもつ特徴や，各プレイヤーの得手不得手をしっかり吟味したうえでプレイをデザインすることが重要である。

　なお，セットオフェンスはプレイヤーのアラインメントもしくは特定の動きによって分類されることが多い。後述するように，スタックオフェンスやボックスオフェンス，1-4オフェンスなどは，プレイを始める際のアラインメントに即して分類されたものであり，UCLAオフェンスやホークオフェンス，サイド・トライアングルオフェンスなどは，プレイのなかに含まれる特定の動きに即して分類されている。したがって，1-4のアラインメントからUCLAオフェンスを展開するといったことも可能である。

2. 代表的なセットオフェンス

■1──スタック

　スタックとは複数のプレイヤーが連なった状態にあることを指す言葉であり，プレイヤーのアラ

インメントによりシングルスタック（図4-27
①），ダブルスタック（図4-27②），トリプルス
タック（図4-27③）などに分類される。このう
ち最もポピュラーなものはダブルスタックである
が，いずれのオフェンスでもスタックから適切に
動けば，スクリーンと同じような効果が期待でき
るとともに，インサイドにすばやくパスを送るこ
とができる。

1—スタック［1］

①は右サイドに向かってドリブルし，⑤のスク
リーンを利用してウィングにポップアウトしてく
る③にパスを送る。③は⑤へのパスをねらう。⑤
はパスを受けられないと判断したら，④にスクリ
ーンをセットする（図4-28）。なお，⑤がディフ
ェンスにフロントから守られている場合には，④
は③からパスを受けるためにハイポストに向かい，
ハイポストから⑤へのパスをねらう。

2—スタック［2］

①は右サイドに向かってドリブルし，⑤のスク
リーンを利用してウィングにポップアウトしてく
る③にパスを送る。②は④⑤のダブルスクリーン
を利用してゴールに向かい，シュートチャンスを
うかがう（図4-29）。

2—ボックス

ボックスオフェンスでは，ポイントガードを除
く4人が左右のローポストおよび左右のエルボー
付近にポジションをとり，ポイントガードがプレ
イをスタートさせるのを待つ。4人のアラインメ
ントから明らかなように，縦，横，斜め，いずれ
の方向にもスクリーンをかけることができるので，
すばやくシュートチャンスをつくり出すことがで
きる。

1—ボックス［1］

①が右ウィングにドリブルを始めたら，⑤は③

図4-27　スタックオフェンスのアラインメント
①シングルスタック

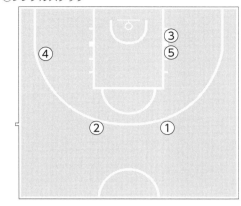

②ダブルスタック

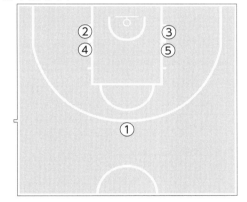

③トリプルスタック

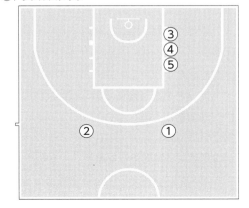

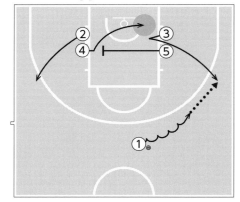

図4-28　スタック[1]：クロススクリーン

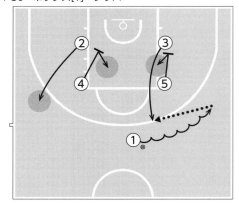

図4-30　ボックス[1]：ジッパー

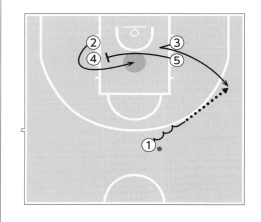

図4-29　スタック[2]：ダブルスクリーン

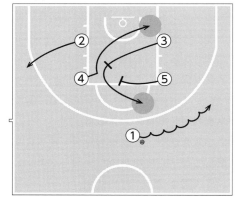

図4-31　ボックス[2]：スクリーン・フォー・ザ・スクリナー

のためにダウンスクリーン（ジッパースクリーン）をセットする。①は⑤もしくは③へのパスをねらう。①が③にパスを送ったら④は②のためにダウンスクリーンをセットし，左サイドのローポストでポストアップする（図4-30）。③は④⑤②のいずれかへパスを送る。

2―ボックス［2］

①が右ウィングに向かってドリブルを始めたら，③は④のためにスクリーンをセットする。④はローポストでポストアップし，得点のチャンスをうかがう。次に⑤は③のためにスクリーンをかけ，③はアウトサイドからのシュートをねらう（図4-31）。

3―1-4（ワン・フォー）

1-4オフェンスには，ポイントガード以外の4人がフリースローラインとその延長線上に並ぶ1-4ハイ（図4-32①）と，エンドライン上に並ぶ1-4ベースライン（図4-32②）という2つのアラインメントが存在する。通常1-4オフェン

スと言えば前者のアラインメントからのオフェンスのことを指す。

1-4ハイのアラインメントでは，4人全員がポイントガードからワンパスのポジションに位置すると同時に，ゴール近辺のスペースが大きく空いている。そのため誰もがバックドアカットをねらうことができるので，ディフェンスはパスをディナイしにくくなる。また，ポイントガードからパスを受けたプレイヤーがすばやくゴールに向かってドライブをしかければ，得点のチャンスにつながりやすい。

1─1-4［1］

①が⑤にパスすると同時に，③はゴールに向かってバックドアカットし，①は⑤に向かってカットする。ここで⑤は③，もしくは①へのパスをねらう（図4-33①）。

①③いずれにもパスできなかったら，⑤は②と④によるスタッガードスクリーンを利用して左サイドのウィングエリアに向かっている③へのパスをねらう（図4-33②）。

2─1-4［2］

①が右サイドに向かってドリブルを始めたら，③はゴールに向かい，右ウィングエリアをクリアーする。②は④⑤によるスタッガードスクリーンを利用して右ウィングに向かい，パスを受けたら1対1をねらう（図4-34）。①は④のスクリーンを利用して左ウィングに向かう③にパスを送ってもよい。

4─UCLA

トップにいるプレイヤーがハイポストにいるプレイヤーのスクリーンを利用してゴールに向かい，インサイドでのシュートチャンスをうかがう。このようなプレイはUCLAカットと呼ばれている。ポイントガードがポストアップする能力に長け，

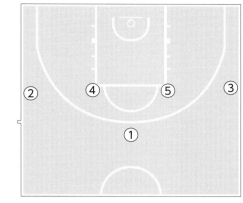

図4-32　1-4オフェンスのアラインメント
①1-4ハイ

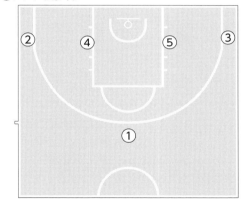

②1-4ベースライン

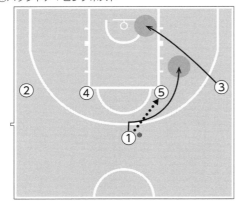

図4-33　1-4[1]
①バックドア＋ピンチポスト

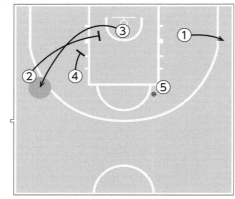

②スタッガードスクリーン

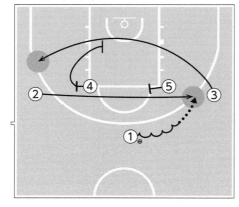

図4-34　1-4[2]：フリースローライン上でのスタッガードスクリーン

ポストプレイヤーのパッシングスキルも高い場合には，非常に効果的なオフェンスとなる。

①は右ウィングにいる③にパスを送ったら，ハイポストにいる⑤のスクリーンを利用してゴールに向かい，ローポストでポストアップする（図4-35①）。③はまず①へのパスをねらうが，パスできない場合は⑤にパスを送る。③は①のためにスクリーンをセットし，④は②のためにスクリーンをセットする（図4-35②）。

5—ホーク

ホークオフェンスは，シャッフルカットを用いて特定のプレイヤーをポストアップさせるために用いられる。

①は右サイドのウィングに向かってドリブルする。②は④のスクリーンを利用してゴールに向かい，インサイドでのシュートチャンスをうかがう。③は左ウィングに移動する（図4-36①）。

②は右サイドのローポストでポストアップし，①からのパスを待つが，パスが来ない場合は左サイドに移動し，⑤のためにクロススクリーンをセットする。①は②⑤いずれにもパスができないと判断したら，④にパスを送る。②は③のスクリーンを利用して左サイドのウィングにポップアウトし，シュートチャンスをうかがう（図4-36②）。

6—サイド・トライアングル

サイド・トライアングルは，元来パターンオフェンスとして考案されたものであるが，今日ではセットプレイの1つとして位置づけられることが多い。ここで紹介するものはごく基本的なパターンのみであり，実際にはディフェンスの状況に応じてさまざまな形に展開していく。

①は右ウィングの③にパスしたら，コーナーに向かってカットし，③⑤とともに右サイドでのト

図4-35　UCLA
①UCLAカット

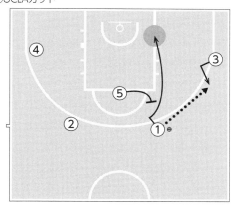

②ダウンスクリーン＋フレアースクリーン

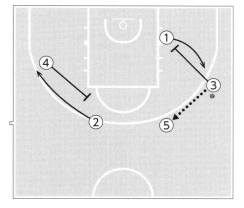

図4-36　ホーク
①シャッフルカット

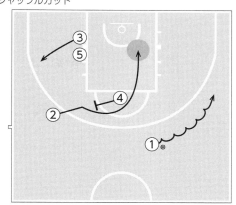

②クロススクリーン＋ダウンスクリーン

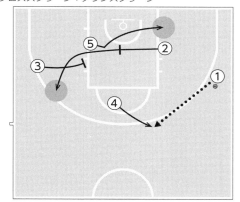

ライアングルを形成する（図4-37①）。③は直接ないし①を経由して⑤へのパスをねらう。⑤にパスが渡ったら，③と①はシザースカットする（図4-37②）。

⑤にパスできないと判断したら，③は②にパスを送る。②はハイポストに移動してくる④にパスを送ってゴールに向かってカットするか，③と⑤のスクリーンを利用して右サイドのエルボーに向かってくる①へのパスをねらう（図4-37③）。

7 ── ホーンズ

ホーンズオフェンスとは，トップに1人，左右のエルボー近辺に各1人，そして左右両サイドのウィングとコーナーの中間地点に各1名ずつプレイヤーを配置した状態からスタートするオフェンスのことを指す（図4-38）。

アラインメントを見て明らかな通り，ゴール下に大きなスペースがある。したがって，トップにいるプレイヤーは，エルボー付近でセットされた

図4-37 サイド・トライアングル
①サイド・トライアングルの形成

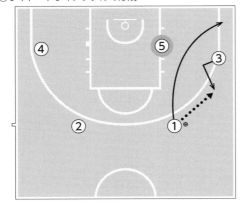

②ポストフィード＋シザースカット

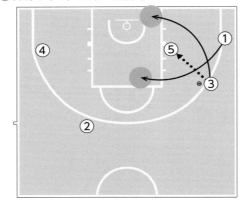

③トップへのパス

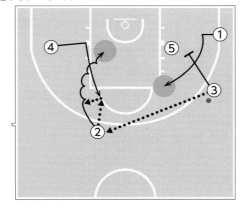

スクリーンを利用して，積極的にドライブをねらうことができる。

1─ホーンズ［1］

④⑤は①のためにスクリーンをセットする。①が右エルボー近辺にいる⑤のスクリーンを利用してドライブを始めたら，③はコーナーに向かう。①は自らシュートをねらうか，ゴールに向かってロールしている⑤や，コーナーにいる③にパスを送る（**図4-39**①）。シュートおよび③⑤へのパスのいずれもできなかった場合，①は④にパスを送る。④はシュート，もしくは⑤へのパスをねらう（**図4-39**②）。

2─ホーンズ［2］

①は③に向かってドリブルを始める。③は①からハンドオフパスを受けたあと，⑤のスクリーンを利用してゴールに向かい，シュートチャンスをうかがう。④はダックインし，②はコーナーに移動して，それぞれ③からのパスを待つ（**図4-40**）。

図 4-38　ホーンズのアラインメント

図 4-40　ホーンズ［2］

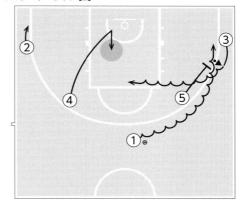

図 4-39　ホーンズ［1］
①スクリーンを利用したドライブ

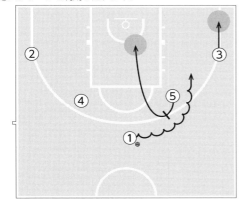

②ハイ−ロー・プレイ

BASKETBALL
COACHING THEORY

5章
ゾーンの指導

5-1 ゾーンオフェンス

　ゾーンディフェンスの攻略法を考える際には，その特徴をしっかり理解することが必須となる。

　マンツーマンディフェンスでは，コートの中を動きまわる相手をそれぞれがマッチアップし続けるのに対して，ゾーンディフェンスでは，原則として一定のエリアのみをカバーするのが特徴である。自分がカバーするエリアにいるプレイヤーはマークするが，カバーするエリアから出ていくプレイヤーは他のディフェンダーに受け渡すことによって，個々のディフェンダーが担当するエリアを明確にし，特定のエリア，とりわけインサイドでの防御をがっちり固めるのである。また，ブロックショットが得意なプレイヤーはインサイド，あるいはスチールが得意なプレイヤーはアウトサイドをカバーするといったように，個々の持ち味を最大限に生かすようにデザインされていることも大きな特徴の1つである。

　いっぽう，弱点としては，ゾーンディフェンスでは，すべてのエリアをカバーするのが難しいということがあげられる。特に3ポイントシュートをはじめとするアウトサイドのシュートが得意なプレイヤーを複数名擁しているチームに対しては，ゾーンディフェンスで防御するには限界がある。

　いずれにせよ，ゾーンディフェンスでは，個々のオフェンスの動きに対して複数のプレイヤーが協力して対応してくるので，攻略するには，アウトサイドからのシュートをはじめ，それなりの準備が必要であり，マンツーマンオフェンスとは違ったコンセプトでオフェンスを組み立てることも考えなければならない。

　本項目を読む際には，本章「7-2 ゾーンディフェンス」（p.226〜）を適宜参照しながら，考察を進めていただきたい。

1. ゾーンオフェンスの基本原則

マンツーマンディフェンスを用いると，能力のあるプレイヤーによる個人技で得点を重ねられてしまうことがある。しかし，ゾーンディフェンスは，特定のディフェンダーが個人技で出し抜かれたとしても，周りのディフェンダーがすばやくカバーに向かえるようにデザインされているため，個人技のみでディフェンスを打破することは困難である。

そのいっぽうで，マンツーマンディフェンスとは異なり，オフェンス側のアラインメント（プレイヤーの配置）によってディフェンス側のマッチアップが決まるうえ，プレイの展開にはある程度受け身とならざるを得ないという弱点がある。したがって，チーム全員で協力してオフェンスをおこなえば，相手のウィークポイントをつきながらプレイを展開することが可能となる。ゾーンディフェンスに対しては，チーム全員で協力してプレイを展開すること，これがゾーンオフェンスを成功させるうえで最も重要な鍵である。

❶—ファストブレイク

ゾーンディフェンスを攻略するうえで最も簡単な方法は，相手がゾーンディフェンスの隊形を整える前にオフェンスを始めてしまうことである。

フロントコートまですばやくボールを進めると，ディフェンスはイージーシュートを防ぐために，ゴール近辺まで戻らなくてはならない。通常，このような役割を担うのは，ポイントガードをはじめとするガード陣である。しかし，ゾーンディフェンスでは，ガード陣がフロントライン（ゾーンの前線）に配置されることが多い。また，センター陣はバックライン（ベースライン沿いのポジション）に配置されることが多く，フロントコートのゴール近くからバックコートのゴール近くまで，長い距離を走って戻らなければならない。

そこで，すばやくボールを前に進め，次から次へと攻撃をしかけるのである。こうすれば，ディフェンスが隊形を整える前にシュートをねらうことができるようになる。

❷—リバウンド

ゾーンディフェンスでは，センターやフォワードなどの長身者がゴール近辺をカバーしているが，ゾーンオフェンスでアウトサイドからのシュートの頻度が高くなると，リバウンドボールもより遠い場所に落ちる割合が多くなり，その意味でオフェンス側がリバウンドを獲得できる可能性も高くなる。また，ゾーンディフェンスでは「人」ではなく「エリア」をカバーすることが優先され，個人に対するブロックアウトが曖昧になるので，オフェンスが積極的にリバウンドに向かうようにすれば，リバウンド自体をゾーンディフェンスに対抗する強力な武器とすることができるはずである。

❸—ゾーンのタイプを見極める

チームとしてゾーンディフェンスを攻略するにあたっては，ゾーンディフェンスのタイプを見極めることから始めなければならない。この点を無視してオフェンスを始めても，それぞれのゾーンディフェンスに特有の弱点をつくことはできない。例えば，ゾーンオフェンスをおこなう際には，ギャップをついてオフェンスを展開するというのが鉄則であるが，どこがギャップとなるかはゾーンディフェンスのタイプによって異なっている。ゾーンディフェンスのタイプを見極めることによってはじめて，うまくギャップつをくことができるのである。

ところで，相手チームのディフェンスがゾーンディフェンスか否かわからないときは，ボールサイドにいるプレイヤーに，ゴール下を通って逆サイドに向かうように指示を出す。ここで相手がどのようにディフェンスするかによって，ゾーンディフェンスか否かを判断することができる。

4─ギャップをつく

1─各ゾーンに対するオフェンスの配置

通常，ゾーンディフェンスは，2-1-2ゾーンや2-3ゾーンのように，フロントラインに2人のプレイヤーを配置した偶数フロント・ゾーンと，3-2ゾーンや1-2-2ゾーン，1-3-1ゾーンのように，フロントラインに1人ないし3人のプレイヤーを配置した奇数フロント・ゾーンに分類される（→p.229〜）。

2-1-2ゾーンや2-3ゾーンでは，フロントライン2人のディフェンダーの間や，フロントラインとバックラインのディフェンダーの間にギャップができる。したがって，アウトサイドのプレイヤーがトップと左右のウィングに立てば，ディフェンスを分断することができる。また，2-3ゾーンではバックライン中央のディフェンダー（ミドルマン）の前にもギャップが生じる（**図5-1**，**図5-2**）。

3-2ゾーンや1-2-2ゾーンでは，フロントライン中央（トップ）とフロントラインの両サイド（ウィング）にいるディフェンダーの間と，フロントライン両サイドとバックラインのディフェンダーの間にギャップができる。そこで，ガード陣がフロントラインのギャップに立ち，フォワード陣がフロントラインとバックラインの間に立てば，ディフェンスを分断することができる。また，ペイントの中にもギャップが存在するので，オフェンスの際にはこのエリアを攻略したい（**図5-3**）。

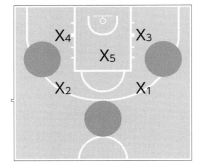

図5-1　2-1-2ゾーンのギャップ

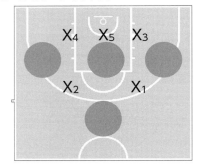

図5-2　2-3ゾーンのギャップ

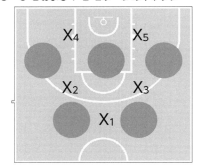

図5-3　3-2および1-2-2ゾーンのギャップ

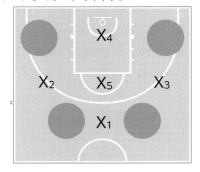

図5-4　1-3-1ゾーンのギャップ

1-3-1ゾーンでは，トップと両ウィングにいるプレイヤーの間と，左右のコーナーにギャップが生じる（図5-4）。したがって，ガード陣は2ガードのポジションをとり，フォワード陣が左右のコーナーに立てば，ディフェンス側はマッチアップ上の問題に直面することになる。

いずれのケースでも，隣り合ったプレイヤーのどちらがマッチアップすべきか判断に迷うような状況をつくり出し，相手がゾーンの隊形を大きく崩さざるを得ないような状況に追い込んでいくことが重要である。また，ギャップに立てばパッシングレーンを確保することも容易である。こうして，すばやくパスを展開することにより，ディフェンスを大きく動かし，相手が崩れていくのを待つのである。

2 ― スペーシング

単にギャップをつくると言っても，ディフェンス側の対応やオフェンスの展開に応じて，プレイヤー同士が適切なスペーシングを確保できるよう，それぞれがポジショニングを調整する必要がある。ディフェンス側からすれば，オフェンス同士の距離が短ければ短いほど，対応は簡単になる。その一方で，サイドラインからサイドライン，トップからベースラインまで，コート全体をもれなくカバーしなければならなくなると，ただちにマッチアップ上の問題が生じてくる。

インサイドのプレイヤーは，アウトサイドからのパッシングレーンを確保すべくポジショニングを調整するだけでなく，フロントラインとバックラインの間のギャップを広げるように心がけたい。例えば，インサイドのプレイヤーがベースラインの近くに立てば，フロントラインのディフェンダーとバックラインのディフェンダーとの間には大きなギャップができる。こうして，自らペイントの中にフラッシュしたり，アウトサイドのプレイヤーがドライブするスペースをつくり出したりしていくのである（図5-5）。

5 ― すばやくパスを展開する

どのようなディフェンスであれ，パスやドリブルによってボールの位置が移動したら，ヘルプ＆リカバーといったチームとしてのディフェンスのプランを遂行できるように，各ディフェンダーはポジションを調整する。この点はディフェンスがマンツーマンでもゾーンでも変わりはない。しかし，ゾーンディフェンスでは，5人全員がシンクロするようにシフトし，どのエリアの誰をカバーするのか的確なコミュニケーションをとらないと，ギャップが広がってしまったり，特定のエリアがカバーされなかったりといった事態が起こり得る。そこで，ゾーンディフェンスを攻略する際には，すばやくパスを展開し，ディフェンスに綻びができるのを待ってもよい。

とりわけ効果的なのは，右サイドから左サイド，左サイドから右サイドへと送られるスキップパス（クロスコートパス）である。ゾーンディフェンスでは，5人全員がボールに集中するため，全体としてボールサイド寄りのポジションになること

図5-5　ギャップを広げる：対3-2/1-2-2

が多い。このようなとき，逆サイドに向かってスキップパスが送られると，ディフェンスは大きくシフトして対応しなければならない（図5-6）。スキップパスが鋭くかつ正確であれば，プレイヤーはノーマークでのシュートやドライブをねらうことができるはずである。

もっとも，アウトサイドでパスをまわしているだけでは，オフェンスとしてあまり効果的ではない。インサイドでポストアップしたプレイヤーや，ディフェンスのギャップに飛び込んできたプレイヤーにパスを送るということも大切である（図5-7）。ボールを保持していないプレイヤーは，ディフェンスの状況を確認し，隙があればただちに動けるように準備しておきたい。

なお，すでに述べたように，ゾーンディフェンスでは，5人全員がボールの動きに反応し，シンクロするようにシフトすることが多いので，パスフェイクをタイミングよく用いると非常に効果的である。1人ないし2人のディフェンダーがパスフェイクに反応すると，それだけでギャップが広がってしまうので，ディフェンスは非常に脆いものとなる。

6—ドリブルの活用

ゾーンディフェンスは，インサイドの守りを固めるために用いられることが多い。そのため，ドリブルで目の前のプレイヤーを出し抜いたとしても，次のディフェンダーがすばやくカバーに来るので，そのままシュートにもち込める可能性は高くない。そのいっぽうで，ディフェンスのギャップに向かってドリブルすると，複数のディフェンダーを引きつけ，結果としてアウトナンバーのような状況をつくり出すことができる（図5-8）。ゾーンオフェンスをしているなかで，ディフェンスのギャップが広がってきたと感じたら，積極的にドリブルでの突破をしかけたい。

また，ドリブルで特定のディフェンダーを引きつけ，本来であればカバーするエリアではない場所まで誘い出すことができれば，ギャップを広げたり，ディフェンスローテーション上の問題を引き起こしたりすることができる。こうして，他のプレイヤーのためのチャンスをお膳立てするのである（図5-9）。ここではショートコーナーにスペースをつくるために，ベースラインからウィング方向にドリブルしている。

図5-6　スキップパス：対2-3/1-2-2

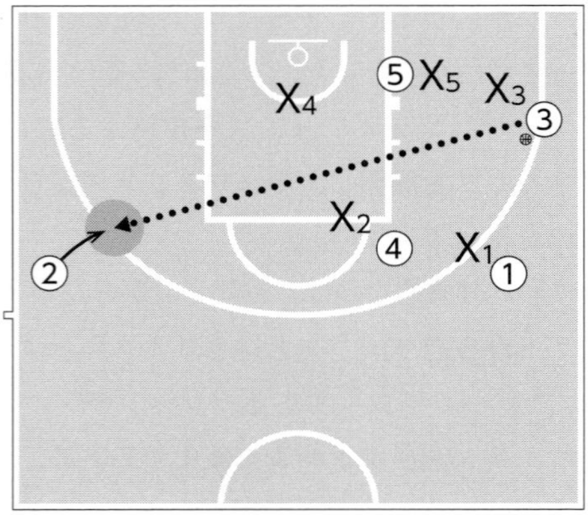

図5-7　ギャップへのフラッシュ：対2-1-2/2-3

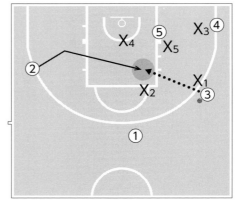

7—オーバーロードの形成

ゾーンディフェンスでは，各ディフェンダーのカバーするエリアが決められているため，オフェンス側の配置によっては，局所的に数的に有利な状況（アウトナンバー）をつくり出すことができる。このように，局所的に有利な状況をオーバーロードと呼ぶ。

オーバーロードの典型例として，ディフェンスにマッチアップ上の問題が生じるように，3人のプレイヤーでトライアングルを形成する（トライアングルオーバーロード）という方法があげられる。トライアングルが形成されたとき，オフェンスが3人，ディフェンスが2人となるのが理想である。このような状況では，トライアングルを形成している3人のうちのいずれかが，ただちにシュートをねらえる。

例えば，相手が2-1-2や2-3ゾーンを用いてきたら，トップ，ウィング，ハイポストにプレイヤーを配置する。こうして，トライアングルを形成したプレイヤーはシュートチャンスをうかがう（図5-10）。

3-2や1-2-2ゾーンディフェンスに対しては，ウィング，ショートコーナー，ローポストにプレイヤーを配置する。すると，ローポストとショートコーナーで，マッチアップ上の問題を引き起こすことができる（図5-11）。

ほかにも，トライアングルをつくるエリアやプレイヤーの組み合わせはいろいろ考えることができる。もちろん，どのようなトライアングルが効果的かは，オフェンス側の能力やディフェンスのタイプやよって異なってくる。いずれにせよ，オフェンスを綿密にデザインしておけば，オーバーロードを形成する3人がカバーされたとしても，相手はマッチアップ上の問題を抱えることになる。すなわち，いずれかのディフェンダーは，本来カバーすべきエリアから大きく外れているのである。ここですばやくパスを展開すれば，トライアングルを形成している3人以外のプレイヤーが，ただちにシュートもしくはドライブをねらえる。

パスに秀でたプレイヤーが揃っているなら，4人のプレイヤーによるオーバーロード（ボックスオーバーロード）も，有効である。いずれかのサイドに4人のプレイヤーが立てば，ディフェンスはゾーン本来の形から大きく離れ，局所的にはマンツーマンと同じようにディフェンスしなければ

図5-8　ギャップへのドリブル：対3-2/1-2-2

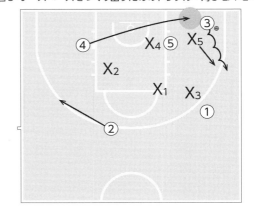

図5-9　スペースをつくり出すためのドリブル：対3-2/1-2-2

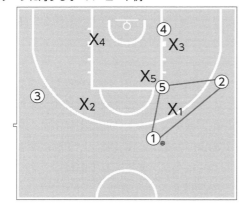

図5-10　トップ−ウィング−ハイポスト：2-1-2/2-3ゾーンに対するオーバーロード例

図5-11　ウィング−ショートコーナー−ローポスト：3-2/1-2-2ゾーンに対するオーバーロード例

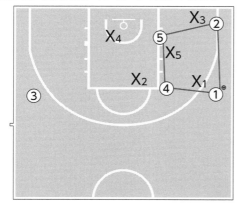

図5-12　ボックスオーバーロード：対2-1-2/2-3

ならなくなる（図5-12）。ただし，ボックスオーバーロードでは，オフェンス同士の距離が短いので，ドリブルを利用したプレイは難しくなる。

8─カッティング

オフェンス側が動かなければ，ディフェンスはボールの動きに集中することができる。しかし，オフェンス側がカッティングを多用すると，ディフェンスはカッターに対応すべくポジションを移動しなければならない。

1─カッティングからのオーバーロード

カッティングをうまく利用すれば，ディフェンスをより厳しい状況に追い込むことができる。前項で説明したオーバーロードにしても，カッティングからトライアングルやボックスを形成すれば，より効果的にプレイを展開できる（図5-13）。

2─おとり（デコイ）としてのカッティング

あるプレイヤーがゴールやローポスト，ハイポストなどに向かってカットすると，もともとカッターのいたエリアのカバーが手薄になることもある。ディフェンスの意識がカッターに集中してしまうからである。このように，カッターがおとり（デコイ）になるようなプレイも積極的に用いたい（図5-14）。

3─ディフェンスの死角をつく

ゾーンディフェンスでは，ボールマンの動きに集中するあまり，本来カバーすべきプレイヤーへの注意が疎かになることがある。とりわけ，背後にまわり込まれると，ビジョンもとりにくく，オフェンスの動きを把握するのが難しくなる。そこで，インサイドのギャップにカットやフラッシュする際には，ディフェンスの視野から外れるよう背後にまわり込んでからプレイを始めることも考えたい。

図5-13 カッティング→オーバーロード：対3-2/1-2-2

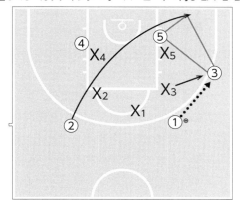

図5-15 ショートコーナーの活用：対2-1-2/2-3

図5-14 おとり（デコイ）としてのカッティング：対3-2/1-2-2

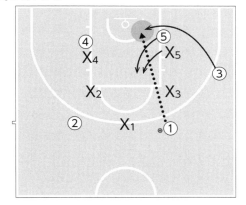

図5-16 ポストアップ：対2-1-2/2-3

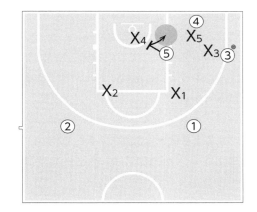

9─インサイドアタック

　ファストブレイクを除けば，ゾーンディフェンスとして最もシンプルな方法は，インサイドにパスを送ってディフェンスを収縮させ，アウトサイドからシュートをねらう，あるいは，アウトサイドからシュートをねらってディフェンスを広げ，インサイドにパスを送ることである。しかし，マンツーマンディフェンスとは違い，ゾーンディフェンスではインサイドががっちり固められていることが多いので，アウトサイドだけでパスをまわすといったオフェンスになりがちである。これではアウトサイドからのシュート力だけに頼ることになってしまい，ゾーンディフェンスを攻略することはできない。ゾーンオフェンスを展開する際には，インサイドを攻略するための工夫が必要である。

1─ショートコーナーの活用

　すでに紹介したように，オーバーロードを活用すれば，ディフェンスがオフェンスをカバーしにくいような状況をつくり出すことができる。例えば，いずれかのプレイヤーがショートコーナーに

立つと，本来ならばローポストをカバーすべきプレイヤーがショートコーナーもカバーせざるを得なくなる。こうして，局所的に2対1の状況をつくるのである。また，仮にショートコーナーをカバーされたとしても，ローポストは1対1になっていることが多い（図5-15，図5-11参照）。

2 ─ ポストアップ

ゾーンディフェンスを攻略するにあたっては，ディフェンスのギャップをつくことが強調される。そのため，インサイドのプレイヤーも，ギャップへのフラッシュを繰り返すことが多い。しかし，先の図でも示したように，場合によってはポストアップすることも不可欠である。このとき，オフェンス側からディフェンダーに近づき，少しでも有利なポジションを占めると同時に，なるべく広いスペースを確保することが重要である。そうすれば，パスを受けたあとの1対1がやりやすくなる（図5-16）。

ゾーンディフェンスでは，オフェンスの動きを後追いするようにディフェンスすることが多いため，自らディフェンスに近づいてポジションを確保するというテクニックが有効である。

3 ─ インサイドでのコンビネーション

インサイドで複数のプレイヤーが協力し，タイミングよく動けば，ゴール近辺でのチャンスをつくり出すことができる。最も代表的なプレイは，ハイポストとローポストでのコンビネーションであり，ハイポストにパスが送られたら，ローポストはパスを受けるためにポジションを確保する。

また，1人がローポストやショートコーナーに移動したら，もう1人が空いたスペースにフラッシュするというプレイ（カット＆リプレイス）も効果的である（図5-17）。考え方としては，すでに紹介したおとり（デコイ）としてのカッティングと同じであるが，こちらはインサイドプレイヤー同士のコンビネーションプレイとなっている。

パスが右サイドから左サイド，左サイドから右サイドへ大きく展開された場合に用いられるXムーブも，インサイドプレイヤーによるコンビネーションプレイの1つである。Xムーブでは，パスの展開と同時にハイポストのプレイヤーがローポストに移動し，ローポストのプレイヤーがハイポストにフラッシュすることで，インサイドでのシュートチャンスをうかがう（図5-18）。

図5-17　カット＆リプレイス：対3-2/1-2-2

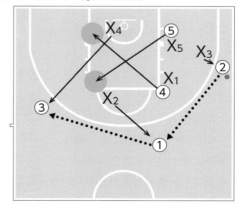

図5-18　Xムーブ：対2-1-2/2-3

❿—スクリーンの活用

近年では、ゾーンディフェンスを攻略する手段の1つとして、スクリーンを活用するチームが増えつつある。プレイヤーの身体能力が向上するとともに、ゾーンディフェンス自体も進化してきたためである。

スクリーンプレイを成功させるための秘訣は、スクリナーがディフェンスの行く手を遮ることによってつくり出した空間に、他のプレイヤーがタイミングよくカットしてパスを受けることである。

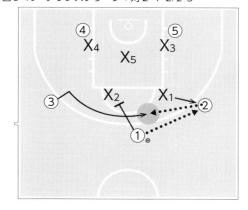

図5-19　ダウンスクリーン：対2-1-2/2-3

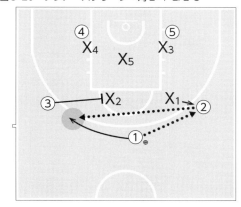

図5-20　フレアースクリーン：対2-1-2/2-3

したがって、プレイを成功させるためには、パッサーの判断も重要な鍵となる。

①—アウトサイドでのスクリーンプレイ

アウトサイドのスクリーンプレイとしては、ダウンスクリーンとフレアースクリーンをあげることができる。いずれのスクリーンも、マンツーマンディフェンスを攻略するときとほとんど同じ要領で、スクリーンプレイをおこなうことができる（図5-19，図5-20）。ディフェンスの意識がボールマンの動きに向けられれば向けられるほど、スクリーンプレイが成功する確率は高くなる。

②—インサイドでのスクリーンプレイ

インサイドでは、クロススクリーンやバックスクリーンが効果的である（図5-21，図5-22）。とりわけ、ベースラインのディフェンダーがアウトサイドにいるボールマンをカバーしているときは、インサイドをカバーするディフェンダーの数が少なくなり、チャンスである。スクリーンを利用する前段階として、いかにバックラインのディフェンダーをアウトサイドにおびき出すか、チームとしてのプランを考えたい。

③—ボールマンを含むスクリーンプレイ

ここまで紹介してきたものは、すべてボールを保持していない者同士のスクリーンプレイであった。しかし、ボールマンのためのスクリーン（オンボールスクリーン）は、ゾーンディフェンスに対しても利用可能である。

例えば、ドリブルからのジャンプショットが得意なプレイヤーがいるときは、トップエリア周辺でスクリーンを用いることができる（図5-23①②）。また、オフェンスプレイヤーの配置次第では、スクリーン&ロールと同じようなプレイを展開することもできる。ただし、ゴールに向かってカットしたプレイヤーにパスを送る際には、周りの状況に十分注意しなければならない。場合によ

図5-21 クロススクリーン：対3-2/1-2-2

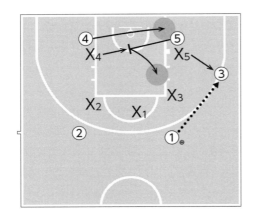

図5-23 オンボールスクリーン：対2-1-2/2-3
①アウトサイドプレイヤー同士のスクリーンプレイ

図5-22 バックスクリーン：対2-1-2/2-3

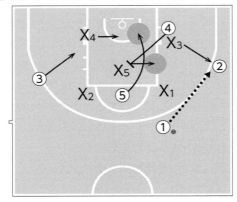

②インサイドプレイヤーによるスクリーンプレイ

図5-24 ベースラインでのスクリーン：2-1-2/2-3

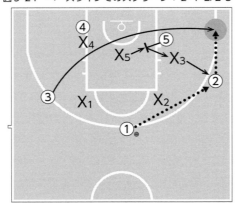

図5-25 逆サイドでのスクリーン：3-2/1-2-2

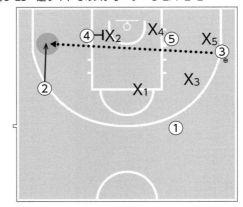

っては，カッターがポストアップするまで待ってからパスを送ったほうが無難である。

4―その他のスクリーンプレイ

トップないし逆サイドのウィングやコーナーから，ゴール下を通ってボールサイドに向かってカットしてくるプレイヤーのためにスクリーンをセットすると，コーナーでシュートチャンスになることが多い。カッターが通過したら，スクリナーはすばやくポストアップしてパスを要求する（図5-24）。

ディフェンスがボールサイドに大きくシフトしているときは，逆サイドにスキップパスを送ると効果的である。このとき，ローポストやハイポスト近辺のプレイヤーがスクリーンをセットして，すばやくクローズアウトできないような状況をつくり出せば，パスを受けたプレイヤーは余裕をもってシュートをねらうことができる（図5-25）。

2. ゾーンオフェンスの実際

ゾーンディフェンスを攻略する際にも，パッシングゲームのようなフリーランスのオフェンスシステムを用いることは可能である。しかし，ゾーンディフェンスに対しては，マンツーマンディフェンスに対する以上に，的確な状況判断や互いに協力してプレイすることが求められる。したがって，ゾーンディフェンスに対してはフリーランス以外の攻略法も準備しておいたほうが無難である。

そこで，本項では，セットプレイとコンティニュイティーオフェンスに分け，代表的なゾーンオフェンスに対する攻撃法をそれぞれ1つずつ紹介する。

マンツーマンオフェンスの場合と同じく，セットオフェンスは，特定のプレイヤーにシュートさせるためにデザインされている。したがって，個々のプレイヤーの能力を最大限活用できるだけでなく，オフェンスリバウンドにも向かいやすいという利点がある。いっぽう，コンティニュイティーオフェンスでは，次から次へとシュートチャンスをうかがうようプレイがデザインされているため，ディフェンスが崩れるまで何度でもオフェンスを続けることが可能である。

■―2-1-2／2-3ゾーンに対するオフェンス

1―セットオフェンス

①はフロントラインのディフェンダーのギャップに立ち，②③はフロントラインとバックラインのディフェンダーのギャップに立つ。また，⑤は右サイドのローポスト，④は左サイドのローポストにポジションをとる。

①は右サイドにドリブルし，フロントラインのディフェンダーX_1を引きつける。①がドリブルで向かった側のウィング②は，フロントラインのディフェンダーの背後を通って，逆サイドに向かう（図5-26①）。このとき，②は①からパスを受け，シュートをねらうこともできる。左サイドのウィング③はトップに移動して①からパスを受け，②にパスを展開する。③が②にパスを送ると同時に④はミドルマンX_5にスクリーンをかけ，⑤のためのスペースをつくり出す。②は⑤④へのパスないしウィングからの1対1をねらう（図5-26②）。

2―コンティニュイティーオフェンス

セットプレイと同様に，トップおよび両サイドのウィングとローポストにプレイヤーを配置する。①は右サイドにドリブルし，フロントラインのディフェンダーを引きつけたあと，②にパスを送る。このとき，⑤はミドルマンにスクリーンをかけ，コーナーにスペースをつくる。左サイドのウィン

図5-26 2-1-2/2-3ゾーンに対するセットオフェンス

①ドリブルエントリー

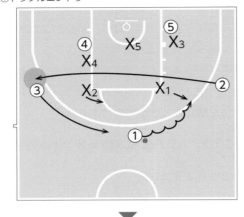

②ミドルマンへのスクリーン

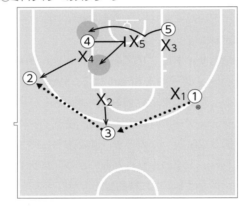

図5-27 2-1-2/2-3ゾーンに対するコンティニュイティーオフェンス

①ベースラインスイング→ボックスオーバーロード

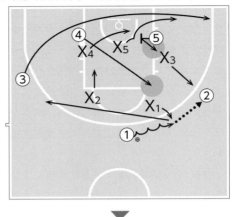

②逆サイドへの展開とXムーブ

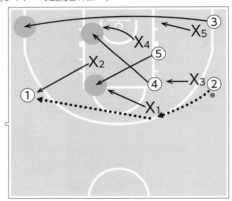

グ③は，ベースラインをスイングして右サイドのコーナーに向かい，シュートチャンスをうかがう。②は⑤③へのパスをねらう。④は右サイドのハイポストに移動するが，ディフェンスが③⑤の動きに気をとられているようなら，インサイドでシュートをねらうこともできる。こうしてボックスオーバーロードを形成し，ディフェンスがマッチアップしにくい状況をつくり出す（図5-27①）。

ボールサイドではシュートやドライブのチャンスは生まれないと判断したら，逆サイドにパスを展開する。④と⑤はXムーブ，③はベースラインをスイングして，左サイドでふたたびボックスオーバーロードを形成する。①はインサイドやコーナーへのパスをねらう（図5-27②）。

2 ─ 3-2／1-2-2ゾーンに対するオフェンス

1 ─ セットオフェンス

①は右ウィングに向かってドリブルし，ディフェンダーを引きつけたら，逆サイドにパスを展開する（図5-28①）。①から②へパスが展開されると同時に，④は左サイドのローポストに向かい，ポストアップする。③は⑤のスクリーンを利用し

図5-28 3-2/1-2-2ゾーンに対するセットオフェンス
①ドリブルエントリー

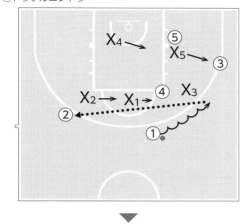

②バックスクリーン

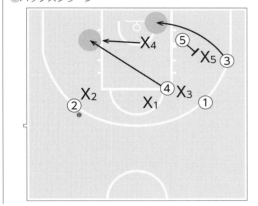

図5-29 3-2/1-2-2ゾーンに対するコンティニュイティーオフェンス
①インサイドでのスクリーンプレイ

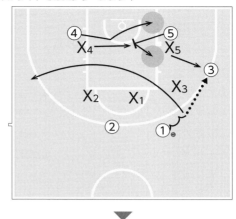

②逆サイドへの展開

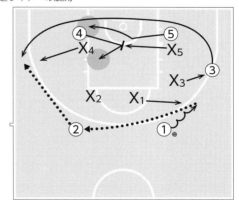

て，ゴールに向かう。②は③へのロブパス，もしくは④へのパスをねらう（図5-28②）。

　ここで紹介したプレイは，ゾーンの死角をつくという考えを応用したものであるが，ロブパスを含めたオフェンスを展開するためには，パスが得意なプレイヤーと，ジャンプ力のあるプレイヤーの存在が不可欠である。

2―コンティニュイティーオフェンス

　①と②はトップと両ウィングのディフェンダーのギャップに立ち，③はウィングとベースライン沿いのディフェンダーのギャップに立つ。また，④と⑤は左右のローポストにポジションをとる。

　①はディフェンダーX_3を引きつけるようにドリブルしてから③にパスを送り，逆サイドに向かう。ここでX_5が③をカバーしたら，⑤は左サイドのX_4にスクリーンをかける。④は⑤のスクリーンを利用してゴール下に向かい，シュートチャンスをうかがう。③は④ないし⑤へのパスをねらう（図5-29①）。右サイドではシュートチャンスが生まれないと判断したら，③は②にパスを送り，左サイドに向かう。

　①によるドリブルエントリーをX_1がカバーし，

③をX₃がカバーしてきたら，①はパスをすばやく逆サイドに展開する。同時に③もベースラインをスイングして，左サイドのコーナーに移動する。同時に④はX₅にスクリーンをかけ，⑤は④のスクリーンを利用して，ゴール下に向かう（図5-29②）。

このオフェンスでは，ウィングとベースラインのギャップに立つプレイヤーをディフェンス側がどのようにカバーしてくるかに応じて，プレイの展開を変化させていく。したがって，厳密にはコンティニュイティーオフェンスと言えないが，非常にシンプルなオフェンスであり，他のゾーンディフェンスを攻略する際にも応用可能である。

3 ― 1-3-1 ゾーンに対するオフェンス

1 ― セットオフェンス

①と②はトップと両ウィングのディフェンダーのギャップに立つ。③は左サイドのウィングに立ち，④は右サイドのローポスト，⑤はハイポストにポジションをとる。

①がX₃を引きつけるようにドリブルを始めたら，②は右サイドのコーナーに向かう（図5-30①）。続いて，④はX₅にバックスクリーンをセットし，ゴール下にスペースをつくり出す。⑤は④のスクリーンを利用してゴールに向かい，シュートチャンスをうかがう（図5-30②）。ここでX₂がボールサイドまでシフトしてきたら，③はゴールに向かい，ロブパスを要求する。

2 ― コンティニュイティーオフェンス

①と②はトップと両ウィングのディフェンダーのギャップに立ち，③と④はコーナーのギャップに立つ。⑤はハイポストにポジションをとり，①が③にパスしたら，右サイドのローポストにカットして，シュートチャンスをうかがう。また，④は左サイドのローポストに移動する（図5-31①）。③が①にパスを返したら，⑤は左サイドに向かい，④は左サイドのローポストから右サイドのハイポストに向かってフラッシュする（図5-31②）。

①が②にパスしたら④は左サイドのハイポストに移動し，③は右サイドのローポストに移動する（図5-31③）。②が⑤にパスしたら，④は左サイドのローポストにカットして，シュートチャンスをうかがう。こうして，左右両サイドでカット＆リプレイスを続け，ディフェンスを攻略するのである。

図 5-30　1-3-1 ゾーンに対するセットオフェンス

①ドリブルエントリー

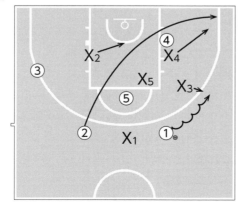

②バックスクリーン

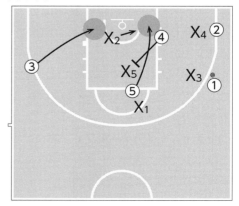

図5-31　1-3-1ゾーンに対するコンティニュイティーオフェンス

①ローポストへのカット

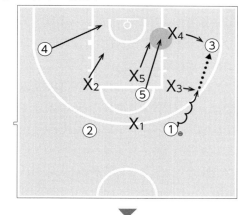

②ハイポストへのフラッシュ

③逆サイドへの展開

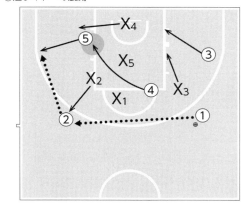

5-2 ゾーンディフェンス

すでに記したように，マンツーマンディフェンスでは原則として決められた相手をマークし続けるのに対して，ゾーンディフェンスでは決められたエリアをカバーすることが優先される。そのため，ゾーンディフェンスにはゾーンディフェンス固有の長所や短所がある。

ゾーンディフェンスの長所として最初にあげられるのは，インサイドを手厚くカバーできるという点である。マンツーマンディフェンスとは異なり，センターやパワーフォワードがアウトサイドにおびき出されてしまうことが少なくなり，ブロックショットが得意なプレイヤーや，インサイドでのパワープレイに対抗できるプレイヤーを，常時ゴールの近辺に配置することができる。その一方で，クイックネスに長けたプレイヤーや，スチールが得意なプレイヤーにはアウトサイドをカバーさせる。こうすれば，各ディフェンダーの能力を最大限活用することができる。

マンツーマンディフェンスと比べると，ゾーンディフェンスではそれほどクイックネスは要求されない。また，各ディフェンダーがカバーするエリアが限定されているため，チームの要となるプレイヤーがファウルトラブルを抱えたときにゾーンディフェンスを用いれば，ファウルを最小限に抑えることも可能である。

加えて，ナンバードブレイク（→p.246）のような，ファストブレイクのプランを立てやすいことや，相手チームにいつもとは異なるリズムやパターンでプレイすることを強いることができるといった点も，ゾーンディフェンスの長所としてあげることができる。

ゾーンディフェンスの短所としては，アウトサイドからのシュートに弱いということを第一にあげなければならない。ゾーンディフェンスでは，インサイドのカバーが優先されるため，アウトサ

イドからのシュートはカバーしきれないときもある。ゾーンディフェンスに特有なギャップの存在も，アウトサイドシュートのカバーを難しくさせる要因である。

また，ファストブレイクやすばやいパスの展開に弱いといった点や，ディフェンダーが1人でカバーすべきエリアに，オフェンス2人が立つと，マッチアップ上の問題を抱えるといった点も，ゾーンディフェンスの短所であると言えよう。

ところで，2016年より育成年代では，ゾーンディフェンスが禁止されることになった。ゾーンディフェンスを多用すると，ディフェンスに必要なフットワークのみならず，1対1に必要な駆け引きの感覚を身につけさせることができないからである。したがって，育成年代でゾーンを用いることは有害ですらあると言えよう。中学年代までは，しっかりとしたマンツーマンディフェンスを身につけさせ，高校時代にゾーンディフェンスをチームとして理解させることが重要である。

1．ゾーンディフェンスの基本原則

❶—すばやくディフェンスに戻る

オフェンスからすると，ゾーンディフェンスを攻略する際に最も簡単な方法は，ゾーンの隊形が組まれる前にオフェンスを終えてしまうことである。ゾーンディフェンスでは，5人全員がそれぞれ担当するエリアをカバーしない限り，ディフェンス自体が成立しないからである。したがって，相手チームの手にボールが渡ったら，ただちにバックコートへ戻り，すばやくゾーンの隊形を組むように心がけたい。

❷—ボールプレッシャー

どのようなディフェンスを用いるにせよ，ボールマンに対するプレッシャーは必須である。しかし，ゾーンディフェンスではインサイドのカバーを強調するあまり，アウトサイドから簡単にシュートされてしまうことが多い。ゾーン特有のギャップの存在も，このような傾向に拍車をかけている。

以前のように，コートのどこからシュートを決めても2点であるなら，アウトサイドからはある程度シュートを決められても構わないという考えもあり得ただろう。しかし，3ポイントシュートが導入されたことにより，アウトサイドからのシュートも効果的に抑えることができなければ，ゲームに勝つことができなくなってきた。したがって，アウトサイドにいるプレイヤーに対してもプレッシャーをかけなければならない。アウトサイドでプレッシャーをかければ，インサイドへのパスや，逆サイドへのスキップパス（クロスコートパス）なども出しにくくさせることもできる。

そもそもゾーンディフェンスでは，ボールの動きに最大限注意を払いつつディフェンスすることが求められる。したがって，アウトサイドでボールマンにプレッシャーをかけているディフェンダーがドリブルで抜かれたとしても，ほかの4人がカバーすればよいはずである。

❸—ビジョンとスタンス

ゾーンディフェンスをおこなう際は，5人全員がボールマンの位置を把握するとともに，ボールの移動に合わせて，すばやくシフトしなければならない。このとき，1人でも遅れると，ノーマークのプレイヤーやカバーしきれないスペースが生まれてしまう。このような事態を避けるためにも，常にボールを視野に入れ，すばやく動けるような

スタンスを維持する必要がある。ビジョンとスタンスが適切に保たれていれば，ドリブルペネトレーションや，カッターへの対応もすばやくできるはずである。

また，なるべくハンズアップして，ディフェンスの見た目を大きくするよう心がけたい。こうして相手に心理的なプレッシャーをかけると同時に，パッシングレーンを狭めるのである。

なお，ボールの動きに集中するあまり，ボールから離れた場所にいるオフェンスの動きを見失ってしまうことがある，とりわけ，ディフェンスの背後は死角となるので，注意が必要である。

4 ── コミュニケーション

ゾーンディフェンスでは，各ディフェンダーの担当するエリアが決められている。しかし，場合によっては，本来1人のディフェンダーがカバーすべきエリアに2人のオフェンスがいたり，複数のエリアをまたいでドリブルやカットがおこなわれることがある。このようなときには，互いにコミュニケーションをとり，ノーマークのプレイヤーやカバーされていないエリアが生じないようにしなければならない。

オフェンスがそれぞれの担当エリアをまたいでドリブルやカットをしてきた際には，ディフェンス間の引き継ぎをスムーズにおこなうことが大切である（図5-32，図5-33）。

また，本来ならインサイドを固めるべきディフェンダーが，アウトサイドをカバーするために飛び出したときには，他のディフェンダーがすばやくカバーに向かい，マークを替わるといったテクニックも必要である（図5-34）。

いずれのケースも，コミュニケーションをしっかりとって対応しなければ，簡単にシュートをねらわれてしまう。

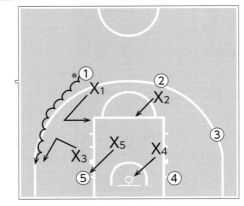
図5-32　ドリブラーの引き継ぎ：2-1-2/2-3

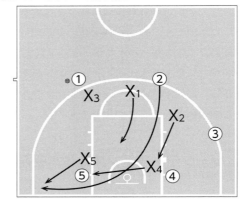
図5-33　カッターの引き継ぎ：3-2/1-2-2

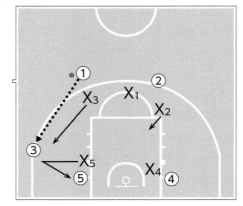
図5-34　レシーバーの引き継ぎ：3-2/1-2-2

5—リバウンド

ゾーンディフェンスでは，常にセンターやフォワードがゴール下を固めるようにデザインされているので，リバウンドトライアングルをつくりやすく，ゴール近辺のリバウンドは有利である。その一方で，誰をブロックアウトするのかが決まっていないため，ディフェンダー同士のコミュニケーションが貧弱だと，2人で1人のリバウンダーをブロックアウトしてしまうといったことが起こり得る。また，コーナーなどにボールが送られると，逆サイドのディフェンダーはゴール下までシフトしなければならず，ボックスアウトすること自体が難しくなり，オフェンスリバウンドに飛び込まれてしまうことも多い。シュートが放たれたら，どこで誰をブロックアウトすべきかをすばやく判断し，リバウンドのための動作に移れるようにしたい。

2．ゾーンディフェンスの実際

ゾーンディフェンスにはさまざまなタイプのものがある。なかでも2-1-2ゾーンや2-3ゾーン，3-2ゾーンや1-2-2ゾーン，1-3-1ゾーンの5つは比較的スタンダードなゾーンディフェンスと考えられている。また，フロントライン（ゾーンの前線）に配置されるディフェンダーの人数に応じて，偶数フロント・ゾーン（イーブンマンフロント・ゾーン）と奇数フロント・ゾーン（オッドマンフロント・ゾーン）に分類されることが多い。

ひと口にゾーンディフェンスとは言っても，ディフェンスの種類によって長所や短所は異なっている。ゾーンディフェンスを用いるにあたっては，それぞれの特徴をしっかり把握したうえで，メンバー構成をはじめとするチーム事情や，どのエリアを抑えるのかといった目的にマッチするものを選択したい。

1—偶数フロント・ゾーン

ゾーンディフェンスで最もポピュラーなのが2-1-2ないし2-3のゾーンである。2-3ゾーンでは，ゴール下で3人のディフェンダーが横一線に並ぶが，2-1-2ゾーンではミドルマンがフリースローライン寄りのポジションに立つことになる。これに伴い，各ディフェンダーのカバーするエリアも多少は異なるが，インサイドを固めるというディフェンスの基本的なコンセプトは同じである。

いずれのディフェンスも，ゴール近辺でのプレイから得点を重ねているチームに対してはきわめて効果的である。その一方で，アウトサイドからのシュートには弱く，複数のシューターを擁するチームに対抗するのは至難の業である。

1—2-1-2ゾーン

2-1-2ゾーンでは，フロントラインにガード陣（X_1，X_2）を配置し，センターやフォワード（X_3，X_4，X_5）を，ゴール下で三角形をつくるように配置する（図5-35）。

後述する2-3ゾーンとは異なり，ミドルマン（X_5）がハイポストエリアもカバーするので，コート中央にギャップができることは少ないが，そのぶん，ベースライン沿いのカバーは手薄になる。

2-1-2ゾーンの長所としては，
▶インサイドを固めることができる。
▶リバウンドトライアングルを形成しやすい。
▶ファストブレイクを計画しやすい。
といった点があげられる。

いっぽう，短所としては，
▶トップやコーナーなど，アウトサイドからのシ

ュートをねらわれやすい。
▶ベースライン沿いのカットや,ショートコーナーからのプレイに弱い。
といった点があげられる。

2 — 2-3ゾーン

2-3ゾーンでは,フロントラインにガード陣(X_1, X_2)を配置し,バックラインにはセンターやフォワード(X_3, X_4, X_5)を横一線に並ぶように配置する(**図5-36**)。

2-1-2ゾーンに比べ,コーナーやショートコーナーのカバーが手厚くなる半面,フロントラインとバックラインの間にギャップが生じやすくなるという弱点がある。

2-3ゾーンの長所としては,
▶インサイドを固めることができる。
▶コーナーやショートコーナーといった,ベースライン沿いのエリアをカバーしやすい。
▶ファストブレイクを計画しやすい。
といった点があげられる。

いっぽう,短所としては,
▶フロントラインの2人がカバーするエリアが広く,トップやウィングからのシュートをねらわれやすい。
▶ハイポストのカバーが手薄になる。
▶フロントラインとバックラインの間にギャップができてしまう。
といった点があげられる。

2 — 奇数フロント・ゾーン

フロントライン中央のディフェンダーの配置を除けば,3-2ゾーンと1-2-2ゾーンはほとんど同じ形をしている。どちらかと言えば,1-2-2ゾーンはトップからのシュート,3-2ゾーンはハイポストをカバーするのに適しているといった違いはあるが,ディフェンスとしての基本的なコ

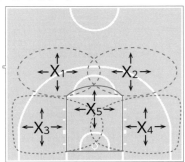

図5-35　2-1-2ゾーン

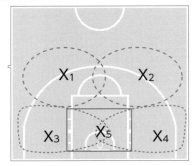

図5-36　2-3ゾーン

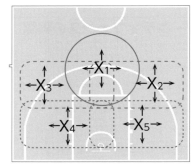

図5-37　3-2/1-2-2ゾーン

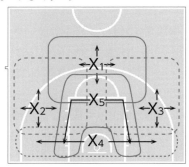

図5-38　1-3-1ゾーン

ンセプトは同じであり，本項でも同一のディフェンスとして扱うことにする。

1-3-1ゾーンでは，ブロックショットなど，インサイドでのディフェンスに長けたプレイヤーが中央に立ち，常にゴールの周辺をカバーする。

1 ─ 3-2／1-2-2ゾーン

3-2ゾーン，1-2-2ゾーンともに，ガードやスモールフォワードをフロントライン（X_1，X_2，X_3）に配置し，パワーフォワードやセンターをバックライン（X_4，X_5）に配置する（図5-37）。フロントライン中央のトップのディフェンダー（X_1）は，オフェンスのアラインメントに応じて，ポジションを前後させる。

ゾーンディフェンスとしては，比較的アウトサイドからのシュートやドライブに強いが，インサイドやコーナーのカバーに難点がある。

3-2および1-2-2ゾーンの長所としては，

▶アウトサイドからのシュートやドライブを，広範囲にカバーできる。

▶相手のガード陣に激しくプレッシャーをかけることができる。

▶ファストブレイクを計画しやすい。

といった点があげられる。

いっぽう，短所としては，

▶コーナーをはじめ，ベースラインに沿ったエリアのカバーが難しい。

▶フロントラインとバックラインの間にギャップができてしまう。

といった点があげられる。

2 ─ 1-3-1ゾーン

1-3-1ゾーンでは，ミドルマン（X_5）を中心に，トップ（X_1），両ウィング（X_2，X_3），ベースライン（X_4）にディフェンダーを配置する（図5-38）。各ディフェンダーとも，ボールの動きに合わせてポジションを調整するが，ミドルマンは常にボールとゴールを結んだラインを意識し，言わばゴールキーパーとしての役割を果たす。こうして，インサイドの守りを固めるのである。

なお，1-3-1ゾーンでは，すばやくパスを展開されると，両サイドのコーナーをカバーするのが非常に難しくなる。そこで，ベースラインディフェンダーとして，クイックネスに長けたガード陣が配置されることも多い。このような配置をとると，トップからゴール下にロブパスを送られるという危険性が高まる。その一方で，ウィングやコーナーにボールが移動したときには，ヘルプサイドのローポストをフォワード陣がカバーすることになるので，リバウンドの際などに有利に働くことが多い。

1-3-1ゾーンの長所としては，

▶ミドルマンの能力を生かし，インサイドを固めることができる。

▶トップからウィングエリアまで，アウトサイドを幅広くカバーできる。

▶ウィングやコーナーで，ダブルチームをしかけやすい。

といった点があげられる。

いっぽう，短所としては，

▶コーナーからシュートをねらわれやすい。

▶スキップパスを用いられると，ゴール近辺に穴ができてしまう。

▶リバウンドトライアングルをつくりにくい。

といった点があげられる。

3 ─ ゾーンディフェンスの応用

1 ─ 1-1-3ゾーン

1-1-3ゾーンでは，フロントラインの2人とバックラインの3人が，すばやくローテーションを繰り返すことにより，オフェンスにマッチアップする。ディフェンスの基本的な配置は1-1-3

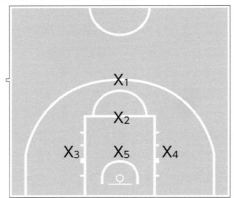

図5-39　1-1-3ゾーンの基本型1

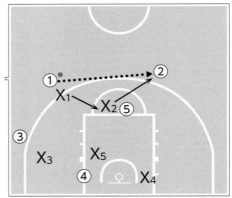

図5-41　フロントラインのローテーション：ハイポストのカバー

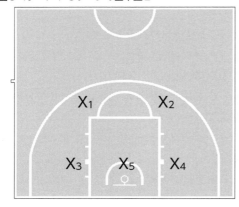

図5-40　1-1-3ゾーンの基本型2

図5-42　フロントラインのローテーション：インサイドのカバー

の形となるが（図5-39），ハイポストに誰もいないときは，2-3の形になる（図5-40）。

ディフェンスを始める時点では，フロントライン前方のアップガード（X_1）がトップエリア周辺をカバーし，後方のバックガード（X_2）がハイポストをカバーするが，パスの展開に応じて，両者の役割は入れ替わる（図5-41）。また，コーナーにボールがあるときは，ウィングやインサイドもカバーする（図5-42）。

バックラインの3人は，原則としてウィングからコーナーおよびインサイドのエリアをカバーする。また，ウィングからコーナーにパスが送られたときには，バックラインの3人がすばやくローテーションして，インサイドをカバーするが，ウィングをカバーしたプレイヤーがただちにボールサイドのローポストをカバーできるか否かに応じて，ショートスライド（図5-43①）とロングスライド（図5-43②）に使い分ける。

こうして，2-3ゾーンの弱点であるハイポストをカバーするとともに，アウトサイドにいるプレイヤーにもプレッシャーをかけるのである。

2 ― 3-2ドロップゾーン

図5-43 バックラインのローテーション
①ショートスライド

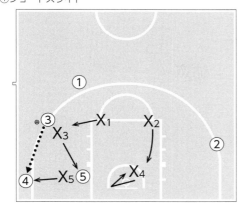

②ロングスライド

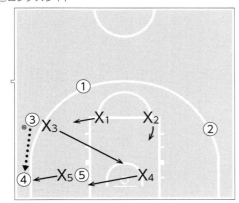

図5-44 3-2ドロップゾーン

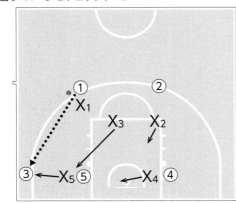

3-2ドロップゾーンでは，フロントライン中央のディフェンダーが，1-3-1のミドルマンのような役割を果たす。すなわち，ボールがウィングやコーナーに移動したら，常にボールとゴールを結ぶ線上まで下がり（ドロップ），インサイドをカバーするのである（図5-44）。

こうすることで，バックラインのディフェンダーは躊躇することなくコーナーのカバーに向かうことができる。その一方で，フロントライン中央のディフェンダーにかかる負担は非常に大きいと言えよう。

3 ― その他の工夫

ゾーンディフェンスの応用として，最もポピュラーなものは，ウィングやコーナーでダブルチームをしかけることであろう。ゾーンディフェンスでは，各ディフェンダーのカバーするエリアがあらかじめ決められているため，誰がどこでダブルチームするかといった計画も立てやすい。

2-1-2ゾーンや2-3ゾーンを用いているのであれば，トップエリアでダブルチームをしかけることもできる。しかし，このエリアからは，あらゆる方向にパスすることが可能なので，継続してダブルチームをしかけるのは難しい。むしろ，時折オフェンスを驚かすために用いるほうが，現実的であろう。

ゾーンディフェンスでは，必ずしも左右対称のシフトやローテーションをする必要はない。右サイドと左サイドで，カバーするエリアやシフトする方法をほんの少し変えるだけで，同じゾーンディフェンスでもまったく違うもののように見えることがある。

各ディフェンダーの能力や，相手チームのオフェンスを前提に，どのようなディフェンスを展開すれば効果的か，さまざまな工夫を加えながらよりよいものをつくり上げるよう努めたい。

BASKETBALL
COACHING THEORY

6章

トランジションの指導

6-1 トランジションオフェンス

　トランジションとは,「移り変わり」という意味である。野球は表と裏の攻撃と守備が入れ替わるときにプレイが中断される。サッカーの場合は,ゴールが決まるとプレイが中断され,センターサークルからのキックオフでプレイが再開される。しかし,バスケットボールの場合は,シュートが成功してもプレイは中断されず,試合時間も継続（ゲーム終了2分前を除く）して計られる。シュートが成功した場合は,それまでディフェンスをしていたチームのゴール下からのスローインとなるので,多少は時間的な区切りが生じるが,ディフェンスリバウンドやターンオーバーによってボールの保有権が入れ替わった場合は,ただちに攻守が入れ替わる。

　攻撃と守備が入れ替わったときから,攻撃側がシュートできる地域までボールを移動させる過程のことをトランジションと呼び,その攻防のことをトランジションオフェンス,トランジションディフェンスと呼ぶ。

1. トランジションオフェンスの契機

　トランジションオフェンスの契機は,ディフェンスリバウンド,ターンオーバー,相手チームのシュート成功後のスローイン（インバウンズ）の3つである。いずれの場合もそれまで攻撃していたチームの背後に広がっている空間をいち早く攻撃したいので,切り替えの早さが要求される。

■1―ディフェンスリバウンドからの展開

①―ワンパス速攻

　ディフェンスリバウンドを奪取した瞬間に相手チームのゴール近辺が空いていたら,すばやくそこへボールを投げることができるようにしたい。

時間の経過とともに相手チームの背後に広がる空間は狭まってしまうので，味方がディフェンスリバウンドを確実に取得できると判断した場合は，相手チームのゴールに一番近いプレイヤーがゴール下に向かって最短距離で走ることが重要である。ディフェンスリバウンドを奪取したプレイヤーから，ゴールに向かって走るプレイヤーに直接パスを通すプレイをワンパス速攻と呼び，相手チームに与える精神的なダメージは大きくなる。

2—アウトレット

ディフェンスリバウンドを奪取したあと，ワンパス速攻がねらえない場合は，すばやくノーマークの味方にパスを出す。このパスのことを特にアウトレットパスと呼ぶ（リバウンド・アンド・アウトレットパスについては上巻p.90参照）。アウトレットパスを相手に奪われてしまうと，すぐに相手に簡単な得点を許してしまうので注意が必要である。ディフェンスリバウンドを奪取したプレイヤー側のサイドレーンに１人，ミドルレーンに１人，そして反対側のサイドレーンに１人を配置し，すばやくボールをつなぐことによってファストブレイク（速攻）につながる。アウトレットパスができないときは，低いドリブルで密集地域から外に出たり，相手から離れたりするなどしてボールをキープし，ポイントガードがリバウンダーから直接手渡しでボールをもらうことが重要である。

チームによってはアウトレットパスのインターセプトを積極的にねらってくる。このような場合は，リバウンダーがノーマークになることが多い。もし，リバウンダーと相手ゴールを結ぶ直線上が空いていたら，リバウンダーは迷わずドリブルで相手ゴールに向かって直進する。そのままドリブルからのレイアップショットにもっていけるケースは少ないが，少なくとも相手チームのファウルを誘うことはできる。

2—ターンオーバーからの展開

相手チームのパスミスやファンブルによってディフェンス側がボールを奪うことができたら，ただちに攻撃に移る。通常は，ワンパス速攻やワンマン速攻につながるが，２人が協力してアウトナンバーをつくって攻撃してもよい。ターンオーバーでボールを奪ったとたんに５人が一緒になって攻撃をしかけようとするチームがあるが，ターンオーバーのときは，相手チームのメンバーがあきらめてディフェンスに戻らない場合もあるので，５人で攻撃してしまうと次の瞬間に相手チームにファストブレイクを許してしまう。ターンオーバーの直後の攻撃は，せいぜい３人までとし，状況に応じて４人目がトレーラー（先頭のボールマンから５ｍほどあとからオフェンスに加わるプレイヤー）として加わるといった程度にしたい。

3—シュート成功後のスローインからの展開

ファウルやバイオレーション後のスローインとは異なり，相手チームのシュートが成功したあとのエンドラインからのスローインは，審判がボールに触れることなくただちにおこなうことができる。そのため，スローインの速さが重要となる。ゲーム終盤の競り合いの場面で，シュートを決められて落ち込むプレイヤーがいるが，そういうときほどすばやいスローインから早くボールをフロントコートに運ぶべきである。通常は，ゴール下近辺でディフェンスをしていることが多い４番か５番のプレイヤーが１番のプレイヤーにスローインする。このパスをインターセプトしてプレスディフェンスをしかけてくる場合があるので，必ず両手のチェストパスかオーバーヘッドパスでスローインするように，普段から訓練しておくことが重要である。片手でのスローインの癖がついてい

ると，不意に相手がパスカットをねらって動き出したときにパスを止めることができない。

相手チームがシュートを決めて油断しているような場合は，ワンパス速攻をねらう。このとき，ベースボールパスであってもリリース直前まで反対の手を添えて，パス動作の途中で止めることができるようにする。

2. ファストブレイク（速攻）

ファストブレイク（速攻）とは，ディフェンスの陣形が整わないうちに攻撃することを言う。ディフェンスの陣形が整ってからの攻撃の場合をセットオフェンスと呼ぶ。先にあげたワンパス速攻やワンマン速攻も，ファストブレイクに含まれるが，ここでは2人以上が組織的に攻撃をしかける場合を解説する。

■1─ファストブレイクのレーン（図6-1）

ミドルラインでコートを縦に2分割したレーンをそれぞれ右レーン，左レーンと呼ぶ。また，制限区域の幅（4.9m）でゴールとゴールを結ぶレーンをミドルレーン，ミドルレーンよりもサイドライン側のレーンをサイドレーンと言う。ファストブレイク時に重要なのは，どのレーンを使ってどのように攻撃を展開するかということである。

2人で攻撃する場合を2メンと呼び，左右のレーン（右レーンと左レーン）を使って攻撃のチャンスをうかがう。オフェンスプレイヤー同士の間隔を5m空けるとディフェンスは守りにくくなるので，2人のプレイヤーはミドルレーンのやや外側のコースを走る。

3人で攻撃する場合を3メンと呼び，1人がミドルレーン，残りの2人が左右のサイドレーンを使って攻撃のチャンスをうかがう。2メンと同様にオフェンスプレイヤー同士の間隔を5m空ける

図6-1 ファストブレイクのレーン

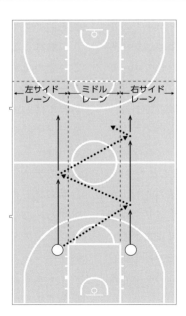
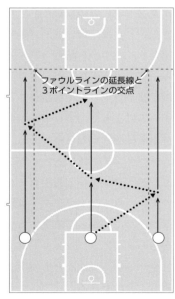

には，ミドルマンはミドルライン上，サイドレーンの2人はファウルラインの延長線と3ポイントラインの交点を結んだ縦の仮想ラインを目安として，そのやや外側のコースを走る。

ミドルレーンやサイドレーンなどがプレイヤーの走るコースの目安となるのは，ファウルライン（およびその延長）までであり，ファウルラインを越えてからは，レーンにかかわらず，ディフェンスとの駆け引きによって走るコースを決める。

3メンの場合，通常サイドレーンを走るプレイヤーは，ゴール方向へ走ってディフェンスを引きつけることが多いが，そのプレイヤーが3ポイントシューターである場合は，ゴール方向へ近寄らないで3ポイントをねらうこともある。

2—ファストブレイクにおける5人の役割（図6-2）

通常，4番（パワーフォワード）や5番（センター）がリバウンダーとなることが多いが，近年では4番・5番はブロックアウトに徹して，2番（シューティングガード）や3番（フォワード）がリバウンドを獲得することも多くなっている。リバウンド後のボール運びで必ずしも1番（ポイントガード）へのアウトレットパスができるとは限らないので，1番ばかりではなく，リバウンドの可能性のある2番から5番までのプレイヤーも，ドリブルでボールを運ぶことができるようになっておくことが重要である。

1—ポイントガード

ポイントガードは，リバウンドを取得したプレイヤーからいち早くアウトレットパスを受け，前方にノーマークの味方がいたらすばやくパスを出す。もし，ノーマークの味方がいなければミドルレーンをドリブルで運ぶ。アウトレットパスをねらわれているような場合や，リバウンダーにプレッシャーがかかっているような場合は，リバウンダーからハンドオフパスを受け，そのままゴール下をまわり込むようにしてミドルレーンをドリブルで運ぶ。

2—シューティングガード

シューティングガードがリバウンドを獲得した場合は，ポイントガードの動きに応じて自分でボールを運ぶことを考える。3～5番がリバウンドを獲得したときは，ただちにゴールに向かって走り，リバウンダーやポイントガードからのパスを受ける。

3—スモールフォワード

スモールフォワードがリバウンドを獲得した場合は，ポイントガードにアウトレットパスをする。状況によっては自分でドリブルしてボールを運んでもよい。4・5番がリバウンドを獲得した場合は，2番とは逆のサイドレーンを埋めるように，ボールを見ながら走る。リバウンダーやポイントガードからパスを受けたときは，2番と2メンにもち込む。ポイントガードがミドルレーンをドリ

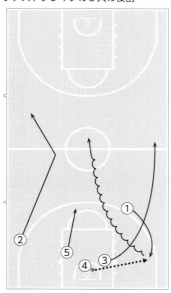

図6-2　ファストブレイクの5人の役割

ブルしてきたら，3メンを形成して攻撃をする。

4――パワーフォワード

　パワーフォワードがリバウンドを獲得した場合は，ポイントガードにアウトレットパスを出す。アウトレットパスを出す前にプレッシャーをかけられたら，ピボットしてボールを受けにくるポイントガードを待つ。アウトレットパスがねらわれていると判断したら，自分でドリブルしてボールを運んでもよい。ほかのプレイヤーがリバウンドを獲得した場合は，状況に応じてサイドレーンを走り，3メンを形成する。3メンができている場合はトレーラーとなり，ウィングからボールを受けてドライブやシュートをねらう。

5――センター

　センターがリバウンドを獲得した場合は，ポイントガードにアウトレットパスを出す。相手からのプレッシャーがない場合は，前を走っているプレイヤーにパスを送り，ワンパス速攻をねらう。相手からのプレッシャーがかかっている場合は，ピボットをしてボールを受けにくるポイントガードを待つ。ポイントガードにボールを渡したら，トレーラーとなってセカンダリーブレイクに備える。ほかのプレイヤーがリバウンドを獲得した場合は，ただちにゴールに向かって走り，2メンや3メンでシュートが外れた場合には，リバウンドに向かう。2メンや3メンが崩れたときには，ゴール下でボールを受け，シュートをねらうこともできる。

3――2メン・3メンの実際

1――2メン（図6-3）

　相手ディフェンスが1人のときは，2人が同時にファウルライン付近に到着できるようにタイミングを合わせる。ドリブルで運ぶことを基本とし，パスの際はクィックパス（ノーモーションパス）を心がける。通常，ディフェンスはファウルライン付近で守ろうとするので，ファウルラインよりやや後方でスピードを少し緩めてジャンプショッ

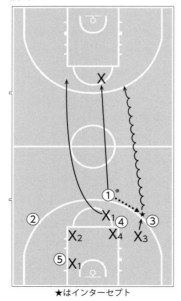

図6-3　2メン

★はインターセプト

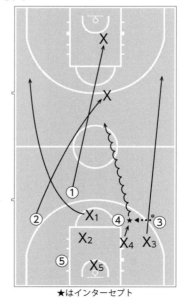

図6-4　3メン

★はインターセプト

トをねらうふりをするのも効果的である。日本ではアンダーハンドレイアップショットにもち込むことがよいとされているが，海外に出るとほとんどブロックされてしまう。ファウルラインを越えたら2人でうまく相手をかわしてノーマークでシュートしようとするよりも，むしろ1対1をしかけて相手のファウルを誘い，バスケットカウントをねらうようなアグレッシブなプレイを心がけたい。

2―3メン（図6-4）

ディフェンスが2人の場合，1人がファウルライン付近，もう1人がゴール近辺で守ることが多い。ミドルマンはボールを運びながら，ファウルライン付近で手前のディフェンダーを引きつけ，パスフェイクからのドリブルを効果的に使って，ディフェンダーをかわし，2対1をつくることをねらう。

ディフェンスのプレッシャーが弱いときは，ミドルマンはジャンプショットをねらってもよい。

そのとき，ディフェンダーがミドルマンに近づいてきたら，サイドレーンからゴールに向かうどちらかのプレイヤーへパスフェイクをしてから，反対側のプレイヤーにパスを送る。

ところで，相手ディフェンダーが1人しかいないのに3メンで攻撃する場面が見受けられる。ここでミスを犯すと，パス1つで相手チームにアウトナンバーをつくられてしまう。そこでディフェンス1人に対して3人が同時に攻撃に参加してしまった場合は，ミドルレーンにいるプレイヤーが左右どちらかのサイドレーンにドリブルして2対1をつくる。サイドレーンを走るプレイヤーは，ドリブラーが自分のいる側に向かってきたらスピードを緩め，ミドルレーンへ移動してトレーラーとなる（図6-5）。

4―サイドライン・ファストブレイク（側線速攻）（図6-6）

通常は，ミドルレーンでボールを運んだほうが，左右どちら側にも攻撃がしかけられるため有利と

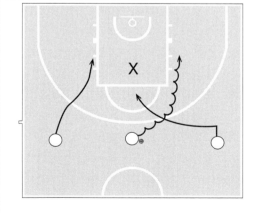

図6-5　3メンから2メンへのシフト

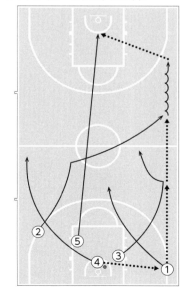

図6-6　サイドライン・ファストブレイク

されているが，相手チームがフルコートのプレスディフェンスをしかけてきた場合は，ミドルレーンでボールを運ぶよりも，一方のサイドレーンの中で縦にボールをつないだほうが安全に早くボールを運べることがある。レシーバー側のミドルライン付近で1人がボールをつなぎ，さらに同じサイドレーンのファウルライン付近でもう1人がボールを受ける。そこからドライブで1対1をしかけたり，次に示すセカンダリーブレイクにつなげたりする。

5—フラッシュ（図6-7）

同じレーンを2人が走ってしまったときは，先行するプレイヤーが，ディフェンスをまわり込むようにしてゴール近辺からハイポスト付近に飛び出す。こうすることによって，相手ディフェンスをハイポスト付近におびき寄せることができるので，あとから走り込んでくるプレイヤーをノーマークにすることができる。

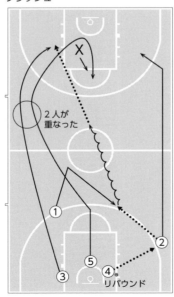

図6-7　フラッシュ

3．アウトナンバー（オーバーナンバー）のつめ

アウトナンバーとは，攻撃エリア内でオフェンスプレイヤーがディフェンスプレイヤーより数的優位になっている状態を指す。この状態になったら確実にシュートを決めなければならないが，最低でも相手からファウルを誘いたい。なお，時間をかけてしまうとディフェンスが戻ってきてしまうので，すばやくパスやドリブルをすることが求められる。そのためには，パスフェイクやノールックパスなどの技術を身につけておくと効果的である。

1—アウトナンバー攻撃の原則

▶ファウルラインを基準に，それよりセンターライン側とゴール側にディフェンスがどのように位置しているのかを把握する。
▶ファウルラインとセンターラインの間に位置するディフェンスに対しては，ドリブルでアタックする。
▶ファウルラインとゴールの間に位置するディフェンスをシュートフェイクで引きつけ，ノーマークとなったプレイヤーにパスを送る。
▶アウトナンバーでのオフェンスに失敗すると，相手側の逆速攻につながり失点してしまうことがある。この場合，決めていれば2点プラスのところを相手に2点取られてしまうので，4点ものマイナスになってしまい，ダメージが大きいことを認識したい。

2—アウトナンバー攻撃の実際

1—2対1のつめ

ファウルラインとセンターラインの間にディフェンスがいるときは，ドリブルで振り切ってその

ままレイアップショットにもち込んでもよい（図6-8①）。ファウルラインとゴールの間に位置するディフェンスの場合は、ファウルライン付近からシュートをねらい、相手を引きつけてからパスを送る（図6-8②）。

2——3対2のつめ [1]

ファウルライン付近に位置するディフェンスよりも、ゴール下に位置するディフェンスの位置を常に把握しておく。最終的にゴール下に位置するディフェンスがどちらかのサイドに動いたら、そ

図6-8　2対1のつめ

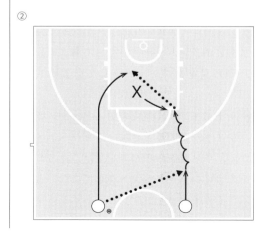

図6-9　3対2のつめ [1]

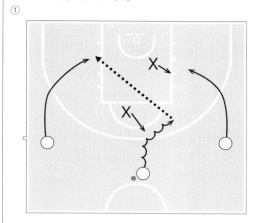

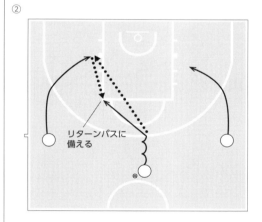

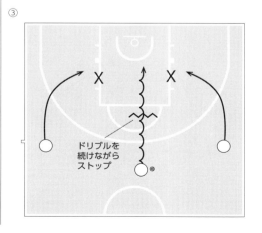

の逆方向の味方へパスを送る（図6-9①）。ミドルマンはパスしたあと，ファウルライン付近にとどまり，そのあとリターンパスを受けてジャンプショットをねらう（図6-9②）。ディフェンスが左右に広がっているときは，ミドルマンがジャンプショットやレイアップをねらう（図6-9③）。

3 ― 3対2のつめ［2］

サイドレーンを走るどちらかが先行している場合は，すばやくゴール下に向かい，ディフェンスに密着する。

ミドルレーンをドリブルで運んできた場合は，ディフェンスに密着しているプレイヤーのサイドに向かってドリブルを続け，ファウルライン付近でジャンプショットをねらう。ディフェンスがマークしてきたときは，逆サイドのウィングにパスを出す（図6-10①）。

ミドルマンはもう一方のサイドレーンを走るプレイヤーにパスを送り，ドリブルでの突破をねらわせてもよい。ドリブルで突破できないときは，ミドルマンにリターンパスする（図6-10②）。

4 ― 3対2のつめ［3］

センタープレイヤーなど，ドリブルが不得手なプレイヤーがミドルマンになったときは，すばやくウィングにパスを出し，そのままボールサイドのローポストへポストアップする。ゴール下付近のディフェンスがポストマンの前に出てマークしてきたら，ウィングは逆サイドから走り込んでくるプレイヤーにパスを出す（図6-11①）。ディフェンスがポストマンの後ろで，ポストマンと逆サイドのプレイヤーの両方をマークするようであれば，ポストマンにパスを入れ，ウィングは自分をマークしていたディフェンスの背中側に動いてリターンパスに備える。

同様にウィングにパスをしてローポストにポストアップしたとき，ファウルライン付近にいたディフェンスがローポストの前を守るようであれば，そのまま3ポイントシュートをしてもよいし，ドリブルからジャンプシュートしてもよい（図6-11②）。

ゴール下にインサイドでのディフェンス能力が高いプレイヤーがいるときは，ショートコーナーへ向かい，ウィングからパスを受ける。ここでゴール下のディフェンスがマークしてこないようであれば，そのままジャンプシュートする。マークしてきたら，逆サイドから走り込むウィングにパ

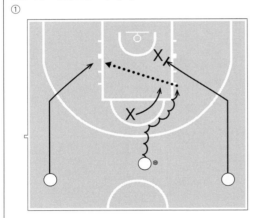

図6-10　3対2のつめ［2］
①

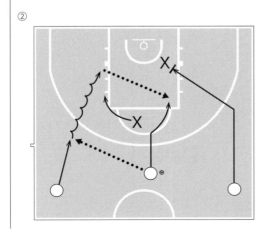

②

図6-11 3対2のつめ [3]

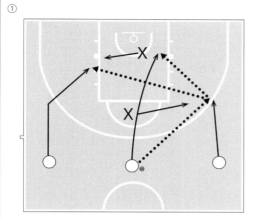

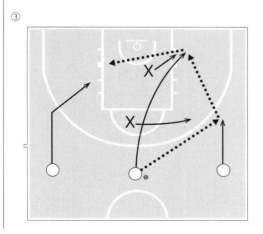

スを出す（図6-11③）。

4．セカンダリーブレイク（アーリーオフェンス）

　セカンダリーブレイクとは，2対1や3対2のようなファストブレイクでのシュートチャンスは得られなかったが，その後もディフェンスの態勢が整うまでのすきを突いて攻撃をすることを言う。アーリーオフェンスとも呼ばれる。ファストブレイクの延長として捉えた場合は，セカンダリーブレイク，セットオフェンスよりも早い段階での攻撃として捉えた場合は，アーリーオフェンスと呼ばれることが多い。

■―アウトナンバー後のプレイ

　相手のディフェンスがすばやく戻ってきて，3対2のつめがうまくいかないときは，無理をしてつめずにトレーラーを待つ。

1―ボールサイドカット（図6-12）

　ボールがサイドレーンのファウルライン上にあるとき，トレーラーはゴールに向かってボールサイドカットを試みる。もちろんボールが入ればそ

図6-12 ボールサイドカット

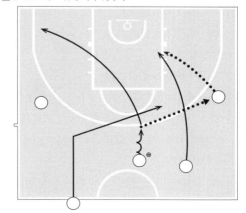

のままレイアップショットにもち込むことができるが，ボールが入らなくてもディフェンスを引きつけることができるので，ハイポスト付近のスペースを空けることができる。このスペースには次のトレーラーや逆サイドのサイドレーンにいるプレイヤーが走りこんでくることもチャンスになる。

2―オフボールスクリーン（図6-13）

ボールがサイドレーンのファウルラインの延長線上やガードポジションにあるとき，トレーラーがボールマン以外のプレイヤーにスクリーンをセットする。

3―オンボールスクリーン（ハンドオフ）（図6-14）

ボールがサイドレーンのファウルラインの延長線上やガードポジションにあるとき，トレーラーがボールマンに向かってカットして，ハンドオフパスを受ける。こうして2対2を展開するのだが，トレーラーがアウトサイドでのプレイに長けているときに用いると効果的である。

4―カット（図6-15）

ボールがサイドレーンのファウルラインの延長線上にあるとき，逆サイドのトレーラーがゴールに向かってカットする。

2―ナンバードブレイク

シュートが決められたあとやフリースローの直後などに，5人で組織的にトランジションオフェンスをおこなう。

1―ナンバードブレイクとは

相手チームのパスミスやファンブルを誘発し，ターンオーバーからすばやくオフェンスに移行すれば，2対1あるいは3対2のようにオフェンスに有利な状況をつくり出すことができる。いっぽう，ディフェンスリバウンドを獲得したあとや，相手チームがシュートを決めたあとにこのような

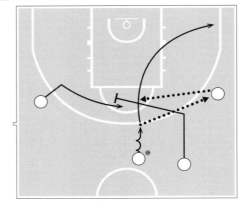

図6-13　オフボールスクリーン

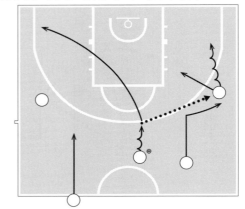

図6-14　オンボールスクリーン（ハンドオフ）

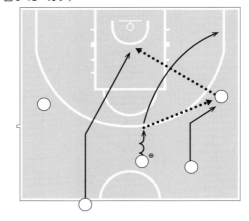

図6-15　カット

状況をつくり出せる可能性は，それほど高くない。

しかし，フロントコートまでできるだけ早くボールを進め，すばやくオフェンスを展開すれば，相手チームがディフェンスの準備を整える前に攻めきってしまうことも可能である。オフェンス側のしかけが早ければ早いほど，ディフェンス側にプレッシャーをかけることができるし，ゲームの主導権を得られる可能性も高くなる。

このような目的で用いられるのが，ナンバードブレイク（Numbered Break）である。このオフェンスでは，例えばシューティングガードは必ず右のレーン，スモールフォワードは左のレーンといったように，トランジションの際に各プレイヤーの走るコースや役割をあらかじめ決めてしまい，それぞれが計画通りにプレイする。したがって，いわゆるセカンダリーブレイクないしアーリーオフェンスと呼ばれる一連の動きへの移行もスムーズにおこなうことができる。

もっとも，オフェンスリバウンドのあとなどでは，あらかじめ決められた以外のコースを選択したほうが合理的な場合もある。一番前を走るプレイヤーは必ず右のレーンを埋めるようにするとか，両サイドのレーンは必ずシューティングガードとスモールフォワードが埋めるようにするとか，その時々の判断に委ねるようなルールを設けてもよい。

2—ナンバードブレイクの実際

5人によるトランジションオフェンス，すなわちナンバードブレイクを組織だって展開しやすいのは，相手チームにフリースローを決められたあとのような場面である。そこで，ここではフリースロー後の場面に限って，オフェンスの展開例を紹介する。

相手チームのフリースロー時には，図のようなポジションにつく（**図6-16**）。フリースローが決

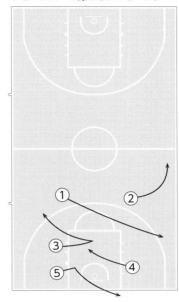

図6-16　フリースローの際のポジショニング

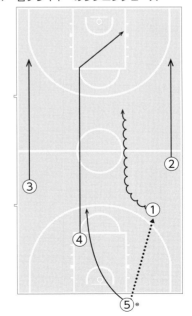

図6-17　各プレイヤーのランニングコース

まるや否や，②は右レーン，③は左レーンを走る。④はミドルレーンのやや左側を走るが，最終的には右サイドのブロックでポストアップする。⑤はすばやくボールを拾い，まずは先行している②ないし④へのパスをねらう。これらのパスができない場合には，①にパスを送り，トレーラーとなる。①がフロントコートまでボールを運んだら，すばやくアーリーオフェンスに移行する（図6-17）。もちろんディフェンスの戻りが遅いときには，積極的に攻撃をしかけるようにする。

ここでは代表的なアーリーオフェンスとして，以下の3パターンを紹介する。

①アーリーオフェンス［1］：2メンゲーム＋スタッガードスクリーン（図6-18）

①は②にパスを送り，トレーラー⑤とともに③のためにスタッガードスクリーンをセットする。②はローポストでポストアップしている④，あるいはスタッガードスクリーンを利用してトップに向かってくる③へのパスをねらうが，ディフェンスの状況によっては自らシュートやドライブを試みてもよい。

②アーリーオフェンス［2］：ループ（図6-19）

①は②にパスできないと判断したら，②のいるエリアに向かってドリブルエントリーする。②は④およびトレーラー⑤のスクリーンを利用してトップに向かい（ループ），①からパスを受けてシュートをねらう。

③アーリーオフェンス［3］：トレーラーとのピック＆ロール（図6-20）

①はトレーラー⑤のスクリーンを利用して，ゴールに向かう。④は，⑤が①のためにスクリーンをセットすると判断したら左ローポストに移動してポストアップし，⑤がロールするためのスペースをつくり出すとともに，①からのパスを待つ。

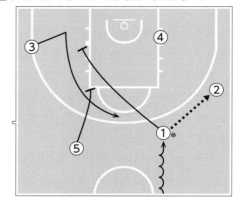

図6-18　2メンゲーム＋スタッガードスクリーン

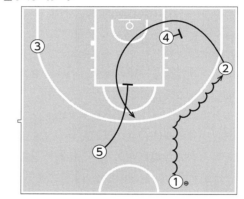

図6-19　ループ

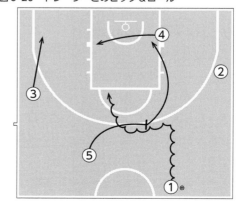

図6-20　トレーラーとのピック＆ロール

5. トランジションのドリル

ドリル1　2対1の連続（図6-21）

目的

アウトナンバー2対1の状態から、確実にシュートを決められるようにする。

手順・方法

▶2チームに分かれ、それぞれ別のサイドラインの中央付近に並ぶ。どちらかのチームがセンターラインの後ろから2対1で攻撃する。

▶ボールがセンターラインを越えたら、サイドラインに並んでいるディフェンス側の1人がセンターサークルを経由してディフェンスとなる。

▶2人目のディフェンスが来る前に、2対1のアウトナンバーでシュートする。

▶シュートが決まったら、あるいはディフェンスがリバウンドを取った場合は、すぐに反対側ゴールへ攻撃する。

▶相手チームにボールが渡ったら、サイドライン中央付近に並んでいるプレイヤーがセンターサークルを経由してディフェンスとなる。

▶ボールがセンターラインを越えたら、サイドラインに並んでいる次のプレイヤーもセンターサークルを経由してディフェンスとなる。

▶攻撃が終わった2人は、エンドラインからサイドラインを経由して次に並ぶ。これを繰り返す。

ドリル2　3対2の連続（図6-22）

目的

3対2の状態から、確実にシュートを決められるようにする。

手順・方法

▶2チームに分かれ、それぞれ別のサイドラインの中央付近に並ぶ。どちらかのチームがセンターラインの後ろから3対2で攻撃する。

▶ボールがセンターラインを越えたら、サイドラインに並んでいるディフェンス側の1人がセンターサークルを経由してディフェンスとなる。

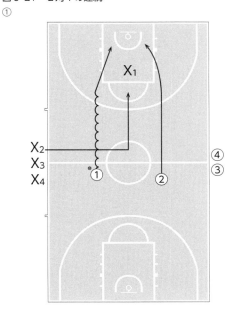

図6-21　2対1の連続

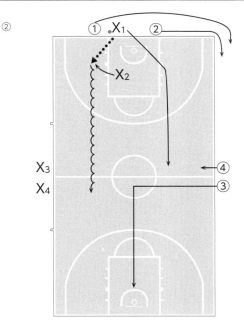

▶3人目のディフェンスが来る前に3対2のアウトナンバーでシュートする。
▶シュートが決まったら，すかさずゴール下から味方にスローインして逆サイドへ攻撃する。ディフェンスリバウンドを取った場合は，すぐに逆サイドへ攻撃する。
▶相手チームにボールが渡ったら，サイドライン中央付近に並んでいる2人のプレイヤーがセンターサークルを経由してディフェンスとなる。
▶ボールがセンターラインを越えたら，サイドラインに並んでいる次のプレイヤーもセンターサークルを経由してディフェンスとなる。
▶攻撃が終わった3人は，エンドラインからサイドラインを経由して次に並ぶ。これを繰り返す。

ドリル3　4対3の連続（図6-23）

目的

セカンダリーブレイクから，確実にシュートを決められるようにする。

手順・方法

▶2チームに分かれ，それぞれ別のサイドラインの中央付近に並ぶ。どちらかのチームがセンターラインの後ろから4対3で攻撃する。
▶ボールがセンターラインを越えたら，サイドラインに並んでいるディフェンス側の1人がセンターサークルを経由してディフェンスとなる。
▶4人目のディフェンスが来る前に4対3のアウトナンバーでシュートする。
▶シュートが決まったら，すかさずゴール下から味方にスローインして逆サイドへ攻撃する。ディフェンスリバウンドを取った場合は，すぐに逆サイドへ攻撃する。
▶相手チームにボールが渡ったら，サイドライン中央付近に並んでいる3人のプレイヤーがセンターサークルを経由してディフェンスとなる。
▶ボールがセンターラインを越えたら，サイドラインに並んでいる次のプレイヤーもセンターサークルを経由してディフェンスとなる。これを繰り返す。

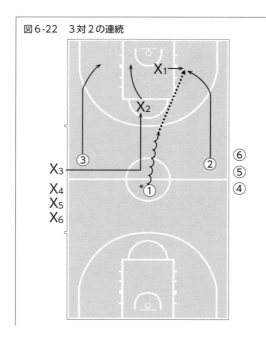

図6-22　3対2の連続

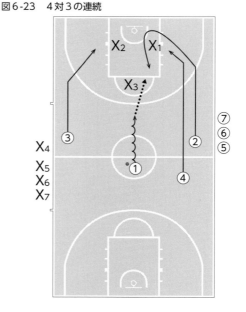

図6-23　4対3の連続

▶攻撃が終わった4人は,エンドラインからサイドラインを経由して次に並ぶ。これを繰り返す。

ドリル4 チームトランジション (図6-24)

目的

アウトナンバーになるのか,セカンダリーブレイクになるのか予測できない状況をつくり,状況に応じたチームオフェンスができるようにする。

手順・方法

▶5人のチームを2組つくる。オフェンス側は,ガードからセンターまでそれぞれの役割に応じて図6-24のようにエンドラインの外側に並ぶ(ガードが一番外側)。

▶ディフェンス側も,それぞれの役割に応じて図のようにファウルラインとその延長線上に並ぶ(パワーフォワードとセンターが一番外側)。

▶フリースローライン付近に位置するコーチは,ディフェンスの1人か2人の番号をコールしながら,エンドラインの外側に並ぶオフェンスにパスをする。

▶コールされたディフェンスは,一度エンドラインをタッチしてからディフェンスする。それ以外のディフェンスは,すぐにスプリントバックし,ゴールを守る。

▶オフェンス側はそれぞれの役割に応じて適切なレーンを走りながらボールを運び,ファストブレイク,あるいはセカンダリーブレイクで攻撃する。

図6-24 チームトランジション

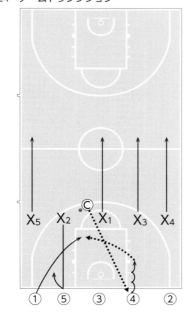

6-2 トランジションディフェンス

1．事前の準備

1 ― セーフティ（図6-25）

　味方がシュートをしてからボールがリングを通過するかリングに当たるまでの間に、ガードプレイヤーは、相手にディフェンスリバウンドを奪取されたあとのファストブレイクに備えて、バックコートに戻ってディフェンスの準備をしておくことが重要である。これをセーフティと呼び、ワンパス速攻を防ぐことが第一の目的となる。チームによっては、セーフティを2人縦に配置することもあり、この場合は、センターサークル付近に1人追加する。セーフティは、味方のスプリントバック（ハリーバック）を促すように、大きな声でボールの位置などを味方に伝えることが大切である。

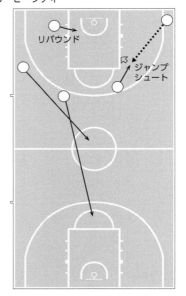

図6-25　セーフティ

図6-26　スプリントバック（ハリーバック）

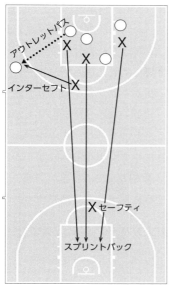

❷―スプリントバック（ハリーバック）（図6-26）

　相手チームの手にボールが渡ったときは，相手よりも早く自陣に戻ることが重要である。これをスプリントバック（ハリーバック）と言う。たとえ近くにいる相手のプレイヤーに先行されたとしても，しつこくついていかなければいけない。セーフティがファストブレイクを阻止している間に少しでも早く自陣に戻りディフェンスする。このときボールから目を離さないようにして短距離走の選手のように戻る。余裕があるときは，センターラインを越えてからはバックステップで，ボールや相手チームのマークマンを見ながら戻るようにする。

2．ボール運びに時間をかけさせること

❶―リバウンダーへのプレッシャー

　相手チームにリバウンドを奪取されたら，リバウンダーにプレッシャーをかけ，簡単にアウトレットパスを出させないようにすることも必要である。少しでも時間をかけさせることが目的であり，そのことによって味方プレイヤーが自陣に戻ってディフェンスの準備ができるようにする。むやみにボールを奪おうとして，ファウルにならないように気をつけなければいけない。

❷―アウトレットパスのインターセプト

　アウトレットパスを簡単に出されてしまうと，相手チームにアウトナンバー（オーバーナンバー）で攻撃されてしまうことが多い。そのため，アウトレットパスをレシーブしようとしている相手チームのプレイヤーに対して，プレッシャーをかけることが大切である。もし，インターセプトできたらそのままシュートにつなげることができるが，セーフティがいない状況でインターセプトをねらうのは，ギャンブルである。

❸―エンドラインからのスローインへの対応

　自チームのシュートが決まった直後に，相手チームのエンドラインからのスローインのインターセプトをねらうことはとても重要であり，すべてのプレイヤーが身につけておかなければならない感覚である。うっかりボールから目を離していると，ワンパスで自陣までボールを運ばれてしまう。常にボールの行方を意識すると同時に，パスコースにディナイして，簡単にはボールを運ばせないようにしたい。

3. アウトナンバー（オーバーナンバー）のディフェンス

1 ― アウトナンバーディフェンスの考え方

　2対1や3対2のようにオフェンスよりもディフェンスのほうが少ないときは，相手との駆け引きをしながらプレイする必要がある。まずは利き手のレイアップショットをさせないようにする。さらに，1つでも多くのパスを出させるなど，余計なプレイをさせるように心がける。アウトナンバーをつくられてしまった時点で，得点されてしまうことを覚悟しなければならないので，無用なファウルを犯して，さらにフリースローを与えるようなことは避けなければならない。何とかして守らなければいけないと思い込んで力が入ってしまうと，パスのタイミングやコース，あるいは，誰がシュートするのかなどを予測することができなくなってしまう。結果として相手のゴールを安易に許してしまう。相手のパスのちょっとしたタイミングを狂わせたり，シュートのリズムを狂わせたりすることができれば成功である。もし相手がシュートをはずしてくれたら大成功である。

2 ― アウトナンバーディフェンスの実際

1 ― 2対1の場合

　2対1の場合は，できるだけゴール付近まで引きつけて，最後のシュートか，シュートにつながるアシストパスのタイミングを狂わせてミスを誘いたい。

2 ― 3対2の場合

　3対2の場合は，フリースローラインよりも高い位置とゴール近辺に2人が位置することが多い。もしゴール近辺の1人が高身長の場合は，できるだけゴール近辺から離れないようにして，リバウンドに備える。したがって，もう1人がパスやドリブルに対応して，動きまわることになる。もし，2人とも同じぐらいの身長で動きまわれるのであれば，早い段階で1人がボールマンをマークして，一時的に2対1にもち込んでおき，最後のアシストパスのインターセプトをねらう方法もある。最初にフリースローライン付近に2人が横に広がって位置することによって，相手を惑わすこともある。いずれにしても少しでも時間をかけさせ，味方が帰ってきて同人数になるか，低い確率のシュートをさせることができれば成功である。

3 ― アウトナンバーディフェンスのドリル

　アウトナンバーのディフェンスドリルは，トランジションのドリル（→pp.249-251）と同じである。ドリル1～3の場合，ゴールを決めたり，相手にリバウンドを取られた直後に，リバウンダーにプレッシャーかけてアウトレットパスをインターセプトしたり，エンドラインからのスローインをインターセプトしたりしてもよい。こうすることによって，ボール運びに時間をかけさせることができる。

BASKETBALL
COACHING THEORY

7章

スペシャルシチュエーション

7-1 インバウンズプレイ

ゲームの流れを変えたいときやどうしても1ゴールが欲しいときには，タイムアウトを要求して指示を出す。しかし，タイムアウトを取得できる回数は限られているため，ファウルやバイオレーションで時計が止められている間に，プレイヤー同士で次のプレイに関する共通理解を図ることも大切である。

オフェンス側からすると，タイムアウトのあとやゲームクロックが止められたあとは，組織的なプレイを展開しやすい。また，ディフェンス側にとっても，プレスディフェンスをしかけるなど，状況に応じた戦略・戦術を採用する契機となる。

ところで，チームオフェンスがうまくいかないときや，残り時間が少なくなったときには，シンプルなプレイを用いて得点力のあるプレイヤーにシュートをねらわせたほうがよい場合もある。また，ゲーム開始時にしかおこなわれないが，ジャンプボールを制することで，ゲームの流れを引き寄せることも考えたい。

下巻では，上記のような状況をスペシャルシチュエーション（特別な状況）と総称し，本章で解説する。

1. インバウンズプレイの特徴

インバウンズプレイの特徴としてプレイを始める前に時間的な余裕があることがあげられる。したがって，その時々でのゲーム状況に応じてプレイを選択したり，個々のプレイヤーの能力や役割に応じて適材適所にプレイヤーを配置することが可能となる。場合によっては，タイムアウトを請求してプレイの指示をおこなうことも可能である。インバウンズプレイはほかのプレイに比べ，チームとしての意図や目的をより明確にして実行する

ことができるのである。

　時間的に余裕があるからと言って，事前に準備する必要がないということではない。さまざまな状況・場面を想定して事前に準備することで，よりよいプレイの選択ができるのであり，プレイを実行する精度が高まることは言うまでもない。

　また，ゲームの終盤ともなると，インバウンズプレイの成否によってゲームの勝敗が決まることもある。このことからも，事前にさまざまな準備をし，その時々の状況や場面に応じてプレイを選択し，確実に実行することが求められるのである。

　ここでは，インバウンズプレイの攻撃と防御に分けて，その考え方やプレイの実際について解説していく。

2．インバウンズプレイの原則

■1─インバウンズプレイの目的

　インバウンズプレイには大きく２つの目的がある。すなわち，①ボールをコート内に確実にインバウンズすること，②シュート確率が高いプレイヤーにボールを渡すなどして効率よく効果的にシュートチャンスをつくることである。基本的には①が優先され，①を確実におこなって初めて②のことが可能になる。

　インバウンズプレイのスローインはさまざまなポジションからおこなわれるが，バックコートかフロントコートか，サイドラインかエンドラインか，によって分類することができる。なかには，センターラインからのスローイン，スローインラインからのスローインなど，ポジションが指定される場合もある。

■2─スローインのポジション

　フロントコートからのインバウンズプレイでは，ボールをフロントコートに運ぶ必要がないため，より得点の機会をつくりやすい。つまり，より前頁②の目的を達成しやすい状況にある。逆にバックコートからのインバウンズプレイでは，より①の目的を確実に達成することが求められる。

■3─さまざまな場面・状況設定

　インバウンズプレイをおこなう時点での得点差，残り時間，それによる相手ディフェンスの状況によっても，２つの目的のどちらが優先されるかは異なる。また，２つの目的以外のさまざまな意図や目的を考える必要がある。ここで言う残り時間とは，ピリオドの残り時間，ゲームの残り時間，ショットクロックの残り時間を意味する。

　表7-1は，インバウンズプレイをおこなう状況と残り時間によって，最後のシュート（フィニッシュ）をどのように計画すべきかを示したもの

表7-1　フィニッシュを計画するためのガイドライン

状　況	残り時間		
	1〜3秒	3〜6秒	6〜12秒
▶スローインポジション			
バックコートエンドライン			
バックコートサイドライン			
フロントコートサイドライン			
フロントコートエンドライン			
▶相手のフィールドゴール			
成功			
失敗→ディフェンスリバウンド			
▶相手のフリースロー			
成功			
失敗→ディフェンスリバウンド			

である。空欄は各自どんなプレイを計画するかを考えることによって埋めてもらいたい。バックコートからのスローインであれば，タイムアウトをとることによってスローインのポジションを変えることも可能かもしれない。残り時間が1～3秒であれば，インバウンズのパスのみでショットにもち込めるようなプレイを考える必要があるだろう。残り時間が3～6秒であれば，2回から3回パスすることができる。残り時間が3秒程度であれば1回のドリブル，5秒程度であれば3回のドリブル，7秒程度であれば5回までのドリブルが可能であろう。

得点差によっては，2ポイントショットを試みるのか3ポイントショットを試みるのかを判断しなければならない。ディフェンスの状況としては，フルコートのプレスをしかけてきているのかどうか，それがゾーンなのかマンツーマンなのか，ハーフコートであればマンツーマンなのかゾーンなのか，コンビネーションディフェンスなのかを想定してプレイを計画する必要がある。

4—インバウンズプレイの手順

多くのインバウンズプレイに共通する実施手順を以下に示す。
①スローインするプレイヤー（インバウンダー）は，コート内でチームメートに向けてプレイコールする。次に，コートの外に出て審判員からボールを受け取る。プレイコールはチーム全員で復唱して意思疎通を図る。
②インバウンダーは，ラインから離れてボールを保持する。こうして広い視野を確保し，ディフェンスのプレッシャーからも逃れるのである。
③インバウンダーはパニックになってはならない。パスできるプレイヤーが見つけられないからといって，無理にスローインしてしまうと，簡単にインターセプトされてしまう。スローインには5秒も時間をかけられるということを理解し，仮にスローインできない場合は，5秒バイオレーションにして，ゲームの流れを止めるようにしたい。

プレイヤーがあらかじめ競技規則をしっかりと理解しておくことは必要不可欠である。インバウンズプレイに関するさまざまなバイオレーションやファウルの規程がある。ルールを理解していないと，ボールの保有権を失うだけでなく，チームにとってさまざまな損失を被る可能性がある。

5—プレイヤーの役割とラインアップ

インバウンズプレイで重要となるポジションは，スローインをおこなうプレイヤー，つまりインバウンダーである。基本的には，パスを得意とするプレイヤーがインバウンダーになる。

インバウンダーは，視野を広く保ち，ノーマークになるところを予測してタイミングよくパスすることが重要である。ノーマークになってからパスを出しては遅くなることがあるため，ディフェンスの対応を見ながら予測することができなくてはならない。また，パスのターゲットばかり見ているとパスコースを読まれるため，ターゲットを見過ぎないようにするとともに，パスフェイクも用いてディフェンスを出し抜きたい。

長身選手にインバウンダーを任せるという考え方もある。長身選手がインバウンダーになることによって，ディフェンスのプレッシャーに対して視野を広く保ち，頭越しのパスを遠くに出すことができる。

インバウンダー以外のプレイヤーにもさまざまな役割が与えられる。重要なことは，プレイの意図やそれぞれの役割をしっかり理解し，オプションプレイも含めて各自がそれぞれの役割を実行することができるように準備することである。

また，役割を明確にすること以外に，インバウンズプレイの意図や目的に応じて最適な5人の組み合わせを考えることも必要である。状況によってはメンバーチェンジをおこなってラインアップを調整する必要もある。

6—インバウンズプレイの要素と配置

ベースラインからのインバウンズプレイの基本的なアラインメントには，ボックス（図7-1①），ダイヤモンド（トライアングル：図7-1②），スタック（図7-1③），ライン（図7-1④）の4つがある。サイドラインからのアラインメントには，ボックス（図7-2①），ダイヤモンド（図7-2②），スタック（図7-2③），ライン（図7-2④）などがある。

サイドラインからのプレイの場合，ベースラインからのプレイに比べてコートが広く使えることから，チームの特徴に応じてさまざまなアラインメントが考案されている。これらを総称してランダムセットと呼ぶこともある。

また，「スタック」とは「積み重ね」の意味であり，図7-1③，図7-2③のように固まって1列に並ぶケース（これをラインと呼称する場合もある）もあれば，3人が並んで1人が別の場所にいたり，ダブルスタックのように2人が両サイドのミドルポスト付近に固まったりするケースもある。

ところで，インバウンズからのプレイにはさまざまなタイプのものがあるが，スクリナーのためにスクリーンをセットするスクリーン・フォー・ザ・スクリナー（ピック・ザ・ピッカー：図7-3）や，インバウンダーにスクリーンをセットするプレイ（図7-4）などは，ノーマークでシュートをねらわせるためのプレイとして用いられることが多い。図7-5では，インバウンズプレイからフレックスオフェンスに入っている。

なお，インバウンズプレイでシュートチャンスが生まれなかったら，チームが通常おこなっているオフェンスにすばやく移行する。

7—練習をおこなう際の注意点

インバウンズプレイを導入する際は，ほかのチームのプレイを参考にすることも多い。しかし，ほかのチームのプレイをそのまま真似るのではなく，自チームのプレイヤーの能力や普段の役割に応じてプレイを工夫したい。

練習の際には，まず自分のポジションの役割と動きをしっかりと理解させておくことが大切である。特に想定していない状況でノーマークになったからといって，プレイヤーが勝手に定められた動きとは異なる場所へ移動して，味方が攻撃をしかけようとするスペースをつぶしてしまうことのないように注意する。

さらに，メンバーチェンジによってチーム構成が変わった際にも対応できるよう，ほかのポジションの役割や動きも理解させておく必要がある。このことは，プレイヤーが自分のポジションの役割や動き，そして適切なタイミングをよりいっそう理解することにもつながる。

チーム練習では，最初にディフェンスをつけずに動きを覚えさせる。次いでダミーディフェンス（→p.4）を立て複数のねらい目を理解させる。さらにライブで次のオプションに展開する契機を確認し，必要に応じてプレイヤーと一緒にフィニッシュを考案していく。ただし，ここでプレイを複雑にしても，習得に時間がかかるだけである。むしろシンプルなプレイのなかで，ノーマークをつくり出すための動きやタイミングを図ることができるプレイヤーを育成したい。

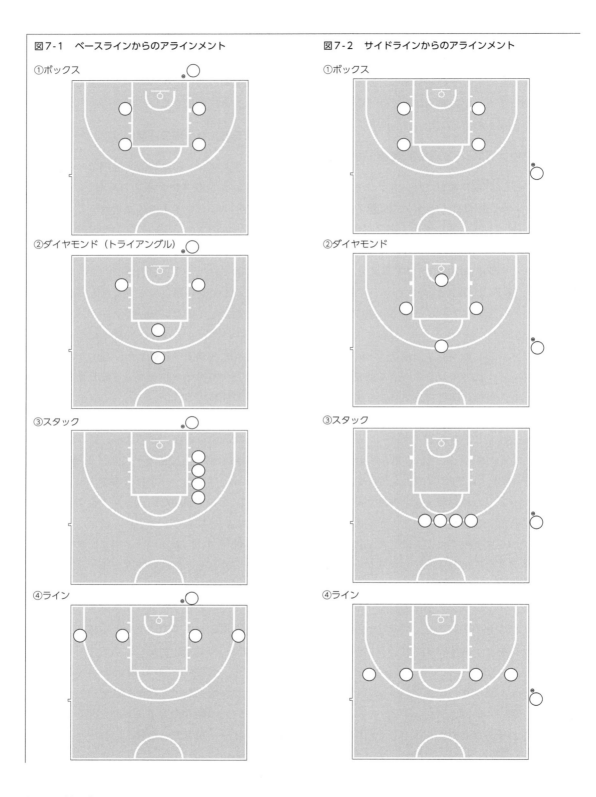

図7-1　ベースラインからのアラインメント
①ボックス
②ダイヤモンド（トライアングル）
③スタック
④ライン

図7-2　サイドラインからのアラインメント
①ボックス
②ダイヤモンド
③スタック
④ライン

図7-3 ピック・ザ・ピッカー

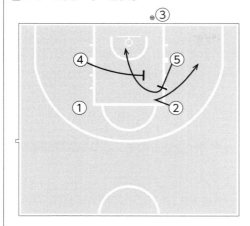

図7-5 インバウンズからフレックスへの展開

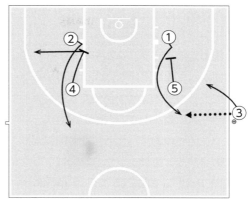

図7-4 インバウンダーへのスクリーン

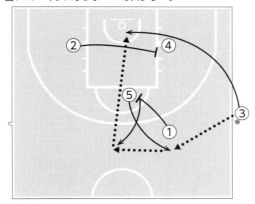

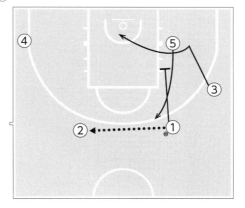

3. インバウンズプレイの実際

■—ベースラインからのインバウンズプレイ

1—ボックス

①と⑤は②のためにスタッガードスクリーンをセットする。②はボールに向かってハードにカットし，ジャンプショットのチャンスをうかがう。⑤はスクリーンをセットしたあと，ゴールに向かってカットする。④はゴール向かってカットしな

がら③からのパスを受けるチャンスをうかがう（図7-6①）。

②のショットがなかった場合は，⑤がポストアップして②との2対2を展開する。同時に，④と①は③のためにスタッガードスクリーンをセットする（図7-6②）。

2—スタック

④はコーナーに向かってポップアウトする。⑤は逆サイドのブロックに向かってカットする。②はゴールに向かうようにカットする。④は③からボールを受けたら①へパスを展開する（図7-7①）。

①はドリブルでトップに向かい，最初に③または②へパスをうかがい，次に，スクリナーとなった④または⑤へのパスをねらう（図7-7②）。

3 ─ライン

④は⑤のためにスクリーンをセットし，⑤はゴールに向かってカットする。③は右のエルボーに向かってカットし，②は③が動くことによってできたスペースにカットする（図7-8①）。

①はコーナーの④にパスし，その間に③は⑤のためにスクリーンをセットする。②はトップに向かってカットする（図7-8②）。④は⑤にパスしたあと，①のためにスクリーンをセットする（図7-8③）。

4 ─ダイヤモンド

③は⑤のためにスクリーンをセットし，⑤はゴールに向かってカットする。④と②は③のためにスクリーンをセットし，③はいずれかのスクリーンを利用してカットする（図7-9）。

2 ─サイドラインからのインバウンズプレイ

1 ─ボックス

⑤は②のためにスクリーンをセットし，①は②

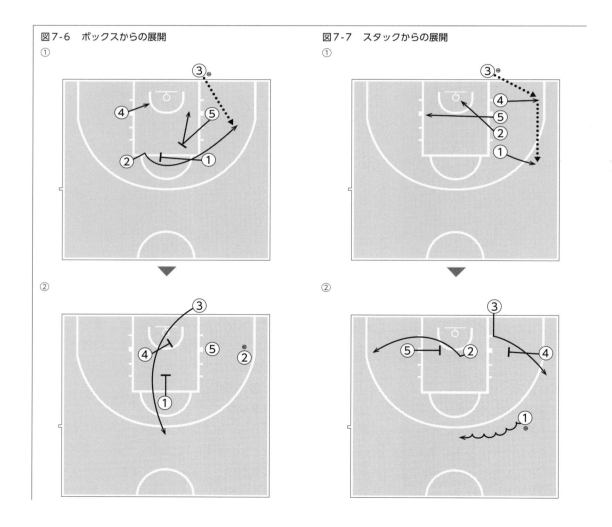

図7-6　ボックスからの展開

図7-7　スタックからの展開

図7-8 ラインからの展開

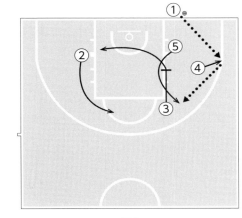

あるいはスクリーンのあとにポストアップした⑤にパスをする（図7-10①）。

②がショットしなかったときは，④のスクリーンを利用してカットした③へパスをし，③と④の2対2のプレイをおこなう（図7-10②）。

2—スタック

①はスタックの先頭をまわるようにカットし，ノーマークになったときはパスを受けてすかさずシュートする。①のカットのあと，③がインバウンズパスを受けるように外側へミートする（図7-11①）。

⑤と④は②のためにスクリーンをセット（図7-11②）し，②はカットする。

②がノーマークにならなかった場合は，⑤と④は①のためにスタッガードスクリーンをセットする。③はスペースをつくるためにドリブルで右にずれる（図7-11③）。

3—ライン

①は右のブロックに向かってカットする。②は⑤にパスを出し，⑤は④へとパスを展開する（図7-12①）。

②は①のスクリーンを利用してゴールに向かってカットする。⑤は④にパスを出したあと，①の

図7-9 ダイヤモンドからの展開

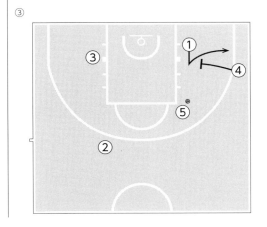

ためにスクリーンをセットする（図7-12②）。①は④からのパスを受けるようにカットする。

4──ダイヤモンド

⑤は①のためにスクリーンをセットし，①はカットして④からパスを受ける。②は④にスクリーンをセットし，④はゴールに向かってカットする（図7-13①）。

①は③にパスしたあと，⑤とともに②のためにスタッガードスクリーンをセットし，②は③からのパスを受けるようにカットする（図7-13②）。

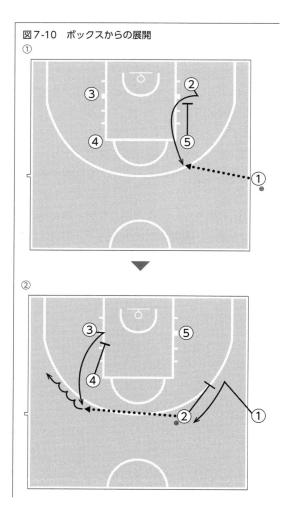

図7-12 ラインからの展開

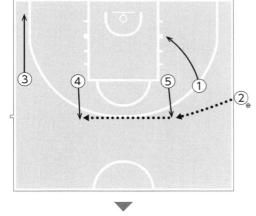

図7-13 ダイヤモンドからの展開

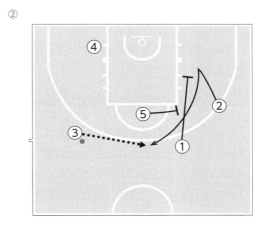

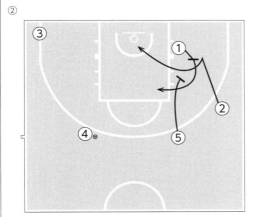

4．インバウンズプレイの防御

　オフェンスとディフェンスの攻防は表裏一体の関係にある。その時々の攻撃側の目的や意図を理解したうえで，どのように防御するかを考えたい。その意味で相手チームがどのようなインバウンズプレイをするのかをスカウティングしておくことは非常に大切である。また，攻撃と同様に残り時間や得点差，スローインのポジションなども防御を決めるうえで重要な要素となる。

■1──インバウンダーに対するディフェンス

　インバウンダーに対しては，基本的に接近して両手を大きく広げて接近し，強いプレッシャーをかける。ゴールに対する直線的なパスやゴール下付近へのパスを通されてしまうと，確率の高いシュートになる可能性がある。したがって，ゴール方向へのパスを防ぐために，ゴールに対して背中を向けるようなスタンスでボールにプレッシャーをかけるのがよい。インバウンダーに対しては長身者をディフェンスにつけると，ゴール側へのパ

スを防ぐことができる。

いっぽう，インバウンダーにはプレッシャーをかけず，コートの中にいるプレイヤーへのパスをディナイするという考え方もある。こうすると，4人を5人で守ることになるので，一時的にディフェンスが優位になる。しかし，ディフェンダーがインバウンダーに背中を向けてしまうと，インバウンダーにボールを当てられ，そのままシュートされてしまう可能性があるので注意しなければならない。

オフェンスがコート内にインバウンズするまでには5秒間という時間的な余裕が与えられている。そこで，上記の2つの守り方を併用する方法もある。つまり，最初の2秒はインバウンズのレシーバーを守り，残りの3秒はインバウンダーにプレッシャーをかけるのである。

2—インバウンズパスに対する方向づけ

ゴールに向かっての直線的なパスを避け，なるべく外側にパスさせるようにしたい。意図的にパスを外側に出させることができるとトラップのチャンスが生まれる。コーナー付近にパスをさせておいてトラップをしかけたり（図7-14），ハーフラインからのスローインでバックコートにパスをさせておいてそこからゾーンプレスに入る（図7-15）などのディフェンス方法もある。

3—スクリーンに対するディフェンス

インバウンズの際にも，スクリーンプレイは頻繁に用いられる。したがって，スクリーンプレイをどのように防御すればよいのか，事前に研究し練習を積んでおかなければならない。

例えば，スクリーンプレイやオフェンスがクロスする動きに対しては，すべてスイッチするという方法もある。しかし，スイッチしたからといっ

図7-14　コーナーでのトラップ

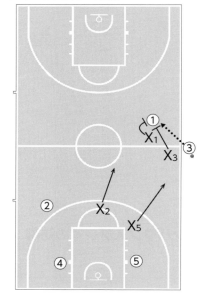

図7-15　ゾーンプレスへの展開

て必ずスクリーンプレイを防げるというわけではない。その時々の状況や場面によってどのように守るべきかを判断したい。

4―ディフェンスの種類を変える

インバウンズプレイに対してはゾーンで守るという考え方がある。これは，ゴール下を固めるとともに，スクリーンプレイに対処するという考え方である。また，相手の目先を変えるという意味もある。多くのチームはマンツーマンディフェンスを想定してインバウンズプレイを選択することが多い。ここで，ゾーンディフェンスで守れば相手の意表を突くことができる。

ゾーンディフェンスはプレイヤーの配置やシフトの仕方などバラエティーに富んでいる。そのため，ゾーンディフェンスに対しては計画的にシュートチャンスをつくり出すことは難しい。

その一方で，ゾーンディフェンスは各プレイヤーを守る責任関係が明確でないため，容易にノーマークができてしまう可能性があることも考慮しておかなければならない。上記の問題点を解決するために，最初はゾーンディフェンスのようにそれぞれ決められたエリアを守るが，ボールがインバウンズされたらただちにマンツーマンディフェンスに移行するという方法もある。

7-2 プレスオフェンス&ディフェンス

ゲームのテンポや流れを変えたいときは，フルコートでのプレスディフェンスを用いると効果的である。このとき，オフェンスは慌ててしまうと相手の思うつぼである。したがって，オフェンス側もプレスディフェンスへの対処法を考えておかなければならない。

そこで，本項では最初にプレスオフェンス（プレスディフェンスへの対応策）を解説し，次にプレスディフェンス（プレスディフェンスの展開）について解説する。

1. マンツーマンプレスへの対応策

マンツーマンのプレスディフェンスに対しては，できる限りボール運びをガードに任せたい。すばやくガードへインバウンズパスを送り，ほかのプレイヤーはフロントコートに向かうのである。こうすれば，たとえディフェンスにダブルチームをしかけられても，ポイントガードはバックコート全体を使って対処することができる。

相手チームがインバウンズの際にプレッシャーをかけてきたら，チームとして対処することを考えなければならない。このようなときの対処法としては，例えばポイントガード①とシューティングガード②がスクリーンを利用することがあげられる（図7-16①）。スクリーンの代わりに，スタックの形をとってからパスを受けてもよい（図7-16②）。

ガード陣がパスを受けられないようなら，インバウンダーの対角線上にいるプレイヤー③がフラッシュしてインバウンズパスを受ける（図7-16③）。いずれのケースでも，ポイントガード以外のプレイヤーにインバウンズパスが送られたら，なるべく早くポイントガードにボールを委ねるよ

図7-16 マンツーマンプレスのアタック

①ガード陣によるスクリーン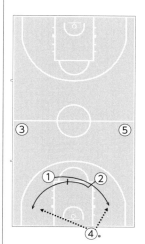

②ガード陣によるスタック

③ミドルレーンへのフラッシュ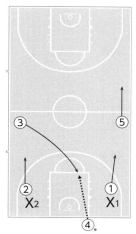

④フェイスガードに対するカウンター

うにしたい。もちろん，ポイントガード以外であっても，ボールハンドリング能力を備えているなら，パスやドリブルでボールを前に進めても構わない。

インバウンズパスに対してフェイスガード気味に激しくディナイされたら，すばやくカウンタープレイに移行する。例えば，先に紹介したスクリーンプレイからの場合，スクリーナー②が自陣のゴールに向かって全力で走り，インバウンダーからのパスを受けてゴールをねらう（図7-16④）。

2. ゾーンプレスへの対応策

ドリブルに長けたプレイヤーがいるのであれば，その能力を生かしてディフェンスを突破することを考えたい。ドリブルで1人，2人と相手のディフェンスを抜き去れば，簡単にアウトナンバーをつくることができるからである。

ドリブルでの突破力を備えたプレイヤーがいない場合は，ある程度パターン化した形でパスをつなぎ，ボールを前に進めていく。以下で説明するように，いずれの場面でもボールマンが2人ないし3人のプレイヤーにパスを送れるような形にしておけば，安全にパスをつなげるはずである。

ここでは，1-2-1-1のゾーンプレスに対するオフェンスの展開例を示す。

まずは，サイドライン付近にいる①ないし②にインバウンズパスを送る。次いで，パスを受けたプレイヤーの対角線上に位置する③ないし⑤がコート中央にフラッシュする（図7-17①②）。こうして，サイドライン近くのボールマンから見て前方と逆サイド，斜め前方の3方向にパッシングレーンを確保するのである。ボールマンの対角線上にいるプレイヤー③のボールハンドリング能力が高くない場合には，逆サイドのプレイヤー②をコート中央に向かってカットさせてもよい（図7-17③）。

サイドライン付近のプレイヤーにインバウンズパスができない場合には，③がコート中央に向か

図7-17　1-2-1-1プレスのアタック

①サイドへのインバウンズ＋フラッシュ[1]

②サイドへのインバウンズ＋フラッシュ[2]
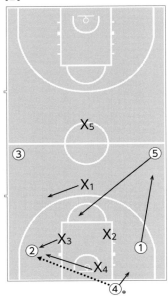

③インバウンズ＋逆サイドからのカット
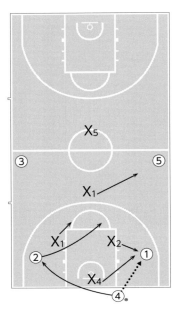

④フラッシュしてきたプレイヤーへのインバウンズパス
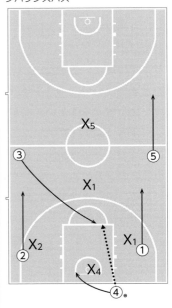

⑤逆サイドへのパス＋対角線上からのフラッシュ
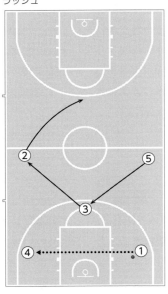

⑥逆サイドへのパス＋逆サイドからのカット
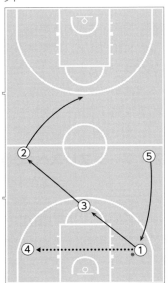

⑦ミドルレーンへのパス　　　⑧前方へのパス　　　⑨フラッシュしてきたプレイヤーへのインバウンズパス

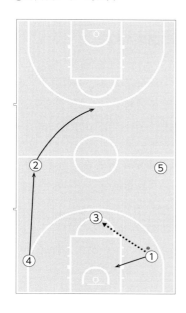
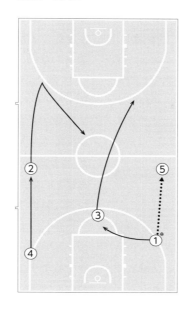
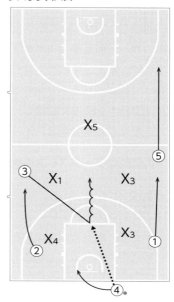

ってフラッシュする。③にパスが送られたら，両サイドにいる①と②はハーフライン方向に走り，パッシングレーンを確保する。④は③からリターンパスを受けられるようにポジションを調整する（図7-17④）。

インバウンズパスのあとは，その後のパスの展開に応じてプレイを選択する。

例えば，逆サイドにパスを展開したときは，対角線上からのフラッシュ（図7-17⑤）もしくは逆サイドからのカット（図7-17⑥）により，前方と逆サイド，両斜め前方へのパッシングレーンを確保する。

コート中央にパスが送られたら，両サイドのプレイヤーおよび後方にパッシングレーンを確保する（図7-17⑦）。

また，前方にパスが送られたら，前方と逆サイド，両斜め前方へのパッシングレーンを確保でき

るよう，それぞれがポジションを移動させる（図7-17⑧）。

なお，2-2-1のゾーンプレスに対しては，ミドルレーンにフラッシュしてくるプレイヤーにインバウンズパスが送られる機会が多くなる。本来インバウンズパスを受けるべき①と②が，1線の2人によってマッチアップされてしまうからである（図7-17⑨）。したがって，このポジションにボールハンドリング能力の高いプレイヤーを配置しておくといった配慮も必要となる。

3. ゾーンプレスの展開

ゾーンプレスには，いくつかの典型的なアラインメントがある。2-2-1（図7-18①），1-2-1-1（図7-18②），1-2-2（図7-18③）であ

る。通常は，1線にガード，2線にフォワード，3線にセンターを配置することが多い。しかし，チームに機敏なビッグマンがいるときは，1-2-1-1や1-2-2の1線にそのプレイヤーを配置し，2線のガード陣と積極的にダブルチームをしかけてもよい。また，特にパスコースを予測する能力に長けているプレイヤーがいる場合は，そのプレイヤーをわざと後方に配置し，積極的にインターセプトをねらわせるとよいだろう。

1──典型的なゾーンプレスのアラインメント

1──2-2-1

2-2-1のゾーンプレスは，ボール運びに時間をかけさせ，ゲームのテンポをスローダウンさせるために用いられることが多い。1線と2線にディフェンダーが2人ずつ配置されていることを利用して，相手がボールを前に進めることを阻むのである（図7-19①）。

しかし，1線の2人に相手のガード陣をフェイスガードさせ，簡単にはインバウンズパスを受けさせないようにすると，ゲームのテンポをアップさせることもできる（図7-19②）。

2──1-2-1-1

1-2-1-1のゾーンプレスでは，1線のプレイヤーがインバウンダーにプレッシャーをかけ，パスをサイドライン方向に送らせる。そのうえで，ダブルチームをしかけていく。すると，オフェンス側はすばやくパスを展開せざるを得なくなる。結果として，ゲームのテンポはアップすることになる（図7-20①）。

しかし，1-2-1-1のゾーンプレスでも，1線のディフェンダーをフリースローライン付近に配置するようなアラインメント（スリークォーターのプレスディフェンス：図7-20②）にしたり，サイドラインで1回ダブルチームをしたら，速やかにバックコートまで戻り，ハーフコートディフ

図7-18　ゾーンプレスのアラインメント
①2-2-1のアラインメント　　②1-2-1-1のアラインメント　　③1-2-2のアラインメント

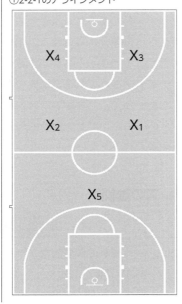
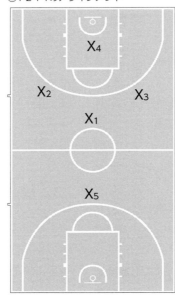
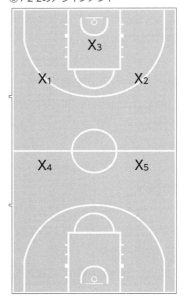

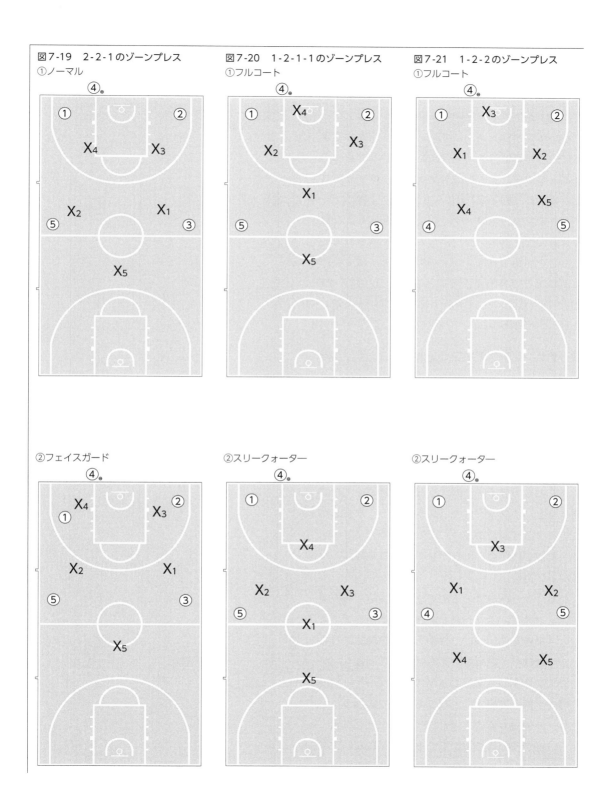

7-2 プレスオフェンス&ディフェンス

ェンスに移行するといった戦術を採用すれば，ゲームのテンポをスローダウンさせることができる．

3—1-2-2

1-2-2のゾーンプレスの場合，1線のプレイヤーがインバウンダーにプレッシャーをかけるように位置すれば，サイドラインでトラップをねらうことができ，ゲームのテンポをアップさせることができる（図7-21①）．いっぽう，1線のプレイヤーをフリースローライン近辺に配置し，2線と3線のディフェンダーが2人ずつ配置されていることを利用すれば，相手がボールをすばやく前に進めることを阻止することもできる（図7-21②）．こうして，ゲームのテンポをスローダウンさせるのである．

2—チェンジングディフェンス

シュートが決まったときは3-2のゾーンディフェンス，決まらなかったらマンツーマン，アウトオブバウンズに対しては2-3ゾーンというように，状況に応じて頻繁にディフェンスを変化させることにより，ゲームのテンポをコントロールすることもできる．このようなディフェンスを展開すると，オフェンスのリズムはゆっくりとしたものになる可能性が高い．その時々でディフェンスの対応を確かめながらプレイせざるを得なくなるからである．

なお，ゲームのテンポをアップさせるためのディフェンスと，スローダウンさせるためのディフェンスを適宜使いわけ，相手チームを混乱させるといった戦略・戦術も考えられる．このようなディフェンスを展開することができれば，ゲームの主導権を握る可能性はかなり高まるであろう．しかし，経験豊かなプレイヤーが揃っていないと，自らの首を絞めることにもつながりかねない．プレイヤーの有しているスキルや経験を見極め，身の丈に合った戦略・戦術を採用するように心がけたい．

7-3 ワンショットプレイ

1. ワンショットプレイとは

　ゲームや各ピリオドの終盤で残り時間が24秒（14秒）以下の場面では，タイムアップ直前にシュートし，相手チームに次の攻撃のチャンスを与えないことが重要である。この最後に放ったシュートが空中にある間にタイムアップのブザーが鳴り，ゴールした場合を「ブザービーター」と呼ぶ。特にゲーム終盤で1点負けているような場面でのブザービーターによる逆転劇は，観客を興奮の渦に巻き込む。バスケットボール特有の魅力の1つである。

　実際，ブザービーターに限らず，ゲームの流れのなかでどうしても得点が欲しい場面がある。このような場合，通常ベンチから何らかの指示が出されることが多いが，ポイントガードが判断することもある。また今日ではスカウティングが発達しているため，オフェンスがうまくいかない場合もある。このような局面で確率の高いシュートをねらうためのプレイを「ワンショットプレイ」と呼ぶ。通常はチームのポイントゲッターにシュートさせるが，マークが厳しい場合などは，ポイントゲッターにディフェンスを集中させておいて，ほかのプレイヤーにパスを送ることもある。

　ワンショットプレイで重要なことは，チーム全員が，いつどこで誰がシュートするのかを理解したうえでプレイすることである。ノーマークになったからといって，不用意にボールを欲しがったり，せっかく自分にマークマンがついているのにノーマークになるような動きをしたりして，スペースをつぶしてしまうことは避けなければならない。

　なお，ワンショットプレイは，ポイントゲッターの個人技だけで成立するものではない。ほかの

チームメートの協力なくしては成功しないことを十分理解しておく必要がある。

2. ワンショットプレイの実際

インバウンズプレイについては，すでに解説しているので，ここではゲームクロックが進んでいる状況下で，残り時間との関係でワンショットプレイが必要になる場面について解説する。いずれの場面も，落ちついてプレイを展開し，ミスを犯したりすることのないようにしたい。

1 ─ 1-4ベースライン

ドリブルからの1対1に長けているプレイヤーがいる場合には，そのプレイヤーがトップエリア下でボールを受けたら，残りの4人のプレイヤーはベースラインに沿って並び，1-4ベースラインのアラインメントになる（→p.202図4-32①②）。残り時間が8秒を切ったら，ボールマンはフリースローラインに向かいドリブルでの突破を試みる（図7-22）。ほかのディフェンスがヘルプに来ないようであれば，そのままゴールにドライブし，最低でもファウルを誘うようにする。場合によってはジャンプショットをねらってもよい。

2 ─ ワンサイドの1対1

ウィングからの1対1に長けたプレイヤーがいるときに用いる。ボールマン以外のプレイヤーは全員，逆サイドに移動する。ボールマンは，ベースラインドライブを試みる（図7-23）。ショットをねらえないと判断したら，逆サイドへのパス，もしくはトップにパスを展開する。

3 ─ ハイピック

1-4ベースラインと同様にドリブルからの1対1の得意なプレイヤーがいるときに用いる。センターないしパワーフォワードはフリースローサークルの頂点付近にスクリナーとして立ち，ピックアンドロールを展開する（図7-24）。

4 ─ 4コーナーからのスクリーンプレイ

24秒ルールが採用され，ハーフコートの4隅（4コーナー）に広がり，パスをまわしてリードを守る場面は少なくなった。しかし，ワンショットプレイをさせないように相手が激しくプレスしてきたら，一度4コーナーのポジションをとって相手のディフェンスを広げてプレッシャーをかわしたうえで，タイミングを見計らってスクリーンプレイをしかけるとよい（図7-25）。

図7-22　1-4ベースライン

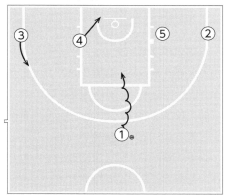

図7-24　ハイピック

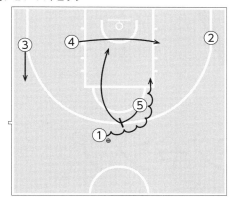

図7-23　ウィングからの1対1

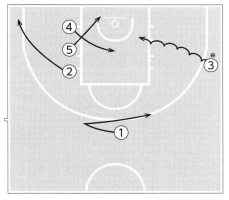

図7-25　4コーナーからのスクリーンプレイ

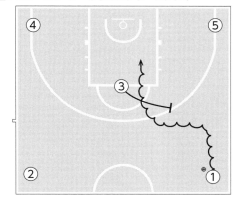

7-4 ジャンプボール

1. ジャンプボールとは

　2005年にオルタネイティング・ポゼション・ルールが導入されたため，現在では，ジャンプボールはゲームの開始時にしかおこなわれない。そのため以前に比べると，ジャンプボールの重要性が相対的に低下したことは間違いない。しかし，わずか1回の攻撃の成否により勝敗が分かれることもあることを考えると，ジャンプボールを軽視することはできない。ジャンプボールからすばやく得点することができれば，気分よくゲームをスタートさせることができるし，相手チームにそれなりのメッセージを伝えることもできる。また，両チームとも最高到達点の最も高いプレイヤーがジャンパーとなるので，その後のリバウンド争いなど，戦術的にも重要な情報の1つとなる。

2. ジャンプボールの規定

　ジャンプボールの重要性が相対的に低下したこともあり，ルールを十分理解していないプレイヤーもいる。バイオレーションやファウルを犯せば，自動的に相手にボールを渡してしまうばかりか，チームの士気が上がらなくなってしまう。ここでは，簡単にジャンプボールの規定を確認しておく。
▶両ジャンパーは，センターサークルの自チームのバスケットに近いほうの半円の中に両足が入るように立ち，片足はセンターラインの近くに置く。
▶ジャンパーはトスアップされたボールが最高点に達してからタップしなければならない。また，ジャンプしない場合でもボールがタップされる前に定位置を離れてはならない。
▶どちらのジャンパーもそれぞれ2回までしかボ

ールをタップすることはできない。また，ジャンパーは許されたタップをするほかは，ボールがジャンパー以外のプレイヤーか床に触れるまでは，ボールに触れることはできない。

▶ジャンパー以外のプレイヤーは，ボールがタップされるまでサークル（円筒）の外にいなければならず，身体のどの部分もサークル（円筒）のラインを越えて内側に入れてはならない。

▶1チームの2人のプレイヤーがサークルの周りに隣り合わせて位置したとき，相手チームの要望があれば，一方の位置は相手チームのプレイヤーに譲らなければならない。

3．ジャンプボール フォーメーション

自チームと相手チームのジャンパーの最高到達点によって次の3つのケースに分けて考える。

❶─自チームのジャンパーが確実にボールをタップしてコントロールできる場合

すばやくボールを前に進めてゴールをねらう。図7-26のようにすばやくボールをまわしてゴールする。相手が防御的な布陣であっても，図7-27のように④が相手ジャンパーをブロックし，⑤がゴール方向へ直線的に動いてボールを受けることで，ミスマッチが起こり，得点する可能性が高くなる。あるいは，図7-28のように相手が防御的な布陣のときに，ロングタップをしてすばやくポイントガードにボールを渡し，速やかにオフェンスを展開してもよい。

❷─相手チームのジャンパーが確実にボールをタップしてコントロールできる場合

サークルから離れたポジションにセーフティを配置し，相手にすばやくシュートをねらわれないようにする（図7-29）。

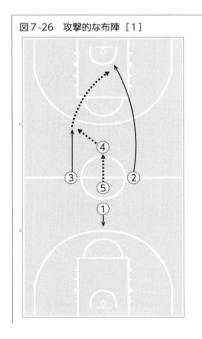

図7-26　攻撃的な布陣［1］

図7-27　攻撃的な布陣［2］

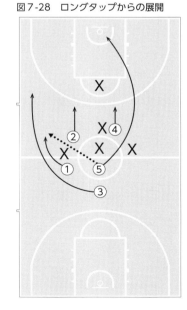

図7-28　ロングタップからの展開

3 ─ どちらのジャンパーがボールをタップしてコントロールするのか判断できない場合

ボールがどの方向へタップされてもボールを奪うことができる可能性を考えて、周囲のプレイヤーの配置と動きを考慮する。相手チームにボールが渡った場合を考慮し、1人はセーフティを意識する（図7-30①②）。

いずれの場合も、ジャンパーが右手でタップするのか左手でタップするのかによっても周囲のプレイヤーの配置を考えなければならない。ジャンパーは、ぎりぎりの高さでボールをタップするので、通常、右利きであれば左前方・左横方向・左後方にボールをタップすることになるからである。

このほか、ボールを奪うためにジャンパー以外の4人が、タップされた瞬間に時計回りや反時計回りに動くなどの方法もある。

図7-29 防御的な布陣

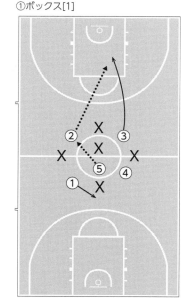

図7-30 相手と競り合う場合
①ボックス[1]

②ボックス[2]

BASKETBALL
COACHING THEORY

8章
ゲームコーチング

8-1 ゲームコーチングの基本

　どんなにハードな練習を積んでゲームに臨んだとしても，コーチがゲーム中に適切な指示を出せなければ，チームの力を十分発揮できないままタイムアップとなってしまう可能性がある。とりわけ大舞台での重要な局面では，コーチにも大きなプレッシャーがかかってくる。このような事態を避けるためにも，コーチはゲーム中にどのような状況が起こり得るのか事前に予測し，ゲーム中の采配に関する準備をしておく必要がある。

　ゲームに向けたプランを立てるにあたっては，相手チームに関するデータを集め，最低限の分析をおこなっておくこと（スカウティング）が前提となる。スカウティングの際には，相手のチームの特徴を分析するとともに，自チームとの比較・分析をおこない，どのようなオフェンスやディフェンスを展開すれば効果的なのか，あらかじめ考えておく。また，ゲーム中にもリアルタイムでデータを収集・分析し，戦略・戦術の修正を図るのである。

　タイミングのよいタイムアウトや選手交替，プレイの選択などに関しては，コーチとしての経験や，経験を踏まえた直観がものを言う場面もあるだろう。しかし，コーチングに携わって間もないコーチでも，しっかりとした準備をしておけば，かなりの程度経験の差を埋めることができるはずである。また，ゲーム後に自チームのパフォーマンスに関する分析をおこない，その結果を練習に反映させていけば，効率よくステップアップを図ることが可能となる。

1. ゲームに臨む姿勢

　最後のシュートが決まらなかった，あるいはここぞというときにターンオーバーを犯して負ける

ことがある。ゲーム後の話し合いでもそのような場面のみが取り上げられることが多い。これでは特定のプレイヤーのみがすべての責任を負うことになってしまう。

しかし、ゲーム全体を振り返ってみると、シュートを外したプレイヤーや、ターンオーバーを犯してしまったプレイヤーは、ほかにもいるはずである。ゲームの勝敗を特定の出来事のせいにするのでは、勝敗の行方を運不運に任せているのと同じであり、コーチとして失格である。コーチがすべきことは、ゲーム全体を通じた、戦略・戦術やプレイの成否を詳細に分析することによって、今後チームとしてのパフォーマンスを向上させるためには何をすべきかを考えることである。

ところで、コーチのなかにはゲーム前に、相手チームにはいかに運動能力の高いプレイヤーが揃っているのかと吹聴したり、試合中に審判のコールや試合会場の室温や床の状態など、コーチとしてコントロールできないことにあれこれ不平を述べる者もいる。しかし、このような行為は、まったく意味がない。ゲームの際にコーチが集中すべきことは、どのような態度でゲームに臨み、どのような選択を下しながらゲームを進めていくのかという点である。

2. ウォーミングアップ

ゲームとゲームの間隔が短い大会が多い現状では、ウォーミングアップの重要性は見過ごされがちである。しかし、トスアップと同時にプレイヤーを心身ともに準備万端な状態に導くためには、適切なウォーミングアップが欠かせない。ウォーミングアップの時間を適切に用いれば、単に身体を温めるだけではなく、ゲーム中に何をすべきか、

メンタル的な準備を図る時間としても活用することができる。ウォーミングアップが適切であれば、ゲームの序盤にリードを奪い、そのまま逃げきるといった試合運びも可能となる。

そのためには、ゲーム前にコート上でウォーミングアップできる時間を確かめたうえで、ゲーム前に何を強調してウォーミングアップに臨むのか、その都度考える必要がある。また、チームとしてのウォーミングアップも大切であるが、個々のプレイヤーが自分と向き合う時間も確保したい。そもそも、スターターとベンチメンバーでは、ウォーミングアップの仕方が異なるのである。そのいっぽうで、ゲーム開始時刻の何分前にミーティングをおこない、チームとしてのウォーミングアップは何分前から始めるかといった点については、ある程度ルーティン化することも必要だろう。

ウォーミングアップの時間を無駄にしないよう心がけることがいかに大切かを、プレイヤーにもしっかりと説いておく必要がある。

3. メンバーチェンジ

ゲームを通じてスターターの5人のみで戦うコーチもいれば、頻繁にメンバーを入れ替えるコーチもいる。もちろん、このような選択の背後には、プレイヤーの力量の差や、ゲームのテンポといった要因もあるだろう。

スターターとベンチメンバーの間の力量の差が大きい場合には、疲労によりスターターのパフォーマンスが多少落ちたとしても、そのままコート上でプレイさせ続けるほうが合理的である。また、ゆっくりとしたペースで、どちらかと言えば複雑なプレイを展開するという場合にも、固定したメンバーでプレイを続けさせたほうが効果的であろ

う。いっぽう，フルコートでディフェンスを展開し，アップテンポなゲーム運びをめざすのであれば，より多くのプレイヤーでプレイタイムを配分したほうが望ましい。

メンバーチェンジのタイミングや交替させるプレイヤーの適否によっては，ゲームの行方が大きく左右されることになる。場合によっては，次年度以降も見据えた長期的な観点からメンバーチェンジを考えなければならない。また，メンバーチェンジが原因で，プレイヤーのなかにコーチへの不信感が生じることもある。したがって，どのような方針でメンバーチェンジをおこなうのか，あらかじめプレイヤーに話をしておくとよいだろう。

一般的に，メンバーチェンジをおこなう理由としては，以下のようなものがあげられる。

①プレイヤーを休ませるため

とりわけ，スターターを一定時間休憩させる目的でおこなう。けがによるメンバーチェンジも，この範疇に属する。

②個別の指示を与えるため

あらかじめ計画していた内容と違ったことをしていたプレイヤーに注意を与えるため，あるいは，想定外の出来事に対して，特定の指示を与えるためにおこなう。

③モチベーションをアップさせるため

パフォーマンスのよくないプレイヤーに対してアドバイスを与えると同時に，ゲームを観察させて自分のプレイを振り返らせるためにおこなう。

④戦略・戦術上の選択

ゲームの流れを変えるため，あるいは，シューターやディフェンスのスペシャリストを送り込むといったように，特定の目的を果たすためにおこなう。ゲームの終盤には，ファウルさせるためだけにメンバーチェンジをおこなうこともある。

いずれのケースでも，コートに向かうプレイヤーには何を期待されているのか，日々の練習を通じてそれぞれの役割をしっかり理解させておく必要がある。

なお，休憩を与えるため，あるいはパフォーマンスが上がらないためベンチに下げるプレイヤーに対しては，なるべくポジティブな言葉をかけるようにしたい。同時に，コートから退く際，ふてくされた態度などとらないよう，常日頃から注意しておくことが重要である。プレイヤーの態度いかんによっては，チームの士気に悪影響を与えかねないからである。

メンバーチェンジのタイミングとしては，疲労などによってプレイヤーのパフォーマンスが下がる前にベンチに下げることが望ましい。こうすれば，ふたたびコートに戻ったときに，気分よくプレイを続けることができるからである。

4．タイムアウト

メンバーチェンジと同じく，タイムアウトはゲームの行方を大きく左右する。とりわけ僅差のゲームでは，タイムアウトのタイミングやコーチによる指示によって，勝負が決まったように感じられる場面も少なくない。しかし，本当に大切なのは，ゲーム前の準備である。

例えば，残り数秒でタイムアウトをコールし，プレイに関する指示を与える場面を想定してみよう。このとき，まったく練習したことがないプレイをおこなうよう指示しても，プレイヤーは戸惑うだけである。このような場面でどのようなプレイを用いるのか，常日頃からプレイヤーに理解させておくことこそが，タイムアウトを通じて成功を収めるための秘訣なのである。

タイムアウトをコールする場面としては，以下

のようなものがあげられる。

① ゲームの「流れ」を変えるため

相手チームに連続してファストブレイクからの得点を許してしまったり、アウトサイドからのシュートを続けざまに決められてしまったときは、相手のリズムを断ちきるためにタイムアウトをコールする。また、ターンオーバーが続いた場合などにも、タイムアウトをコールして、チームの立て直しを図る。

② プレイヤーを休ませるため

チーム全体に疲労の色が見えてきたら、タイムアウトをコールして、気分転換を図る。

③ フリースローに臨むプレイヤーにプレッシャーをかけるため

ゲーム終盤の競い合った場面では、フリースローの成否がゲームの勝敗を左右する。そこで、相手チームがフリースローを獲得した場面でタイムアウトをコールして、フリースローに至るまでの時間を長引かせることにより、心理的なプレッシャーをかけるのである。

④ 特定の戦略・戦術を指示するため

相手チームの戦略・戦術に対抗するための方策を指示したり、特定のプレイを指示するためにコールする。

接戦になればなるほど、ゲームの終盤でのタイムアウトは重要となる。したがって、可能な限り、タイムアウトはゲーム終盤まで残しておいたほうがよい。また、タイムアウトの回数が制限されていることを考えれば、メンバーチェンジを通じてタイムアウトと同じような効果が得られるような訓練を積み重ねておくことも必要だろう。どのような場面でメンバーチェンジをするのか、それぞれの局面でどのような役割が期待されているのかを常日頃から説いておけば、このようなことも可能である。

もちろん、相手チームにゲームの「流れ」を完全に支配されてしまい、このままでは取り返しがつかなくなるといった場面では、迷うことなくタイムアウトをコールすべきである。そのいっぽうで、無駄なタイムアウトは極力排除したい。場合によっては、タイムアウトをコールすることにより、相手チームを有利にしてしまうこともあるからである。

なお、タイムアウトの際には、ポイントを絞って指示を出すよう心がける。コーチがあれこれ指示を出したとしても、プレイヤーが対応できる指示は多くて2つまでと心得るべきである。

5．ハーフタイム

前半と後半では、まったく別のゲーム展開になることがある。前半リードしているチームには安心感が生まれ、逆にリードされているチームは何とかして追いつこうと必死になるからである。

ハーフタイムでは、コーチもプレイヤーも前半の得点差がどうして生まれたのか、仮に同点だとしてもどちらが優位に立っているのかといった点を冷静に判断する必要がある。そのためには、前半のデータを集計することが重要である。最近ではタイムリーに前半のシュート率、リバウンド率、ミス率などを把握することのできるタブレット型のコンピュータも利用されている。仮にそうした機器を準備することができなくても、スコアシートからでも誰がポイントゲッターなのか、誰のファウルが多いのかなどといった情報は得ることができる。簡単なチャートを準備して記録させておくのもよいだろう。相手がどこからシュートしているのかなどをコート図上にマークしておくだけでも、後半の作戦を立てるうえで参考になる。

コーチは，こうしたデータを踏まえて冷静に前半を振り返り，後半どのように戦ったらよいのかを考える。特に自チームのプレイヤーのファウル数を考え，相手チームのポイントゲッターを誰にマークさせたらよいのかなどは重要な選択となる。また，相手のウィークポイントを見つけることができたら，できるだけ具体的にそこを攻撃するためのプレイを指示する。

そのうえで全体的なゲームの流れを予想し，後半の途中で相手チームがディフェンスを変化させてきた場合などの対応についても，簡単に触れておくとよい。こうすれば，ゲーム中に何らかの変化があってもベンチは冷静に対応することができるという安心感をプレイヤーに与えておくことができる。最後にリバウンドを含め，ボールの保有権に直接関わる攻防について確認する。ミスによって相手にボールを奪われないようにすることや，逆に相手のミスを誘うためにディフェンスを工夫することなど，チームで再確認する。

相手チームの戦術に対して，普段練習したことのないようなディフェンスやオフェンスを指示してもうまくいくはずがない。これまで練習してきたことを十二分に発揮できるよう，できるだけ具体的に指示を出し，プレイヤーの意識を駆り立てるようにしたい。

6．ゲーム後の対応

先に述べたようにゲーム終盤に起きたミスでチームが負けてしまったときに，特定のプレイヤーに敗戦の責任を負わせるようなことがあってはならない。しかし，勝利したときには，ゲーム終盤に起こった無責任なプレイに対して強く叱責すべきである。勝利したときほど次の戦いに向けて，チームの意識を引き締めておくことが重要となる。もちろん個人を攻撃するだけで終わってはいけない。ゲーム全体を通して，リバウンドはどうだったのか，フリースローはどうだったのかなどを振り返り，フリースローがもっと決まっていればどのようなゲーム展開になったのかなど具体的な数字を示す。そして，次の試合に向けたチームの課題を明確に示す必要がある。

敗北したときは，プレイヤーも意気消沈している。大きな声でプレイヤーを叱責するコーチもいるが，敗北はコーチの責任である。敗北の原因を冷静に振り返り，次の試合に向けて今修正できることを確認する。うまくいかなかったことをいくら批難しても意味がない。それよりもできていることをよりいっそう確実にできるようにするための具体的な方策を，プレイヤーと一緒に考えたほうが生産的である。そうすれば，次の試合までに，うまくいかなかったことを補ってあまりあるプレイをチームとして実行できるかもしれない。

いずれにしてもシーズンを通した綿密な練習計画が必要であり，ゲームとはそうした全体の計画のなかの1つの結果であることを理解すべきである。ゲームに負けたからといってすべてが終わるわけではない。よりよいチームをつくるために，敗戦のなかからしっかりと課題を見出し，必要に応じて練習計画を修正していくことのほうがはるかに重要なのである。

8-2 プレイの選択

1. プレイを選択するための前提条件

プレイヤーにパスやドリブル,シュートといったファンダメンタルを身につけさせ,いつ,どのようなプレイを選択すべきか理解させたうえでないと,ゲーム中にあれこれ指示を出しても無駄である。逆に,ファンダメンタルをマスターし,状況を的確に判断しながらプレイするように指導されてきたプレイヤーであれば,相手との駆け引きを楽しむことができるはずである。

ゲームの際には,いつも練習しているチームメートとは違ったプレイヤーと対戦するわけで,予期せぬ出来事も起こり得る。こんなとき,柔軟に対応できるのは,ファンダメンタルを身につけ,的確な判断を下しながらプレイできる者だけである。

2. オフェンスでの対応例

■1—ゲームのテンポ

ボールの保有権を得るたびに,フロントコートまですばやくボールを進め,躊躇することなくシュートをねらってくるチームもある。そのいっぽうで,何度もパスを繰り返し,シュートチャンスが生まれるまでじっくりオフェンスを続けるチームもある。自分たちが最もプレイしやすいテンポでオフェンスを続けられるか否か,言い換えれば,ゲームのテンポを支配できるか否かは,ゲームの勝敗を左右する重要な鍵となる。

もっとも,対戦するチームのプレイスタイルによっては,自分たちのテンポを犠牲にしてでも,相手のテンポを崩すことを優先させるべきである。

スカウティングを通じて，相手チームが不得手とするテンポがどのようなものであるのかを分析し，相手チームをかく乱するのである。

また，ゲームの展開に応じて，オフェンスのテンポを変えることも必要となる。例えば，プレイヤーが疲れているようならスローダウンしたほうがよいし，ミスが続いたあとには注意深くオフェンスするよう指示すべきである。逆に，相手チームのプレイヤーに疲労の色が見えてきたら，ゲームのテンポを速めて体力勝負にもち込んでもよい。

ゲーム終盤でリードしている場面では，残り時間と点差を考え，時間をかけてオフェンスしたい。こうして相手チームの攻撃回数を減らして，リードを保つのである。ポイントガードのボールハンドリング能力が高いのであれば，ショットクロックぎりぎりまでボールキープさせ，そのままシュートをねらわせてもよい。キープ力のないプレイヤーにボールを渡しても，相手の餌食になるだけである。

ゲーム終盤で相手にリードされている場面では，時間をかけずにシュートをねらうようにしたい。その際，誰がどのようにボールを運び，どこで誰にシュートをねらわせるのか，明確に指示しておくようにする。アウトサイドからのシュートばかりではなく，積極的にゴールへ向かうことでファウルを誘い，ゲームクロックを止めることも考えたい。こうしてフリースローを獲得したり，再度オフェンスをセットアップしたりする機会をつくるのである。ここぞというときに，想定外のプレイヤーが，想定外の場所からシュートを決めて勝利を手中に収めることもなくはない。しかし，コーチングという観点からは失敗以外の何ものでもない。

いずれの場面でも，ゲーム当日までにしっかり練習を積み重ね，チームのメンバー全員による共通理解のもと，プレイをおこなうことが大切である。

❷―ディナイへの対応策

相手チームのディナイが激しくて，タイミングよくオフェンスを始められないときには，オフェンス開始時のアラインメントを工夫したい。

例えば，1-4のアラインメントからオフェンスを始めれば，ディナイが激しくても，ゴール近辺のスペースにバックドアカットして，レイアップをねらうことができる（図8-1①）。ただし，1-4のアラインメントから効果的なオフェンスを展開するためには，コート全体を見渡したうえで，効果的なパスを送ることができるポイントガードの存在が不可欠となる。このようなポイントガードがいないのであれば，2-3ハイセットのようなアラインメントからオフェンスを始めることも選択肢の1つとなる（図8-1②）。

また，スタックのアラインメントから，オフェンスをスタートさせれば，止まった状態でディフェンスの動きを観察できるだけでなく，スクリーンと同じような効果を得ることができる。そのため，激しくディナイしてくる相手に対しても，余裕をもって対処することができるだろう（図8-1③）。

❸―下がり気味のディフェンス（サギングディフェンス）への対応策

アウトサイドのシュートが不得手なチームや，インサイドでのプレイが得点源になっているチームに対しては，インサイドを固めるために下がり気味のディフェンス（サギングディフェンス）が用いられることがある。

このようなディフェンスへの対応策の1つとして，ヘルプサイドからのディフェンスを意識せず

図8-1 ディナイへの対応例
①1-4アラインメント

②2-3ハイのアラインメント

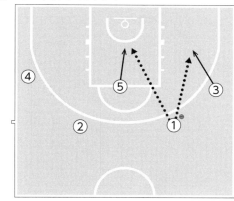

③スタックの活用

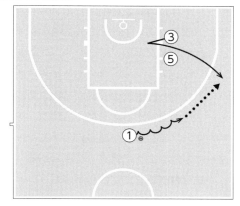

にすむように，プレイヤーの配置を工夫することがあげられる。

例えば，ポイントガード①がウィング③にパスしたあと，ボールサイドのコーナーにカットするとともに，ウィークサイドの②と④がボールサイドに向かってくれば，ボールサイドのローポスト⑤に対してウィークサイドからのヘルプを気にすることなくパスを送ることが可能となる。このときハイポストにいるプレイヤーが下がり気味にディフェンスしていたら，④にパスを送り，1対1をねらわせる（図8-2①）。

また，ウィークサイドのローポストからハイポストに向かってのフラッシュを多用して，シュートチャンスをつくり出すといった対応策も考えられる（図8-2②）。

ほかにも，ウィークサイドのポストプレイヤーのためにスクリーンをセットしたり，ボールサイドのプレイヤーにバックスクリーンをセットしたりと，さまざまな対応策が考えられる。いずれのケースでも，プレイヤーの配置やスペーシングが適切にデザインされていることが前提となる。

4 ─ スイッチに対するカウンター

スクリーンプレイに対して相手チームがスイッチして対応してきたら，オンボール，オフボールでのスクリーンを問わず，スクリーンのあとにミスマッチが起きるような組み合わせでのスクリーンを多用する。例えば，センターがガードのためにダウンスクリーンをセットすれば，インサイドでの身長差を生かすこともできるし，アウトサイドでクイックネスの差を生かしてプレイすることもできる（図8-3①）。

また，モーションオフェンスなどでスクリーンアウェイしたときには，スクリーンをセットしたらすぐに，ゴールに向かってカットしたい。こう

図8-2 サギングへの対応例

①ウィークサイドをクリアする

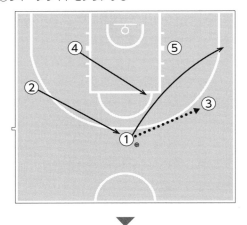

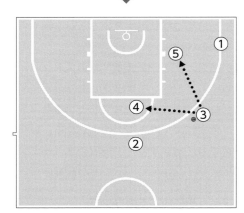

②ウィークサイドからのフラッシュ

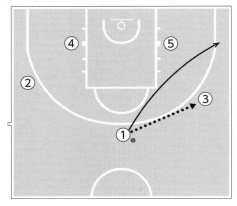

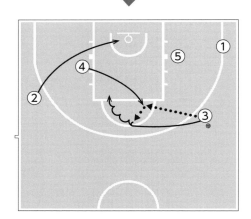

してゴール近辺でのシュートチャンスをつくり出していくのである（図8-3②）。

5 ─ ゾーンディフェンスへの対応策

相手チームがゾーンディフェンスを始めたら、どのようなゾーンディフェンスなのかをすばやく確認し、的確な指示を送りたい。ディフェンスのタイプがはっきりしないときは、トップないしウィングにいるプレイヤーに、ゴール下を通ってから逆サイドに向かわせる。こうしてディフェンスの種類を見極めるのである。

ゾーンディフェンスは、クイックネスを生かしたスチールや身長の高さを生かしたブロックショットなど、個々のプレイヤーの能力を生かすために用いられることが多い。そのため、たとえ同じタイプのゾーンディフェンスであっても、チームによってその持ち味は大きく異なる。また、各ディフェンダーの担当するエリアの広狭や、ディフェンスのローテーションの仕方によっては、まったく違ったもののように見える場合もある。したがって、試合の前日までには相手のゾーンディフェンスの長所や短所に関する分析を済ませ、しっ

図8-3 スイッチへの対応例
①ダウンスクリーン（ジッパー）

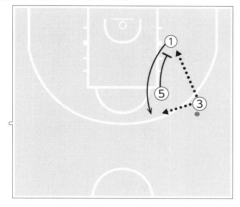

②スクリーン＆ゴー・カット

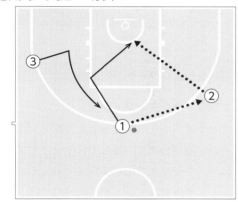

かりした対策を立てておきたい。

6—プレスディフェンスへの対応策（プレスアタック）

プレスディフェンスに直面した際に最も重要なのは，落ち着いて対処することである。フルコートでプレッシャーをかけられたり，ダブルチームをしかけられそうになっただけでパニックに陥ってしまったのでは，それこそ相手の思うつぼである。このような事態を避けるためにも，ゲームの前日までに相手チームのスカウティングを済ませ，相手チームがプレスディフェンスを用いてくる可能性の有無を調べておきたい。

とりわけフルコートでのプレスディフェンスを武器にしているチームと対戦する際には，誰がインバウンダーとなり，誰がボール運びに加わるのかといった基本的な点から，プレスを突破するためのオフェンスまで，しっかり対策を練っておきたい。

相手がどのようなタイプのプレスディフェンスを用い，どこでダブルチームをしかけてくるのか，しっかり観察したうえで指示を出すことが大切である（p.268〜「第7章-2 プレスオフェンス＆ディフェンス」）。

3．ディフェンスでの対応例

1—ゲームのテンポ

ディフェンス側からゲームのテンポを変える手段として最もポピュラーなのは，ハーフコートのゾーンディフェンスや，フルコートないしスリークォーターでのプレスディフェンスの活用であろう。例えば，ハーフコートのゾーンディフェンスを用いると，通常ゲームのテンポはゆったりしたものとなる。もっとも，これはあくまで一般論にすぎない。たとえハーフコートのゾーンディフェンスでも，積極的にトラップをしかければゲームのテンポをアップさせることができる。

2—ポイントガードに対するディフェンス

強豪校と呼ばれるチームには，例外なく優秀なポイントガードが存在する。オフェンスに関する指示を出したり，バックコートからボールを運び，プレイをスタートさせるのもポイントガードである。

図8-4 バックコートでのポイントガードに対するディフェンス

①ディナイ　　②ダブルチーム

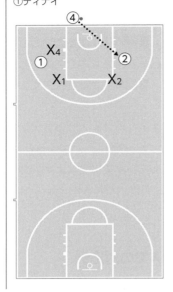
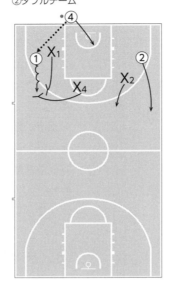
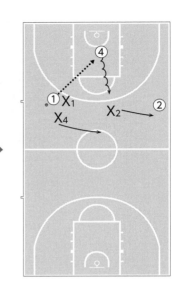

ポイントガードの存在感が非常に大きいチームに対しては，相手がエンドラインからスローインする際，インバウンダーのディフェンスもポイントガードをマークして，ポイントガード以外のプレイヤーがパスを受けざるを得ないような状況をつくり出すとよい（図8-4①）。場合によってはポイントガードにパスを送らせてから，インバウンダーのマークマンがダブルチームをしかけてもよい（図8-4②）。ポイントガード以外のプレイヤーにパスが渡ったら，ポイントガードのマークマンは相手がハーフコートオフェンスを始めるまでフェイスガードを続ける。すると，相手はポイントガード以外のプレイヤーがボールを運んで，オフェンスをスタートせざるを得ない。

こうして，相手チームにいつもとは違うリズムでオフェンスさせるように仕向けるのである。

なお，フロントコートでは，後述するボックス&ワンを用いてポイントガードを徹底的にマークすることも選択肢の1つとなる。

3 ─ 優れたシューターへの対応策

1 ─ マンツーマンディフェンス

アウトサイドからのシュートを得意とするプレイヤーがいる場合には，激しくディナイして，簡単にはパスを受けさせないようにする。3ポイントシュートが得意なプレイヤーに対しては，3ポイントライン近辺でのみ激しくディナイをおこなうといった戦術も考えられる。

2 ─ コンビネーションディフェンス

アウトサイドシュートが得意なプレイヤーが1人いる場合はボックス&ワン（図8-5①），2人いる場合にはトライアングル&ツー（図8-5②）を利用する。

なお，どのようなディフェンスを用いるにしても，スカウティングをおこなう際に，シュート成功率が高いエリアがどこなのかを調べておけば，より効果的なディフェンスを展開することができるはずである。

図8-5 優れたシューターへの対策
①ボックス&ワン

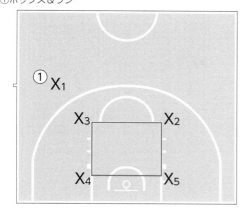

②トライアングル&ツー

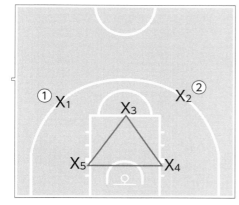

4 ─ 強力なインサイドプレイヤーへの対応策

1 ─ マンツーマンディフェンス

インサイドにパスを送ろうとしているプレイヤーにプレッシャーをかけると同時に，パッシングレーンをなるべく狭くするように，インサイドのディフェンスがポジションを調節する。こうしてインサイドのプレイヤーにボールが渡らないようディフェンスするのである。

強力なインサイドプレイヤーに対しては，完全にフロントからディフェンスして，ヘルプサイドのディフェンダーがロブパスをサポートするといった戦術や（図8-6①），インサイドにパスをさせ，ダブルチームをしかけるといった戦術を考えてもよい（図8-6②③）。後者の場合，通常はヘルプサイドのディフェンダーがダブルチームに向かうが，相手チームにシュートが不得手なプレイヤーがいる場合には，そのマークマンをダブルチームに向かわせてもよい。

2 ─ ゾーンディフェンス/コンビネーションディフェンス

2-3ないし2-1-2ゾーンを利用することが第一の選択肢となる。得点力の高いプレイヤーがミドルレンジでのシュートも得意としている場合には，ダイアモンド&ワンを活用することも考えたい。

5 ─ 得点力の高いプレイヤーへの対応策

1 ─ マンツーマンディフェンス/ゾーンディフェンス

チームの半分近くの得点を稼ぎ出すようなプレイヤーに対しては，最もディフェンスに長けたプレイヤーにマークさせることが多い。強いものには強いものをぶつけるという考え方である。しかし，あえてディフェンスが不得手なプレイヤーにマークさせ，ディフェンスが得意なプレイヤーをヘルプに向かわせるといった戦術も考えられる。この戦術を採用するにあたっては，ヘルプに向かうプレイヤーがマッチアップする相手として，オフェンス力がそれほど高くないプレイヤーを選択しておくことが前提条件になる。

得点のほとんどがインサイドやドライブからのシュートである場合には，ゾーンディフェンスの活用が有力な選択肢となる。また，相手にアウトサイドからのシュートが不得手なプレイヤーがいる場合には，当該マークマンにペイントの中までサギングするよう指示を送り，相手チームのポストプレイやドライブを封じ込めることを考えてもよい。サギングしたプレイヤーは，あたかも1人だ

図8-6 インサイドプレイヤーへの対応例
①フロントディフェンス

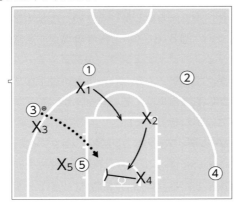

図8-7 得点力の高いプレイヤーへの対策
①ダイヤモンド＆ワン

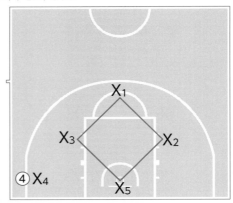

②ダブルチーム［1］

②トライアングル＆ツー

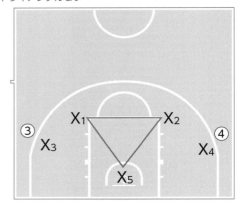

③ダブルチーム［2］

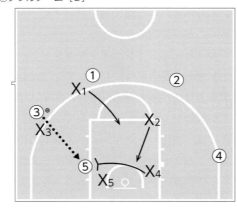

けゾーンディフェンスをしているような形となる。

2―コンビネーションディフェンス

すでに述べたように，得点力の高いプレイヤーがアウトサイドプレイヤー1人の場合は，ボックス＆ワン，アウトサイドプレイヤー2人の場合は，トライアングル＆ツーの利用を検討する。

得点力の高いプレイヤーがインサイドプレイヤー1人の場合は，ダイアモンド＆ワン（**図8-7**①），アウトサイドとインサイドのプレイヤーがそれぞれ1人ずつの場合は，トライアングル（逆三角形）＆ツー（**図8-7**②）の利用を検討する。

8-3 スカウティングとゲームの評価

1. 感覚とデータ，情報

ディフェンスの当たりが激しく，対応に苦慮しているときでも，鮮やかなバックドアプレイが決まると，オフェンスがうまくいっているような気になってしまうことがある。また，相手がプレスアタックを苦手としているにもかかわらず，1〜2回すばやくパスを前方に進められ，イージーシュートを決められただけで，プレスディフェンスをやめてしまうこともある。いずれも，印象的なシーンにのみ意識が向いてしまい，冷静な判断ができていないのである。

このように，感覚のみに基いた判断を優先すると，指示を誤る可能性がある。こうした事態を防ぐためにも，事前のスカウティングを通じて得られた情報や，ゲーム中にリアルタイムで得られるデータを最大限活用したい。

例えば，相手チームの得点源となっているプレイヤーはどのエリアからのシュートが得意なのか，そして，シュートに至るまでのプレイはどのようなものなのかといった点を分析しておけば，有効な対応策を打てるはずである。

ゲームの残り時間が少なくなり，相手にリードされている局面では，意図的にファウルを犯してゲームクロックを止めることがある。そのうえで，相手がフリースローを外すことを願うのである（ファウルゲーム）。ここで，フリースローの確率をチェックし，誰にファウルすべきか指示すれば，ファウルゲームを通じて相手に追いつける可能性は高くなる。

いずれのケースでも，相手チームに関するデータを集めて分析をおこない，意味ある情報にまとめ上げておくことが前提となる。このような作業を総称して，スカウティングと呼ぶ。

ところで，相手チームに関する「データ」，すなわちスコアから得られる数値や，相手チームのプレイダイアグラム（プレイ図）をいくら集めても，それだけでは意味がない，「データ」を加工・分析して，ゲーム対策に役立つような「情報」に仕上げていくことが大切である。

例えば，相手チームがどのようなオフェンスプレイを用いているのか，ゲームの映像を見てダイアグラムに書き起こしたとする。この段階で「データ」の分析を止めてしまったのでは，単なるお絵描きにすぎない。各プレイの使用頻度やシュートの成功率といった点も合わせて分析することで，有意義な「情報」となるのである。限られた時間で最大限の効果を発揮するためにも，意味ある「情報」を得るように心がけたい。

2．ゲーム前の準備

❶―スカウティング

相手チームのスカウティングをおこなう際には，少なくとも2〜3ゲーム分のデータは活用したい。もちろん，時間がない場合には，直近のゲームをチェックするだけでも構わない。ただし，大差がついたゲームは，分析の対象から外すべきである。この手のゲームでは，ゲームへの出場時間の配分が大きく変わるなど，いわば「外れ値」が多く，分析対象に含めると意味ある情報が得られなくなってしまうからである。もっとも，大差がついたゲームの映像をチェックすると，各プレイヤーの得手不得手が明確になることもあるので，ゲームの内容いかんに関わらず，直近の映像だけは確認するようにしたい。

スカウティングをおこなう際に最低限必要なのは，対戦相手の映像である。可能であれば，ボックススコアやシュートチャートなども入手したい。また，実際にゲームを観戦できるのであれば，ベンチからのプレイコールなどをチェックするとよい。

❷―オフェンスに関するチェック項目

オフェンスに関するチェック項目は，おおむね表8-1の通りである。

❸―ディフェンスに関するチェック項目

ディフェンスに関するチェック項目は，おおむね表8-2の通りである。

❹―個々のプレイヤーに関するチェック項目

個々のプレイヤーに関するチェック項目は，おおむね表8-3の通りである。

❺―ゲームデータの活用

相手チームの分析をおこなうにあたっては，シュート（試投数を含む）やリバウンド（獲得本数），アシスト，ブロックショット，ターンオーバー，スチール，ファウルなどといった基本的なデータ（ボックススコア）やシュートチャートを揃えておきたい。

これまでゲームデータを活用できるのは，一部の専門家や，資金が潤沢にあるチームに限られていた。しかし，近年ではゲームスタッツ（ゲームスコアやシュートチャートなど）を記録できる安価なソフトウェアが販売されているので，その気になれば誰もが簡単にスタッツを活用できるようになっている。もちろんこの手のデータは手書きで記録しても構わないが，記録するために必要な人数や，複数のゲームやシーズンを通したデータをまとめる際の手間を考えると，専用のソフトウ

表8-1　オフェンスに関するチェック項目

オフェンスのテンポ	アップテンポ	すぐにボールを運び，躊躇なくシュートするチームか？
	スローテンポ	毎回，プレイコールをしてからプレイを始めるか？
	コントロール	ゲームの流れによってアップテンポとスローテンポをコントロールしてくるチームか？何がきっかけか？
トランジションオフェンス	スローイン	ゴール後のスローインは早いか？
	ファストブレイク/アーリーオフェンス	ナンバードブレイクやアーリーオフェンスを用いるか？　そのタイプは？
	ボールプッシュ	フロントコートまでボールを運ぶ役割は誰か？
	ランナー（スプリンター）	リバウンドを獲得した瞬間にフロントコートへ走り出すプレイヤーはいるか？　誰か？
ハーフコートオフェンス	オフェンスのタイプ	フリーランスかセットか？　そのタイプと特徴は？
	オフェンスの配置	アウトサイドに何人か？　インサイドに何人か？　ポストはどこか？
	フィニッシュ	特徴的な動きは何か？　誰がどこでシュートをねらっているのか？
	ワンショットプレイ	ここぞというときのプレイは何か？
	アウトオブバウンズ	タイプは？　ねらいめはどこか？
ベストプレイヤー	スコアラー（ポイントゲッター）	得点能力の高いプレイヤーは誰か？
	プレイメイカー	チーム全体に指示を出し，オフェンスをコントロールしているのは誰か？
	アウトサイドシューター	3ポイントをはじめ，アウトサイドからのシュートが得意なのは誰か？
	ポストプレイヤー	インサイドでの得点能力が高いのは誰か？
	リバウンダー	オフェンスリバウンドへの参加人数やリバウンドの獲得数が多いプレイヤーは誰か？

表8-2　ディフェンスに関するチェック項目

ディフェンスの対応	トランジションへの対応	リバウンダーにプレッシャーをかけてくるか？ アウトレットパスのインターセプトをねらってくるか？ アウトナンバーでギャンブルをしかけてくるか？
	フルコートでの対応	フルコートでディフェンスをしてくるか？　そのタイプは？
	ハーフコートでの対応	マンツーマン中心か？　ゾーン中心か？
	プレッシャー	ボールマンに激しくプレッシャーをかけてくるか？ ウィングでのディナイはどうか？ インサイドで身体を張ってくるか？
	サギング	引いて守る場合はどこからプレッシャーをかけてくるか？ ヘルプサイドからのサポートはどの程度か？
マンツーマンディフェンス	オンボールスクリーンへの対応	スイッチはあるか？　ショウのタイミングは？　ダブルチームはあるか？
	オフボールスクリーンへの対応	カッターに対してファイトオーバーするか？　スイッチしてくるか？
	インサイドでの対応	ヘルプは？　ローポストに対してダブルチームしてくるか？
ゾーンディフェンス/コンビネーションディフェンス	タイプとその特徴	配置は？　守備範囲は？　ブロックショットは？　リバウンドは？
プレスディフェンス	タイプとその特徴	配置は？　ねらいは？　トラップは？　インバウンダーへのプレッシャーは？
ベストプレイヤー	アウトサイド/インサイド	最もディフェンス力が高いのはインサイドでは誰か？　アウトサイドでは誰か？
	ブロックショット	ブロックショットを得意とするプレイヤーはいるか？　誰か？
	リバウンド	ディフェンスリバウンドの強いプレイヤーは誰か？

表8-3　個々のプレイヤーに関するチェック項目

身体能力や モチベーション	身体的な特徴	身長，体重，手の長さは？
	クイックネス	敏捷性，攻防の切り替えの早さは？
	フィジカルなプレイの 得手不得手	身体接触の強さ，その特徴は？
	スタミナ	筋持久力，心肺機能は？
オフェンスでの パフォーマンス	ボールハンドリング能力	プレッシャーに対するボールコントロール能力は？
	ビジョン/判断力	的確なプレイ選択，ノーマークに的確なパスを出せるか？
	シュートレンジ	どの程度の距離を得意としているか？　確率の高いエリアはどこか？
	ドライブ能力	ドリブルペネトレーションを得意としているか？ 左右どちらにドライブするか？　開始時のステップワークは何か？
	インサイドでの得点能力	ポストアップの場所は？　ターンの方向は？　得意とする動きは？
	リバウンド能力	オフェンスリバウンドに積極的に参加するか？
ディフェンスでの パフォーマンス	ボールプレッシャー	ボールマンに対してプレッシャーをかけられるか？　そのレンジは？
	パスディナイアル	ディナイの激しさは？　そのレンジは？
	ドライブへの対応	左右どちらへもうまく対応できるか？
	ヘルプサイドでのプレイ	サポート能力や判断は適切か？　ダブルチームをしかけてくるか？ ショウ&バックは？
	ポストディフェンス	ポストマンに対してどのように守るか？　身体接触に強いか？
	ディフェンスリバウンド	ディフェンスリバウンドに積極的に参加するか？　ブロックアウトの能力は？

ェアを活用したほうが便利である。

1 ― ボックススコア

　ボックススコアをチェックすると，ゲーム（映像を含む）を見ただけではわからなかった点が見えてくる（図8-8）。

　例えば，ここぞという場面で3ポイントシュートを決めたプレイヤーがいると，その印象が強く残ってしまい，本来マークすべきプレイヤーを見誤る可能性がある。しかし，スタッツを見れば，個々のプレイヤーのシュート確率は一目瞭然である。

　また，アシストやリバウンドの本数をチェックすれば，個々のプレイヤーの能力を客観的に評価することができる。

2 ― シュートチャート

　シュートチャートをつけておけば，相手チームがどこからシュートし，どのエリアからのシュート確率が高いのかをただちにチェックすることができる。したがって，ディフェンスの際，ポイントを絞った対策を講じることが可能となる（図8-9）。

　また，ソフトウェアによっては，プレイヤーごとのシュートチャートを抽出することも可能である。このようなデータがあれば，オールラウンダーと言われているプレイヤーでも，マークするエリアを絞ってディフェンスすることができるかもしれない。

3 ― プレイ・バイ・プレイ

　相手チームの映像をチェックする際に，プレイ・バイ・プレイと呼ばれるゲーム中の出来事を時系列に並べた一覧表（図8-10）や，得点経過を示したグラフなどを手元に置いておくとよい。こうして，なるべく客観的に映像をチェックするよう心がけたい。

図8-8 ボックススコア

Seattle Storm vs. Los Angeles Sparks

Visitors: Los Angeles Sparks

##	Name	P	TFG	2FG	3 Pt	FT	PTS	ORB	DRB	TR	PF	FD	AST	AA	TO	BS	ST	MIN
3	* Candace Parker		6/11	5/10	1/1	0/2	13	2	5	7	1	0	2	2	6	2	0	31:29
8	* Delisha MiltonJones		2/7	1/4	1/3	1/2	6	1	1	2	5	0	2	1	4	0	1	20:38
10	Andrea Riley		1/3	0/1	1/2	0/0	3	0	0	0	0	0	0	0	1	0	0	10:39
14	Lindsay WisdomHylton		4/4	4/4	0/0	2/2	10	2	2	4	2	0	1	0	2	0	0	23:58
15	Chanel Mokango		0/0	0/0	0/0	0/0	0	2	2	2	0	0	0	0	2	0	0	4:12
20	Kristi Toliver		1/7	1/6	0/1	2/2	4	2	2	4	3	0	2	0	2	0	1	26:06
21	* Ticha Penicheiro		1/2	1/2	0/0	0/0	2	0	0	0	0	0	0	0	1	0	0	3:15
22	Betty Lennox		2/5	1/2	1/3	0/0	5	0	1	1	0	0	0	0	0	0	1	16:18
24	Marie FerdinandHarris		2/7	2/6	0/1	0/2	4	1	2	2	4	0	2	1	0	0	0	17:43
32	* Tina Thompson		4/8	4/7	0/1	2/2	10	0	2	2	1	0	1	-1	2	0	1	31:34
45	* Noelle Quinn		1/2	1/2	0/0	1/2	3	0	1	1	3	0	1	0	0	0	0	14:08
	Team							4	4	8					1			
	Totals		**24/56**	**20/44**	**4/12**	**8/14**	**60**	**14**	**20**	**34**	**20**	**0**	**11**	**6**	**20**	**2**	**4**	**200**
	Total FG	1st Half	1st Half	11/30	3/8	4/6												
								24/56			Game	24/56	42.9%					
	3 PT FG							4/12			Game	4/12	33.3%					
	Free Throws							8/14			Game	8/14	57.1%					
	Total FG	1st Half				2nd Half			50.0%									
	3 PT FG	1st Half				2nd Half			25.0%									
	Free Throws	1st Half				2nd Half			50.0%									

Home: Seattle Storm

##	Name	P	TFG	2FG	3 Pt	FT	PTS	ORB	DRB	TR	PF	FD	AST	AA	TO	BS	ST	MIN
2	* Swin Cash		5/12	4/9	1/3	0/0	11	4	2	6	4	0	2	1	5	0	0	30:00
5	Abby Bishop		0/1	0/0	0/1	0/0	0	0	0	0	0	0	0	0	0	0	0	1:09
7	Jana Vesla		2/3	1/1	1/2	2/2	7	2	2	4	2	0	2	0	0	0	1	11:15
10	* Sue Bird		6/11	3/4	3/7	0/0	15	0	3	3	1	0	4	3	4	1	1	32:36
15	* Lauren Jackson		6/17	6/11	0/6	5/5	17	4	5	9	3	0	1	1	1	1	1	32:20
20	* Camille Little		2/3	2/3	0/0	9/12	13	0	4	4	3	0	3	1	0	2	5	28:27
25	Svetlana Abrosimova		4/6	3/4	1/2	2/2	11	2	1	3	3	0	2	0	2	2	3	19:47
30	* Tanisha Wright		1/8	1/5	0/3	2/2	4	0	2	2	4	0	2	1	2	0	0	24:50
34	Lecoe Willingham		2/2	2/2	0/0	0/0	4	2	1	3	1	0	0	0	0	0	2	15:33
40	Allison Lacey		0/0	0/0	0/0	0/0	0	0	0	0	0	0	0	0	0	0	0	1:09
43	Ashley Robinson		0/1	0/1	0/0	0/0	0	0	1	1	0	0	0	0	1	0	0	2:54
	Team							5	0	5					1			
	Totals		**28/64**	**22/40**	**6/24**	**20/23**	**82**	**18**	**21**	**39**	**18**	**0**	**16**	**6**	**13**	**4**	**13**	**200**
	Total FG	1st Half	18/35			2nd Half		10/29	34.5%		Game	28/64	43.8%					
	3 PT FG	1st Half	4/13			2nd Half		2/11	18.2%		Game	6/24	25.0%					
	Free Throws	1st Half	2/2			2nd Half		18/21	85.7%		Game	20/23	87.0%					

[CyberSports for Basketball-http://www.cybersportsUSA.com] より

図8-9 シュートチャート

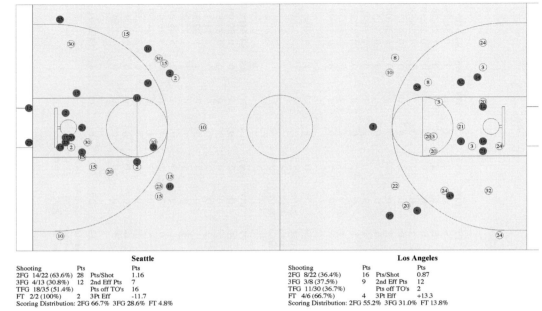

Seattle
```
Shooting              Pts              Pts
2FG 14/22 (63.6%)  28  Pts/Shot       1.16
3FG  4/13 (30.8%)  12  2nd Eff Pts    7
TFG 18/35 (51.4%)      Pts off TO's   16
FT   2/2 (100%)    2   3Pt Eff        -11.7
Scoring Distribution: 2FG 66.7% 3FG 28.6% FT 4.8%
```

Los Angeles
```
Shooting              Pts              Pts
2FG  8/22 (36.4%)  16  Pts/Shot       0.87
3FG  3/8  (37.5%)   9  2nd Eff Pts    12
TFG 11/30 (36.7%)      Pts off TO's   2
FT   4/6  (66.7%)   4  3Pt Eff        +13.3
Scoring Distribution: 2FG 55.2% 3FG 31.0% FT 13.8%
```

「CyberSports for Basketball-http://www.cybersportsUSA.com」より

図8-10 プレイ・バイ・プレイ

Name	Action	Action	Score	Clock	Diff	Name	Action	Action
L Jackson	Jump Ball Loss			1 10:00		C Parker	Jump Ball Win	
				1 9:34		Los	Turnover	
L Jackson	FG Attempt			1 9:16		C Parker	Def Rebound	
			0-2	1 8:54	-2 (L1)	T Penicheiro	FG Made	
L Jackson	Offensive Foul			1 8:45				
L Jackson	Turnover			1 8:45				
				1 8:29		Los	Charge Taken	
C Little	Steal			1 8:29		C Parker	Turnover	
L Jackson	Layup Made	C Little Assist	2-2	1 8:23	(T1)			
T Wright	Personal Foul			1 8:18				
C Little	Steal			1 8:09		C Parker	Turnover	
S Cash	FG Made		4-2	1 7:59	+2 (L2)			
S Bird	Block(DefAst)	L Jackson Def Reb		1 7:42		T Penicheiro	FG Attempt	
				1 7:37		N Quinn	Personal Foul	
S Bird	FG Made		6-2	1 7:33	+4			
C Little	Steal			1 7:19		D MiltonJones	Turnover	
T Wright	FG Attempt			1 7:19		D MiltonJones	Def Rebound	
T Wright	Def Rebound			1 7:09		T Thompson	FG Attempt	
T Wright	FG Made		8-2	1 6:45	+6			
				1 6:45		Los	Def Rebound	
			8-2	1 6:45		Los	Time Out	
			8-2	1 6:45		B Lennox	Enter Game	for N Quinn
			8-2	1 6:45		K Toliver	Enter Game	for T Penicheiro
L Jackson	Def Rebound			1 6:26		K Toliver	FG Attempt	
S Cash	FG Attempt	Sea Off Reb		1 6:09				
L Jackson	3Pt Attempt	S Cash Off Reb		1 6:06				
L Jackson	FG Made	S Cash Assist	10-2	1 6:01	+8			
			10-4	1 5:45	+6	C Parker	FG Made	T Thompson Assist
L Jackson	Turnover			1 5:29				
L Jackson	Personal Foul			1 5:13				
C Little	Personal Foul			1 5:06				

「CyberSports for Basketball-http://www.cybersportsUSA.com」より

6 — スカウティングレポートの作成

映像およびゲームのデータをチェックしたら，スカウティングレポートを作成する。余力があるなら，映像編集ソフトを用いて，対戦相手が多用しているオフェンスプレイや，ディフェンスのシーン，注意すべきプレイヤーの得点シーンなどを編集しておきたい。

スカウティングレポートを作成する際には，情報を絞り込んで記述するように心がけたい。あまりに盛りだくさんの内容では，プレイヤーが消化しきれなくなってしまうからである。また，分析結果をもとに，どのような方針でゲームに臨むのか（ゲームプラン）も提示しておく。

7 — ウォークスルー

スカウティングレポートを作成したら，プレイヤーにどのようなゲームプランで臨むのかを伝える。このとき，できれば映像を見る時間も確保したい。

次に，コート上で，オフェンスやディフェンスでの対応策を提示し，プレイヤーを実際に動かしながら大まかなプランを確認する（ウォークスルー）。この段階は，言わばリハーサルのようなものである。最終的には，実戦形式の練習を通じてチームとしての方針を徹底させていく。

ゲームの前日までにはこのような準備を済ませてしまいたいが，トーナメント形式の大会のように連日ゲームが組まれていると，不可能である。このようなときは，前日の夜に映像だけを見せておく。そして，ゲーム当日にスカウティングレポートの要点を伝え，何とかウォークスルーの時間を確保したい。

ゲーム前でのミーティングでは，自分たちが何をすべきなのかを確認するとともに，個々のプレイヤーにマッチアップする相手の特徴を再度確認させる。

3．ゲーム中の情報収集

ゲームが始まると，これまでゲームに出たこともないプレイヤーに，おもしろいようにシュートを決められてしまうといったことも起こり得る。そのいっぽうで，相手のエース格のプレイヤーはまったく精彩を欠いている場合がある。このような事態に直面したら，ただちにゲームプランを練り直さなければならない。したがって，ゲーム中にも，リアルタイムでデータを収集する必要がある。

そこで，アシスタントコーチやマネージャー，トレーナーなど，ベンチスタッフで役割を分担し，データ収集をおこなう。専用のソフトウェアを利用していれば，マネージャー1人に任せても大丈夫だろう。いずれにせよ，ボックススコアとシュートチャートだけは記録しておきたい。

リアルタイムで記録したデータを通じて得られた情報の一部は，クォーター間のインターバルや，ハーフタイムの際に，プレイヤーにも伝え，ゲームプランに関する意思統一を図りたい。

4．ゲーム後の評価

これまで対戦相手のスカウティングという観点で記してきたことは，自チームのパフォーマンスを評価する際にもそのまま活用できる。ボックススコアやシュートチャートは，各プレイヤーのパフォーマンスを如実に表すし，オフェンスプレイごとのシュート確率は，どのようなオフェンスを

展開するのが最も効果的なのかを教えてくれる。

　その一方で，単にボックススコアをチェックしただけでは，見逃してしまうようなこともある。ボックススコアでは，誰が得点を決め，リバウンドを獲得したかといった情報しかもたらしてくれないからである。

　しかし，得点やリバウンド，アシストでは大した数字を残していないが，そのプレイヤー抜きではオフェンスやディフェンスがスムーズにいかなくなるといったプレイヤーがいることも事実である。スタッツ専用のソフトウェアによっては，このようなプレイヤーの存在の有無や，プレイヤーの組み合わせ（ラインアップ）によるパフォーマンスの違いを明示してくれるものもある。

　ところで，チームとしてのシュートパフォーマンスを評価する際には，試投数と成功数の割合（シュート確率）が用いられることが多い。しかし，オフェンスのパフォーマンスを評価する際には，ターンオーバーでボールの保有権を失った回数も考慮すべきである。そこで，総得点を攻撃回数で除した（総得点÷攻撃回数）ポイント・パー・ポゼション（PPP）といった数値も考えられている。

　ラインアップの評価や，ポイント・パー・ポゼション等は，ボックススコアやシュートチャート等，目に見えるデータの背後にあるものを浮き上がらせてくれる。しかし，ゲームに関するデータを蓄積しておかなければ，このような議論すら不可能である。いずれにせよ，ゲームでのパフォーマンスを評価し，次の目標に向かってステップアップを図りたいのであれば，データ収集をおこなうということを習慣化させておきたい。

BASKETBALL
COACHING THEORY

9章 トレーニング

9-1 トレーニングの必要性と原則

1. バスケットボールに必要なトレーニング

バスケットボールの技術や戦術は，飛躍的に高度化，専門化し，ますますスピード化している。高度なパフォーマンスを実現するためには，その基礎となる身体を科学的な理論に基づいてトレーニングし，ゲームに必要な総合的な能力を開発しなければならない。

■―バスケットボールプレイヤーに求められる能力

バスケットボールプレイヤーに求められるのは，ゲームにおける体力である。たとえ豊かな筋肉を備え，練習のときに定められた動きに対して高いパフォーマンスを発揮できる身体をもっていても，ゲームで力を発揮できなければ意味がない。

ゲームの際に求められる能力は，次のように大別できる。

▶スキルを発揮するための身体的能力
▶チームプレイを実行するための状況判断能力
▶プレッシャーに対抗するための意志力（気力）
▶ルールを遵守し，ゲームの流れを感じ，コントロールする知力

これらの能力を養うためには，科学的な理論に基づいたトレーニングや系統的な技術・戦術ドリルに加え，日常生活における行動様式にも目を向け，日頃からアスリートとして求められる規範に忠実でなければならない。

1―身体的能力

体力は，次のように大別できる。

▶筋力（筋肉）
▶全身持久力（呼吸循環系）
▶調整力，巧緻性，平衡性，敏捷性（神経系）
▶柔軟性（腱・関節）

それぞれの能力を高めるためのトレーニング方

法を十分理解することが大切である。さらに，これらの能力を総合的に連動させ，パフォーマンスを高めるために，自分の身体がどのような状態にあるのかを敏感に感じとる能力（身体感覚）を高め，バスケットボールに必要な姿勢や動きへと結びつけることが重要である。

2──バスケットボールにおけるトレーニングの課題

スポーツトレーニングとは，刺激（何らかの方法での運動負荷）に対する身体の適応性を利用した，意志力を含めた人間のスポーツ能力を強化・発達させる過程のことを指す。

バスケットボール競技においてトレーニングすべき課題は次の通りである。
①スキル向上のための体力トレーニング
▶ランニングスピードを高めるためのトレーニング
▶ジャンプ力を高めるためのトレーニング
▶回転運動を高めるためのトレーニング
▶バランスを高めるためのトレーニング
②基礎体力トレーニング
▶スタミナ（全身持久力）を高めるためのトレーニング
▶筋パワーを高めるためのトレーニング（レジスタンストレーニング）
▶柔軟性を高めるためのトレーニング
③戦術行動トレーニング（状況判断能力を高めるためのトレーニング）
④意志力トレーニング（プレッシャーに対抗するためのトレーニング）
⑤知力トレーニング（技術・戦術やトレーニング理論習得のためのトレーニング）

3──育成年代のトレーニング

育成年代のトレーニングの中心は，コーディネーショントレーニングである。

コーディネーショントレーニングとは，さまざまな知覚情報を身体内部で伝達・処理し，的確に身体を動かすための神経回路を発達させるためのトレーニングである。詳しくは上巻pp.27-34を参照されたい。

2──バスケットボールプレイヤーの特性とトレーニングの留意点

1──身体的特性と留意点

バスケットボールでは長身者が好まれる。しかし，長身者は，筋に比べ骨の発育が早いため，常に関節に負荷がかかっている。無理な体勢や筋収縮によって障害を起こしやすい。均整のとれたプレイヤーに比べると筋の収縮速度が遅く，反応時間が遅いのは当然である。ジュニア期のプレイヤーは，多かれ少なかれこうした傾向にあるので，トレーニングの際には特に注意が必要である。

2──精神的特性と留意点

バスケットボールはチームゲームである。集団のなかでの行動規範は大切であるが，時に集団帰属意識が高まりすぎて，個々のアスリートとしての意識や自覚が低下することがある。試合の結果は，1人ひとりのパフォーマンスの成果であることを自覚させ，それぞれのプレイヤーの個性に合わせて，そのパフォーマンスを高めるためのトレーニング計画を立てさせる必要がある。

3──動きとリズム

バスケットボールは流れのゲームである。チーム全体の流れやリズムを感じることが大切であり，相手との駆け引きでは，動きとリズムに変化をつけることが求められる。トレーニングでは，1つひとつの動きやそのリズムを意識させることが大切である。

2. フィジカルトレーニングの原則

フィジカルトレーニングは，身体の働き（生理的）の変化，効率のよい身体の動きの変化，身体の形の変化と精神的耐久力や抵抗力の変化をもたらす（図9-1）。

1─トレーニング実施上の条件

プレイヤーが現在もっている体力をさらに向上させ，低下を防ぐためには，そのプレイヤーの体力特性を把握し，適切なトレーニング方法を選択しなければならない。そのためには次の3つの条件を考慮し，体力水準（体力テストなどの分析結果）によって処方プログラムを設定する。

▶トレーニングの強度：負荷重量，発揮する筋力の大きさ，運動の速さ，生体への刺激の強さなど
▶トレーニングの時間：運動を持続する時間，回数
▶トレーニングの頻度：トレーニングと休養の頻度

2─フィジカルトレーニングの原理と原則

個人の運動能力・年齢・性別などの個人差を考慮に入れ，安全にトレーニングを実施するためには，次のようなトレーニングの原理・原則を理解しておくことが大切である。

1─オーバーロードの原理

体力を高めるためには，通常受けている刺激以上に強い負荷（過負荷）を与える必要がある。軽い負荷では効果は得られない。

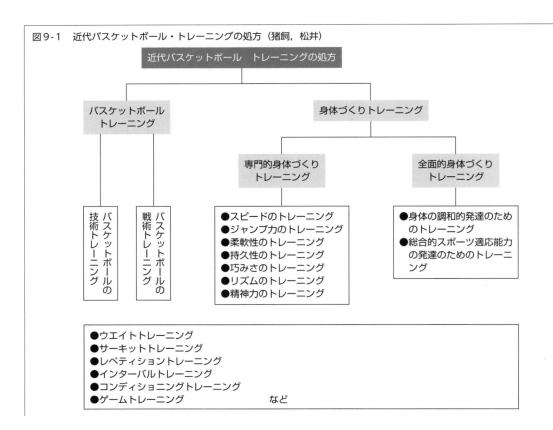

図9-1　近代バスケットボール・トレーニングの処方（猪飼，松井）

2 — 個別性の原則

トレーニングをするにあたっては年齢,性別,体格などの個人差を考慮に入れ,1人ひとりの体力や技能に応じたトレーニングをおこなう必要がある。

3 — 全面性の原則

トレーニング効果を得るためには,特定のトレーニングばかりにこだわらないで,心身の総合的調和発達を考える必要がある。全身の機能をバランスよく鍛えていくことで,高度な基礎体力が得られる。

4 — 漸進性の原則

トレーニングの最初から強い負荷や高度な技術を要求するのではなく,体力や技術の向上とともに,徐々にそのレベルを高めていく。すなわち軽いものから強いもの,単純なものから複雑なもの,易しいものから難しいものへと,個人の到達レベルに応じて1歩1歩ステップアップしていくためのトレーニング内容を設定する必要がある。

5 — 継続性の原則

トレーニングは,長期間繰り返しおこなうことによって,効果が得られる。途中でやめたり,一度に集中してトレーニングしたりするのでは,トレーニング効果は得られない。

6 — 自覚性の原則

トレーニングの目的や意義を理解し,かつ自分のトレーニング課題を見つけ,積極的・自主的にトレーニング活動を継続することによって効果が得られる。ただ与えられたトレーニングを義務的におこなったのではトレーニング効果は得られない。特に,トレーニング中の身体感覚に敏感になり,強い意志をもって継続することが大切である。

3 — バスケットボールの代謝特性

力を発揮するためには,筋収縮が必要である。この筋収縮をつかさどるエネルギー源はATP(アデノシン三リン酸)と呼ばれる高エネルギー物質である。ATPは,ADP(アデノシン二リン酸)とP(リン酸)に分解され,筋収縮のエネルギーを発生する。エネルギーを失ったATP(すなわちADP)は,大きく3つのエネルギー供給経路によって,エネルギーを得て再合成されながら,筋収縮のためのエネルギーを発生する。その3つの経路とは次の通りである。

> ▶無酸素的過程・非乳酸性過程:筋中のクレアチンリン酸の分解
>   8秒間持続　ハイパワー(1.28馬力)
> ▶乳酸性過程:グリコーゲンの無酸素的反応による分解
>   33秒間持続　ミドルパワー(0.69馬力)
> ▶有酸素的過程:グリコーゲンと脂肪の有酸素的反応による分解
>   42秒以上無限大持続　ローパワー(0.35馬力)

バスケットボールのゲームでは,ミドルパワーを中心に,長時間動き続けるためのローパワーも,爆発的な動きに必要なハイパワーも必要とされることから,総合的なトレーニングを実施する必要がある。

4 — 筋力トレーニングの原理

1 — 超回復と休養

筋力トレーニングによって筋線維は破壊され,一時的に細かい裂傷が起こる。筋には,次に同レベルの負荷がかけられても,同様のダメージを負うことがないように,以前のレベルよりも高いレベルにまで回復するという性質がある。これを超回復と呼ぶ。この超回復を積み重ねることによってトレーニング効果が得られ,筋線維が太くなり,筋のサイズが大きくなる。超回復のリズムに合わせて休養することが大切であり,休養をとらずに毎日トレーニングをおこなうと,超回復に至る前

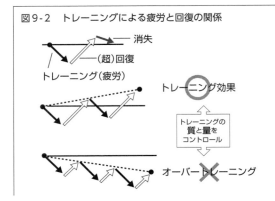
図9-2　トレーニングによる疲労と回復の関係

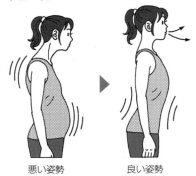
図9-3　ドローイン

に疲労してしまう。逆に休養をとりすぎると，超回復の効果が薄れてしまう（図9-2）。

1回のトレーニングを終えて，超回復のピーク時に次のトレーニングをおこなうのがよいが，トレーニング強度や休養の仕方によって個人差があるので，経験によって各自にふさわしいリズムを獲得する必要がある。一般的には，1～2日おきにトレーニングするのがよいとされている。

2──成長ホルモン分泌の促進

筋力トレーニングの刺激によって成長ホルモンの分泌が盛んになる。すると，筋線維を太くするためのたんぱく質の合成が活性化される。ちょうど，筋力トレーニング刺激の1～2時間後にこの機能がピークに達するので，その時間帯に筋を休め，栄養を補給することによって，筋力トレーニングの成果を高めることができる。

3──アウターマッスル（浅在筋）とインナーマッスル（深在筋）

アウターマッスル（浅在筋）とは，身体の外側に見える筋のことを指し，通常の筋力トレーニングでは，これらを意識して鍛えている。しかし，身体の内側にあって，おもに関節を支えているインナーマッスル（深在筋）も存在している。アウターマッスルとインナーマッスルのバランスが悪いと，動きにキレがなかったり，インナーマッスルが弱いために，新しい動きづくりに対応することができなかったりする。

股関節や肩関節を支えるインナーマッスルをトレーニングするためには，まず，アウターマッスルの影響を受けないように工夫する必要がある。自重を利用したり，軽めのおもりやゴムチューブを利用したりするトレーニング方法が開発されているが，アウターマッスルを鍛えるときのように，大きな負荷を必要としないぶん，正しい動きを意識しなければならない。

4──体幹

頭部と四肢を除いた胴体の部分を体幹と呼び，姿勢を維持し，上半身と下半身を連動させるなど重要な役割を果たす。バスケットボールは，ボールを保持した際に3歩以上動けないなどの制限があるため，上半身と下半身を逆方向へひねるなど，日常動作とは異なる動作が要求されることが多い。

そのため，体幹部を構成する腹筋群（腹直筋，腹横筋，腹斜筋）や脊柱起立筋群をしっかりと鍛えておく必要がある。

特にドローインと言って，息を吐きながら腹部を凹ませると，腹圧を高め内部から背骨を支えることができ，腰椎分離症の予防になる（図9-3）。

手足のトレーニングに先立って体幹のトレーニングをしっかりとおこなうことが大切である。

9-2 トレーニングの実際

1．バスケットボールプレイヤーに必要なトレーニング

バスケットボールでは，特に次の要素が要求される。

▶スピード

直線距離を「最高速度」で移動できる能力。

▶敏捷性（アジリティ）

静と動の切り替え動作の敏捷性。バスケットボールでは，特にボディーバランスが重要である。

▶クイックネス

静止している状態（または遅い状態）からできるだけ"早い"反応で身体を加速させて爆発的に動かす能力。スピードとアジリティの能力に加えて，パワーと可動性（効率のよい動き）と瞬間的な反応力・判断力が必要とされる。

これらを養成するためには，総合的なフィジカルトレーニングが必要となる。

■—基本動作を習得するトレーニング

基本姿勢と構え（→上巻pp.46-50）を保ち障害を予防するためには，基本動作の習得が欠かせない。育成年代で基本動作を習得しておくことが，その後のパフォーマンスの向上に大きく影響する。フィジカルトレーニングをおこなう際も常に基本姿勢と基本動作を意識しておくことが重要である。

ここでは，特に体幹と下肢に関する基本動作を中心に解説する。しっかりとした土台をつくることによって，トラベリングを防止したり，安定したシュートや強いパスを実現したりすることができる。コーチは身体のメカニズムをよく理解したうえで，プレイヤーの身体的特徴に合わせて，段階的・個別的に指導することが大切である。

1 — ヒールレイズ

10回×2セット

▶かかとを最後までしっかり上げる。
▶小指側に重心を乗せないように注意し，かかとをまっすぐ上に上げることを意識する。

2 — 立位もも上げ

左右10回×1セット

▶深部腹筋に力を入れ，胸を張る。
▶ももを腰の高さまで上げる。
▶身体のラインを地面と垂直に保つ。
▶片足立ちの姿勢がぐらつかないように，軸足の尻に力を入れる。
▶背中が丸まらないように注意する。

3 — 両足スクワット（パワーポジション）

10回×2セット

▶深部腹筋に力を入れ，胸を張る。
▶膝とつま先の向きを揃える。
▶股関節を十分に曲げる。
▶尻の筋肉（大殿筋）が使えているか確認する。

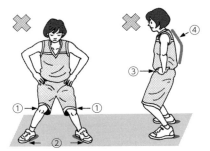

×膝が内側に入っている（①）。
×つま先が外側を向いている（②）。
×股関節が曲がっていない（③）。
×背中が丸まっている（④）。
×ももの前面の筋肉（大腿四頭筋）しか疲れない。

4 — スプリット／シングルスクワット

左右10回×1セット

[シングルスクワット]

▶両足を前後に開き，深部腹筋に力を入れて胸を張る。
▶膝とつま先の向きを揃え，骨盤は常に床と平行に保つ。
▶膝と股関節を曲げてキープしたあと，前方向に立ち上がる。

▶尻の筋肉が使えているか確認する。

×骨盤のラインが斜めになっている（①）。
×膝が内側に入っている（②）。
×股関節が曲がっていない（③）。
×背中が丸まっている（④）。
×ももの前面の筋肉しか疲れない。

5—前方ホップ

左右10回×1セット

▶前方に片足でホップし，しっかり止まる。
▶深部腹筋に力を入れ，胸を張る。
▶膝とつま先の向きを揃える。
▶股関節を十分に曲げる。
▶骨盤が動かないように固定する（骨盤は常に床と平行に保つ）。

6—サイドランジ

左右10回×1セット

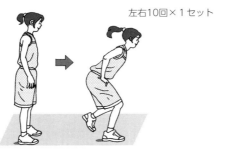

▶深部腹筋に力を入れ，胸を張る。
▶膝とつま先の向きを揃える。
▶股関節を十分に曲げる。
▶上半身の反動は使わずに，足の力で地面を蹴って戻る。
▶尻の筋肉が疲れる。

×膝が内側に入っている（①）。
×股関節が曲がっていない（②）。
×背中が丸まっている。
×ももの前面の筋肉しか疲れない。

7—サイドホップ

左右10回×1セット

▶横方向に片足でホップし，しっかり止まる。
▶深部腹筋に力を入れ，胸を張る。
▶膝とつま先の向きを揃える。
▶股関節を十分に曲げる。
▶骨盤が動かないように固定する（骨盤は常に床と平行に保つ）。

8 — その場コンタクト

左右10秒キープ×1セット

[両足]

[片足]

▶2人組になり，パワーポジションをとる。
▶胸を張り，深部腹筋に力を入れたまま押し合う。
▶パワーポジションをキープし，押されてもぐらつかないようにする。
▶腕だけを使うのではなく，身体全体を使って押し合うようにする。
▶両足での押し合いが安定してきたら，片足でもおこなう。

9 — スクワットジャンプ

10回×1セット

[90度回転ジャンプ]

▶パワーポジションからジャンプをおこなう。
▶常に深部腹筋に力を入れ，空中でも体幹の力が抜けないようにする。
▶着地のスタンスは一定に保つ（広すぎたり狭すぎたりしない）。
▶跳ぶ瞬間や着地で膝が内側に入ったり，後方重心になったりしないようにする。
▶できるようになったら，連続ジャンプや回転ジャンプをおこなう。

10 — コンタクトジャンプ

左右5回×1セット

▶2人組になってジャンプし，空中でコンタクトする。
▶着地は股関節を十分に曲げ，しっかりとパワーポジションをとる。
▶着地で膝が内側に入ったり，後方重心になったりしないように注意する。
▶常に深部腹筋に力を入れたままおこない，空中でのコンタクトや着地でバランスを崩さないようにする。

11 ― スライド

左右5歩×3往復

- ▶深部腹筋に力を入れたまま,胸を張る。
- ▶パワーポジションからスライドする。
- ▶進行方向の足のつま先が開かないようにする。
- ▶ウエストラインの高さとスタンスは常に一定にする。
- ▶重心は常に自分の中心に置く。

12 ― ツイスト（45度）

5往復×1セット

- ▶深部腹筋に力を入れたまま,胸を張る。
- ▶パワーポジションを保つ。
- ▶かかとを少しだけ浮かせ,膝とつま先の向きを揃えたまま,45度ツイストして元に戻る（これを左右連続しておこなう）。
- ▶骨盤は常に正面を向き,股関節から下だけを動かすようにする。

13 ― ターン

［90度ターン］　　　　　　左右5歩×1セット

フロントターン　　リバースターン

［180度ターン］

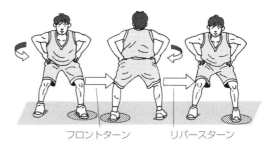

フロントターン　　リバースターン

- ▶深部腹筋に力を入れたまま,胸を張る。
- ▶パワーポジションを保ったまま,かかとを少しだけ浮かせ,膝とつま先の向きを揃えてターンする。
- ▶足の外側やかかとに重心を乗せたターンはしない。
- ▶重心は常に自分の中心に置き,ウエストラインの高さを一定にする。
- ▶最初は90度ターンから練習し,安定してきたら180度ターンをおこなう。

2 ― ランニングスピードを高めるトレーニング

バスケットボールでは,単純に直線的に走るばかりでなく,急激なスタートやストップ,方向転換,持続走などの走能力が必要である。しかし,速攻のときのランニングとそのスピード,オフェンスからディフェンスへの切り換え（トランジション）,ルーズボールやインターセプトの瞬間のダッシュ力など,さまざまな局面でランニングスピードが要求される。

ランニングは,スタート時の反応時間,動きの速さと持続力,ランニングのストライドとピッチが効率よく協応することによって良いフォームとスピードが生まれる。

1 ― 直線走

［上半身］

- ▶リラックスを心がける。

▶腰から上を前後，または左右に揺らさない。
▶腰を落とさない。
▶視線を下げすぎず，上げすぎない（あごを上げない）。
▶脚の動きにつられて腕を振るのでなく，腕を振ることで脚の動きをコントロールする。

[下半身]
▶足を後ろに流さない（接地したら，足首をすぐ尻の下にもってくる）。
▶膝の上げ下げより，股関節を中心とした大きな動きをおこなう。
▶膝を外側や内側に向けない。
▶接地時は，膝をほとんど曲げていない状態で固定し，地面の反発を最大限利用する。

[練習法]
▶もも上げ：高くももを上げることよりも，すばやく動かすことを意識する。片足の接地動作を早くすることで，もう片方の足が上がってくる。
▶トロッティング：かかとをもう片方の足に沿って，すねの真ん中あたりまでしか上げない小さなもも上げである。リズミカルな動きと軽く足の裏全体で床を踏みつける動作を意識する。1歩で靴の幅分くらい進むようにする。
▶スキップ：普通のスキップよりも，接地時間をできるだけ短くするように飛びはね，腰をしっかりと乗せることに注意する。

2—**前後走**（図9-4）
　走る方向に変化をつけて移動距離も2m，5m，10mと変えて往復ともにすばやく，また具体的に動きの条件を設定しておこなう。特にスタートダッシュとフォームに気をつける。

3—**ジグザグ走**（図9-5）
　障害物を1～3m間隔においてジグザグにランニングする。しっかり床を蹴りピッチを速くして走る。またボールを持つなどして，上半身の動きを止めてのランニングも効果的である。

4—**コーナー走**（図9-6）
　ハーフコート，オールコート，各サークルの各

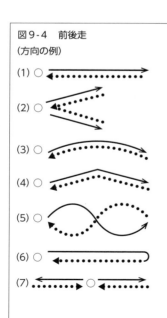

図9-4　前後走
（方向の例）

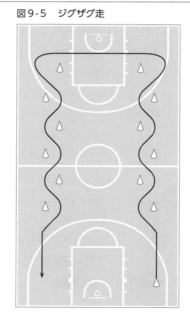

図9-5　ジグザグ走

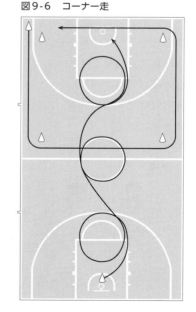

図9-6　コーナー走

コーナーをスピードを落とすことなく走る。コーナーに入ったらやや重心を下げて外足（アウトサイドフット）でキック，内足（インサイドフット）で方向変換をして，遠心力を使ってランニングする。

3―ジャンプ力を高めるトレーニング

バスケットボール競技は，平面的要素に加えて立体的運動が要求されるスポーツである。高いジャンプ力を生かしたシュートやリバウンドがゲームを支配する。ジャンプ力には，その場ジャンプ，ランニングジャンプ，クイックジャンプ，そして連続ジャンプなどがある。良いジャンプパフォーマンスを生み出すには，下肢や腹筋，背筋などの筋力トレーニングをジャンプトレーニングと平行しておこなうと効果的である。

段差のあるところから飛び降り，短い接地時間ですぐに跳躍するプライオメトリックトレーニングと呼ばれるトレーニング方法がある。通常の連続ジャンプよりも高い負荷をかけるため，特に発育発達段階にある中学生以下のプレイヤーは，実施を控えたほうがよい。また，高校生以上の場合でも，正しい着地動作を習得したうえで，ほかの筋力トレーニングよりも少ない回数と頻度でおこなう。

4―回転運動を高めるトレーニング

バスケットボール技術に必要な回転運動，すなわちピボット（90度，180度のフロントターンとバックターン）やリバウンド奪取後の空中での身体のひねりなどを養成することが重要である。筋力トレーニングとともに巧緻性や平衡性など神経系をともなうトレーニングを実施する。

1―向き変え

構えの姿勢から，すばやくバランスを崩さないで向きを変える。この場合，90度，180度方向に前回り・後ろ回りで向きを変える。

2―高跳び

片足を1歩踏み出しながら高く跳び上がり，空中で身体を2分の1ひねって着地する。

3―反転跳び

その場両足ジャンプから高く跳び，空中で180度，360度回転して元の位置に着地する。

5―スタミナトレーニング

バスケットボールでは，比較的長時間動き続ける能力が必要とされる。しかし，ゆっくりと走っていたのでは意味がない。高い水準でスピードと変化のある動きを維持しなければならない。長距離のランニングなどによって有酸素性の能力を高めても，試合の終盤になると呼吸の割に足や身体全体が動かなくなることがある。これは，体内に疲労物質が蓄積されることに起因する。こうした疲労物質を蓄積されにくくし，たとえ蓄積されても，それに耐えられるようにするためには，筋持久力を高める必要がある。

1―インターバルトレーニング（図9-7）

このトレーニング法は，持久力強化をねらいとした負荷（強い刺激）と不完全休息（軽い刺激）とを交互に組み合わせたトレーニング方法である。例えば，急走と緩走を交互に繰り返す場合，急走時の心拍数は180拍/分を超えないこと，緩走時の心拍数が120拍/分以下にならないことを強度条件とし，急走時の回数は10回以上が条件となる。

2―レペティショントレーニング（図9-8）

このトレーニングはあらかじめ設定された運動強度（全力かそれに近い状態）で運動し，疲労が十分に回復するまで休息をとり，ふたたび前回と同じレベルの運動強度で繰り返す方法である。これはスピード持久力の養成や，各種技術の習得を

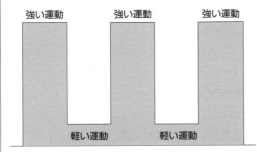

図9-7 インターバルトレーニング

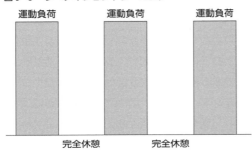

図9-8 レペティショントレーニング

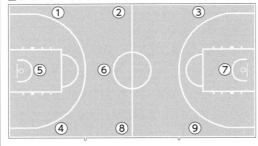

図9-9 サーキットトレーニング

●サーキットトレーニングの例
① 腕立て伏せ
② 腹筋・背筋
③ 縄跳び（片足，二重跳び）
④ スクワット（ペアを肩に乗せる）
⑤ バックボード・タッチ・ジャンプ
⑥ サークルドリブル
⑦ 連続ジャンプシュート
⑧ 台跳び越し
⑨ ディフェンス
※いろいろな種目（総合体力，専門体力，バスケットボールのスキル）を組み合わせて，1つのサーキット種目を設定する。

めざす場合に用いられる。技術トレーニングの主役になる神経系は疲労しやすいので，ドリルとドリルの間に休息を入れると効果的である。

3 ― サーキットトレーニング（図9-9）

サーキットとは巡回するという意味である。身体各部位・上肢・体幹・下肢の筋力や呼吸・循環機能などオールラウンドに漸進的発達を目的とするトレーニングである。

6種目から最高12種目の運動種目を循環方式でおこない，ふたたび最初の種目に戻り，それらを休息を入れないで，3巡回する。各種目の反復回数は，個人ごとにその種目の最高反復回数を測定し，その測定値の2分の1を標準トレーニング回数とする。反復回数の最大値は30回を超えないようにし，トレーニングの所要時間は10分から30分の間が適当である。

▶サーキットトレーニングは，1つのトレーニング法であってテストではない。
▶所要時間の短縮ばかりを気にせず，正確におこなうことに注意すべきである。
▶トレーニングの強度をむりやり増やしたり，最大の体力を求めたりしないこと。
▶多人数を一度にトレーニングさせることができる。

2．レジスタンストレーニング

レジスタンストレーニングとは，局所あるいは全身の筋群に抵抗負荷（レジスタンス）を与えて，筋活動力の向上に主眼をおくトレーニング方法の総称である。筋の肥大，筋のエネルギー供給能力の増進，筋の活動を調整する能力の改善，筋活動力の向上などが目的である。筋力トレーニング，ウエイトトレーニングなどは，レジスタンストレ

ーニングに含まれるが，バスケットボールでは単に筋の肥大が目的ではなく，スピードやパワー，調整力を含めた動きづくりに主眼がおかれることから，この用語を使用している。育成年代では，自分の体重（自重）を用いたトレーニングで体幹を鍛えることを主な目的としたスタビライゼーションが重要である。

筋に負荷をかけるための方法としては，自重のほか，一般的にはバーベルやダンベルなどのおもりが思い浮かぶが，家庭にあるタオルやゴム，ペットボトルなどを工夫すれば，十分本格的なレジスタンストレーニングをおこなうことができる。もちろん，ゴムやバネの弾性や摩擦抵抗を利用したマシンなどを用いてもよい。

■1──筋力トレーニングの種類

筋力トレーニングは大別すると4種類があり，それぞれにトレーニング方法が異なる。

▶等尺性収縮（アイソメトリック）

筋の長さを変えずに（一定の長さを保ったまま），力を発揮させようとするトレーニング（関節角度が変わらず，動作が外部に現れてこない）。

▶等張性収縮（アイソトニック）

ある重量物を抵抗にして関節角度を変えるような運動で，筋の長さを変えながら抵抗物に相当する力を発揮させようとするトレーニング（ダンベル，バーベル，自重負荷トレーニング）。

筋力＞抵抗力→筋が収縮（コンセントリック）
筋力＜抵抗力→筋が伸張（エキセントリック）

▶等速性収縮（アイソキネティック）

関節角度が変化する動作において，それぞれの関節角度における最大の力を発揮させようとするトレーニング（可変抵抗）。

▶伸長－短縮サイクル（プライオメトリック）

収縮する前の筋をすばやく伸張させると，そのあとにより大きな力が発揮される生体反応を利用したトレーニング（筋収縮に着目するとエキセントリックから急激にコンセントリックへ転換する動き）。

■2──筋力トレーニングの方法

①──アイソメトリックトレーニング

例えば，両手を胸の前で合掌の形に合わせて一定時間両側から互いに力を加えると，大胸筋のトレーニングをおこなうことができる。反対に両手を胸の前で組んで引き合うと広背筋のトレーニングとなる。

このように関節角度を変えずに筋力を発揮させるトレーニング全般をアイソメトリックトレーニングと呼ぶが，特に体幹を鍛えるために一定時間同じようなポーズをとっておこなうトレーニングを「スタビライゼーション」と呼ぶ（図9-10）。特別なトレーニング機器を必要とせず，誰もがどこでも実施することができる利点がある。

しかし，呼吸をとめてしまうことや，例えば壁に背中を当て膝を90度にして踏んばる「空気椅子」などのように，長時間耐えることを競争させる「しごき」ともとれるような活動に陥ることもあり，気軽であるからといって子どもに任せるような指導は禁物である。呼吸の仕方，姿勢，時間，そして何よりもどこの筋肉を意識するかが非常に重要なポイントなので，しっかりとした知識が必要である（表9-1，表9-2）。

けがをしている場合など，関節角度を変えずにトレーニングをおこなうことができるため，リハビリテーションとしても利用できる。また，練習の際に，コートサイドで練習を見学しながら実施することもできる。

自重を支えるスタビライゼーションの場合は，20～30秒，上述した「合掌」のように全力を加え

図9-10 スタビライゼーションのポーズ（4種類）

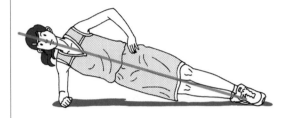

表9-1 スタビライゼーションの効果

- 体軸の安定
- ハイパフォーマンスポジションの早期対応と拡大
- コアトレーニング
- バランストレーニング
- 筋力トレーニング（スポーツトレーニング）
- 筋と骨格の機能維持向上
- 筋内および筋間のコーディネーションの向上
- パワーアップ
- スキルアップのための基礎確立
- パフォーマンスの向上
- リハビリテーション，スポーツリハビリテーション
- スポーツ障害・成長障害の予防
- 幼児・学童期における調整力の獲得・向上
- 筋・関節などの運動器系に対する症状のケア
- 筋バランスの調整

表9-2 スタビライゼーションの注意点

- フォーム・動作・アライメントを意識しておこなう（鏡を見ながらやパートナーによるチェックが効果的）。
- できる限り呼吸を止めないように，無理のない程度に呼吸をする。
- 基本は3セットでおこなう。初心者や体力のない人は1～2セットから始める。
- 初めておこなうスタビライゼーションの動作が簡単で楽にできると思う場合は，正確におこなえていないことが多い。アライメントを意識することにより等尺性収縮が生じ，意識できるようになればなるほどきつく感じる。バランスをとって楽になることが目的ではない。

るような場合は10秒を単位とする。いずれの場合も，呼吸を止めずに口から細く長く息を吐きながらおこなう。

2 ─ コンセントリックトレーニング

　動的収縮を利用した筋力トレーニングの方法には，一般的なウエイトトレーニングがある。この方法は自分の体重を利用する場合とバーベルやダンベルといった重量器具を使う場合がある。ウエイトトレーニングのプログラムは，①負荷，②回数，③頻度，④セット数，⑤種目，⑥種目の順序⑦インターバル，⑧運動スピードの8つの要素によって決定する。

POINT　負荷と回数

　オーバーロードの原理が大切であり，一般的には10回くらい繰り返せる最大負荷（10RM：Repetition Maximum）を用いてトレーニングを開始し，セットごとに負荷を増加する方法や，負荷を変えずに回数（例えば8回→12回）を増加する方法，あるいは，2RM，4RM，6RM，8RM，10RM，12RMをそれぞれ1セット，2セット，3セットと実施する方法などがある。筋肥大を目的（10RM）とするのか，最大筋力の増強（1～3RM）を目的とするのか，筋持久力を高める（25RM）ためにおこなうのかによって方法が異なる。

[負荷重量と最高反復回数およびそのおもな効果]

最大筋力（1RM）に対する割合（％）	最高反復回数	期待できるおもな効果
100	1	集中力
90	3〜6	集中力
80	8〜10	筋肥大
70	12〜15	筋肥大
60	15〜20	筋持久力（最大敏捷的におこなえばパワートレーニング）
50	20〜30	筋持久力（最大敏捷的におこなえばパワートレーニング）
1/3	50〜60	筋持久力（最大敏捷的におこなえばパワートレーニング）

3 ─ エキセントリックトレーニング

腕相撲をしているときに、力を入れているけれども相手の力のほうが強く、腕が伸ばされていくような場面がエキセントリックに相当する。この場合、筋収縮している筋を無理矢理伸長させるので、筋や腱を痛めることがある。腕相撲で突然大きな音がして筋断裂を起こすのもこの場合である。

しかし、逆にトレーニング効果は高いので、熟練したトレーナーの判断で直接抵抗負荷をかけながらトレーニングをおこなう場合もある。後述するプライオメトリックトレーニングをおこなう場合の準備として、時間をかけておこなうこともある。

4 ─ アイソキネティックトレーニング

正確に実施しようとすると、関節角度による筋力発揮能力を一度測定してから、角度によって抵抗負荷を可変する専用の高価なマシンを必要とする。しかし、エキセントリックトレーニングと同様、熟練したトレーナーが直接抵抗負荷をかけることによって実施することもできる。

5 ─ プライオメトリックトレーニング

すばやいエキセントリックな収縮のあとに、コンセントリックな収縮をおこなう運動の改善を目的としたトレーニングを、特にプライオメトリックトレーニングと呼ぶ。縄跳びなどは軽い負荷のプライオメトリックトレーニングであるが、高い場所から飛び降りてすぐにジャンプする（デプスジャンプ）方法などは強い負荷がかかるので、実施方法を間違えるとけがをしてしまうことがある。参考までにNSCA（日本ストレングス＆コンディショニング協会）の見解を以下に示す。

▶急激な減速の直後に、反対方向に急速に加速したときに現れる筋の伸長－短縮サイクルは、ほとんどの競技スポーツのパフォーマンス、特に走、跳そして急速な方向変換を含む競技種目には不可欠なものである。

▶プライオメトリックエクササイズのプログラム（効果的に伸長－短縮サイクルをおこなうことができるために筋、腱そして神経系をトレーニングするもの）は、ほとんどの競技スポーツのパフォーマンスを改善することができる。

▶プレイヤーのためのプライオメトリックトレーニングプログラムには、競技種目に特有の運動が含まれているべきである。

▶プライオメトリックエクササイズは、注意深く用いれば、その他のスポーツトレーニングや試合と同程度に安全であり、「爆発的な」スポーツの激しさに安全に適応するためには必要であろう。

▶通常のレジスタンストレーニングによって、すでにハイレベルな筋力を身につけているアスリートのみが、プライオメトリックドリルをおこなうべきである。

▶デプスジャンプはプライオメトリックトレーニングをおこなっている数％の選手に対してのみ用いられるべきである。原則として220ポンド（約100kg）以上の体重のある選手は18インチ（約45cm）以上の高さからデプスジャンプをおこなうべきではない。

▶特定の筋・関節複合系に対して影響を及ぼすプライオメトリックドリルは、2日連続しておこなうべきではない。

▶選手が疲労しているときには、プライオメトリックドリルはおこなわれるべきではない。プライオメトリックエクササイズのセット間には完全な回復時間が設けられるべきである。

▶プライオメトリックドリルに用いられるシューズと着地面は，衝撃吸収性のよいものでなければならない。
▶プライオメトリックトレーニングを開始する前には十分にウォームアップ運動がおこなわれるべきである。より複雑で高強度のエクササイズをおこなう前には，簡単なドリルをマスターしておかなければならない。
（https://www.nsca-japan.or.jp/journal/3（9）14.pdf）

3 ─ 筋力トレーニングの種目

バスケットボールプレイヤーに必要な筋力トレーニングの種目とその部位および回数×セット数の例を表9-3に示す。

4 ─ トレーニング頻度と効果

1 ─ トレーニング頻度

トレーニングの週間頻度は「週に3回，隔日的におこなう」ことを目安にするとよい。トレーニング負荷をかけると筋力は初期レベルで低下し，休養をとることによって以前より高いレベルに回復する（超回復の原則）。

2 ─ スプリットルーティン（分割法）

1日目は上半身，2日目は下半身というように，トレーニング部位を分けて，上半身をおこなう日は下半身を休める。

3 ─ トレーニング効果が現れる時期

トレーニング開始後，約1カ月の間は，その運動に参加する筋線維の数の増加によって筋力が高まる。その後，筋肉の肥大による筋力の向上が見られる。したがって，筋肥大の効果を実感できるようになるまでには，個人差があるものの，およそ1〜3カ月かかる。

表9-3 バスケットボールプレイヤーに必要なトレーニング種目とその回数×セット数の例

	種目	部位	回数×セット数
上半身	①ベンチ・プレス	胸部	ウォームアップ3セット トレーニング3〜5セット ウォームダウン1セット
	②ベント・アーム・プルオーバー	胸・上背部	10回×2セット
	③ラット・マシン・プルダウン	上背部	10回×3セット
	④ベント・オーバー・サイド・レイズ	肩後部	10回×2セット
	⑤シーティッド・バック・プレス	肩部	10回×3セット
	⑥フロント＆サイド・レイズ	肩部	10回×2セット
	⑦アーム・カール	上腕部	10回×3セット
	⑧ダンベル・トライセップス・エクステンション	上腕部	左右10回×3セット
	⑨リスト・カール	前腕部	15回×2セット
下半身	①スクワット	大腿・臀部	ウォームアップ3セット トレーニング3〜5セット ウォームダウン1セット
	②レッグ・ランジ	大腿・臀部	左右10回×2セット
	③サイド・ランジ	大腿・臀部	左右10回×2セット
	④デッド・リフト	下背部	ウォームアップ3セット トレーニング3〜5セット ウォームダウン1セット
	⑤バック・キック	臀部	左右10回×2セット
	⑥レッグ・エクステンション	大腿前部	10回×3セット
	⑦レッグ・カール	大腿後部	10回×3セット
	⑧カーフ・レイズ	下腿部	15回×3セット
腹部	①オブリーク・ツイスト	側腹部	左右10回×2セット
	②シット・アップ（クランチ）	上腹部	10回×2セット
	③レッグ・レイズ	下腹部	15回×2セット

3．メンタルトレーニング

プレイヤーやチームが試合の場面において，あがりや過緊張のために本来の自分たちの実力を出しきれず負けたケースは数多く見られる。

また，多くのコーチは，日頃のトレーニングに負荷をかけ，厳しい状況を乗り越えさせることにより，自然と精神面（特に根性と呼ばれることが多い）は強化されていると考えている傾向にある。

スポーツの競技力は心・技・体の調和のうえに構築されているが，もちろん技術・体力の裏づけがなければ心理面の充実は望めない。精神面の問題は厳しい練習をすることだけで解決するものではなく，コーチはプレイヤーの心の処方箋を準備しなければならない。メンタルトレーニングをすることによって無駄な緊張をせず，伸び伸びとプレイすることができるようになる。そして，必要な集中力を発揮できるような心理面の訓練が，技能の習得に大きく貢献するのである。

❶──メンタルトレーニングの実際

▶イメージ化の能力を高める。

イメージトレーニングと言えば，身体を動かさないで心の中で運動場面や運動遂行の様子を想像し，視覚的イメージで思い浮かべるトレーニングと考えられていることが多い。しかし，運動の様子をイメージに描く場合，それだけでは不十分であり「見ているイメージ」から，実際に運動しているときの「遂行しているイメージ」，視覚や聴覚あるいは筋感覚まで動員させてイメージ化を図る。また運動のイメージを，正面や背後，上，斜めなどの方向から思いのままにあやつることができれば，イメージトレーニングの効果が出ている証である。

▶身体的な練習と組み合わせる。

イメージだけでなく，自分がイメージ通りに動けたかどうかのチェックをするために，身体的な技術練習をすることによって効果が出てくる。

▶静かな場所で，時間は短く回数は多く集中しておこなう。

イメージの想起には，自発的な興奮が必要である。周りが騒がしいと気が散ってイメージが描けない。また時間は5分〜10分，休憩を入れながら数回，静かな場所で集中して繰り返しおこなう。

▶ピークパフォーマンスのイメージを描く。

自分が最高のプレイをしているイメージを描くことが，自分の技術に対する自信につながることがある。ピークパフォーマンスのイメージを描くときには，必ず実行しているイメージで現実感を伴わせるようにすること。

▶リラックス状態のイメージを想起する。

特にあがりやプレッシャーを克服するためにおこなう。具体的には，あがりやすい状況や緊張した場面でのイメージを描く。それから，自分がリラックスできる状況のイメージに転じてみる。音楽を聞いてリラックスした状況でもよい。この場合，呼吸法を取り入れると効果がある。腹式呼吸をおこない，呼息の際に細く長くゆっくりと息を吐くことによって，リラックスしたイメージができれば成功である。

❷──イメージ練習実施上の注意点

▶どのようなスポーツ行動に適応させようとするのかを明確にする。

イメージ練習の効果はさまざまな場面で現れるが，どんなパフォーマンスに対してその効果を発揮させようとしているのかを明確にする必要がある。イメージ練習によって動作開始前のウォームアップ効果が発揮されたり，運動技能の獲得が促進されたりする。また，フォームやフォーメーション等の動作パターンの学習や，予測・判断，戦術等の知覚的技能の学習にも威力を発揮する。

▶自分の動作について正しい認識をもつ。

どのような効果をねらうにせよ，自分自身のパフォーマンスを十分に理解していなくてはかえって逆効果になることもある。イメージを描く際には，そのパフォーマンスに対する認識が反映される。実際の動作とイメージされている動作が大きく食い違うようでは，効果は期待されない。ビデ

オ等を活用して自己の動作を観察させ，内省させることが大切である。
▶内的イメージを描く。
　外から撮影されたビデオ映像では，自分の身体を外から客観的に眺めているにすぎない。実際に自分がパフォーマンスを能動的に実施しているイメージ（内的イメージ）を描くことによって，生理的な反応が得られ，臨場感を高めるばかりではなく，神経系の活動を活性化することができる。
▶内的イメージを描きやすい環境をつくる。
　自分の動作に対する正しい認識には，パフォーマンスをしている自分の姿をビデオ等で観察することが大切であるが，例えば，次々と眼前に迫り来るディフェンスの映像を作成し，それを見ながらイメージ練習をすることも大切である。
▶身体的練習と交互に組み合わせておこなう。
　イメージ練習ばかりを長時間おこなうよりも，短時間で集中的におこなったあとに身体的練習をおこない，身体的練習をおこなったあとに，具体的な筋感覚が残っている短い時間にもう一度イメージ練習をおこなうなどの工夫が必要である。特に初心者は内的イメージを描きにくいために，こうしたプログラムによってイメージを意図したように操作・変換する能力（統御性）と鮮やかに描く能力（明瞭性）を高める必要がある。

■バスケットボールのコート

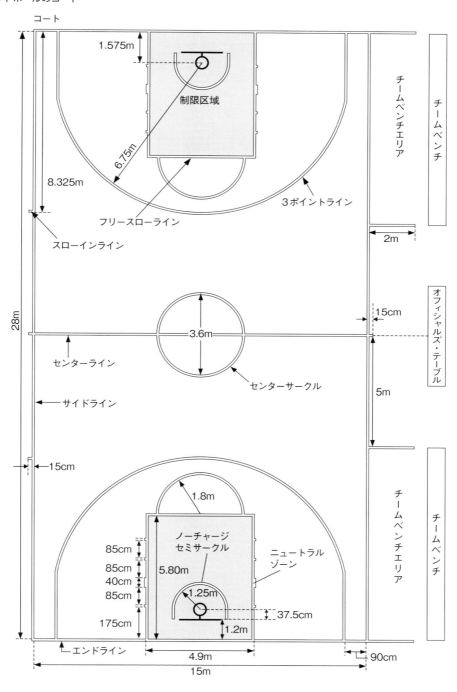

■コートに関わるいろいろな用語

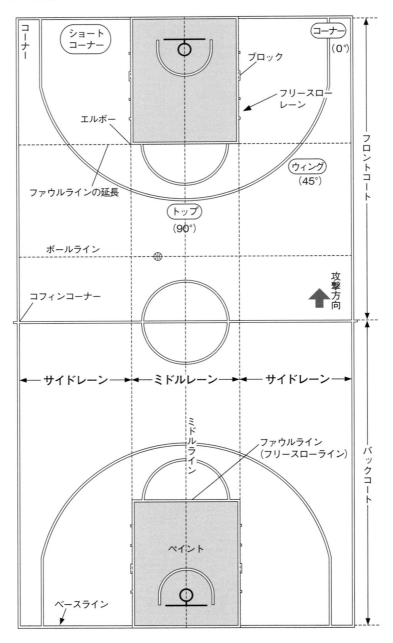

参考文献

- 原田茂（1986）『HARADA'sバスケットボールテクニックス』日本文化出版
- ジョン・クレッセ＆リチャード・ジャブロンスキー著，加藤大仁・木村和宏訳（2010）『バスケットボール アタッキング・ゾーンディフェンス』大修館書店
- 日本バスケットボール協会編（2002）『バスケットボール指導教本』大修館書店
- 末広朋也・尺野将太（2014）「スタッツ分析について」"The Backboard" vol.4（2015 Spring/Summer）pp.57-63
- 吉井四郎（1977）『バスケットボールのコーチング 戦法・作戦編』大修館書店
- 吉井四郎（1987）『バスケットボール指導全書２－基本戦法による攻防』大修館書店
- 吉井四郎（1987）『バスケットボール指導全書３－特殊戦法による攻防』大修館書店
- Clinton M. Adkins & Steven R. Bain & Edward A. Dreyer & Robert A. Starkey（2007）"*Basketball Drills, Plays, and Strategies*" Betterway Books
- Ken Atkins（2004）"*Basketball：Offense & Plays*" Human Kinetics
- Jim Baker（1992）"*The Best of Time Out：Book #1－Man and Zone Offense*" Time Out
- Gene Bartow & Chuck Smith（1978）"*Winning Basketball*" Forum Press
- Herb Brown（1995）"*Basketball's Box Offense*" Masters Press
- Herb Brown（1997）"*Preparing for Special Situation*" Masters Press
- Herb Brown（2004）"*Let's Talk Defense：Tips, Skills & Drills for Better Defensive Basketball*" McGraw-Hill
- Don Casey & Ralph Pim（2008）"*Own the Zone：Executing and Attacking Zone Defenses*" McGraw-Hill
- Joseph J.Cerabolo（1970）"*The Modern Basketball 1-4Offense*" Parker
- Bob Cousy & Frank G.Power,Jr.（1983）"*Basketball：Concepts and Techniques 2nd edition*" Allyn & Bacon
- Joel Eaves（1960）"*Basketball Shuffle Offense：A Versatile Pattern for Victory*" Prentice-Hall
- Robert A.Fox（1988）"*Basketball：The Complete Handbook of Individual Skills*" Prentice-Hall
- Karen Gawchow, Amy Dickinson（1992）"*Youth Basketball：A Complete Handbook*" Wm.C. Brown Communications
- Mel Hankinson（1983）"*Bench Coaching：Offensive Strategy*" Champion Books
- Mel Hankinson（1993）"*Bench Coaching：Defensive Strategy*" Champion Books & Video Productions
- Harry L.Harkins（1980）"*Coach's Guide to Basketball 1-4 Offense*" Parker
- Harry L.Harkins（1985）"*Modern Basketball Team Techniques*" Parker
- Del Harris（1993）"*Winning Defense：A Guide for Players & Coaches*" Masters Press
- Del Harris & Ken Shields（2015）"*Attacking the Zone Defenses*" Championship Productions

- Sylvia Hatchell & Jeff Thomas (2006) "*The Complete Guide to Coaching Girls' Basketball*" McGraw-Hill
- Bill Haubrich (1992) "*Defense Wins!: A New, Winning Approach to Team Man-To-Man Basketball*" Parker
- Jill Hutchinson (1989) "*Coaching Girls' Basketball Successfully*" Leisure Press
- John Kimble (2006) "*The Basketball Coaches' Complete Guide to the Multiple Match-Up Zone Defenses*" Coaches Choice
- John Kimble (2007) "*The Basketball Coaches' Complete Guide to Zone Offenses*" Coaches Choice
- Bob Kloppenburg (1996) "*SOS Pressure Defense : Sequential Ongoing Strategies 3rd edition*" Championship Books & Video Productions
- Jerry Krause (1998) "*NABC Drill Book*" Masters Press
- Jerry Krause & Ralph Pim "*Basketball Offense Source Book : Lessons from the Legends*" Coaches Choice
- Jerry V. Krause, Don Meyer, Jerry Meyer (2008) "*Basketball : Drills & Skills 3rd edition*" Human Kinetics
- Mike Krzyzewski (1989) "*Duke's Motion Offense : Attacking Man and Zone Defenses*" Mike W.Krzyzewski
- Keith Miniscalco & Greg Kot (2009) "*Survival Guide for Coaching Youth Basketball*" Human Kinetics
- Jack Nagle (1986) "*Power Pattern Offenses for Winning Basketball*" Parker
- National Basketball Coaches Association/Giorgio Gandolfi eds. (2009) "*NBA Coaches Playbook*" Human Kinetics
- Pete Newell & Swen Nater (2008) "*Pete Newell's Playing Big : The Definitive Guide to Modern Post Play*" Human Kinetics
- Bob Night & Pete Newell (1987) "*Winning Basketball According to Night and Newell vol. II*" Bob Knight Basketball Aids
- Garland F.Pinholster (1965) "*Pinholster's Wheel Offense for Basketball*" Prentice-Hall
- Tom Reiter (1993) "*Basketball Inbound Attack*" Masters Press
- Lee Rose (2013) "*Winning Basketball Fundamentals*" Human Kinetics
- John W.Scott (1989) "*Step-by-Step Basketball Fundamentals Revised edition*" Prentice-Hall
- Kevin Sivils (2009) "*Game Strategies and Tactics for Basketball*" Dog Ear Publishing
- Kevin Sivils (2011) "*Fine Tuning Your Zone Attack Offense*" KCS Basketball Enterprises
- Dean Smith & Bob Spear (1981) "*Basketball : Multiple Offense & Defense*" Prentice-Hall
- Fran Webster (1992) "*Basketball's Amoeba Defense: A Complete Multiple System*" Cole-McGill
- Glen Wilkes (1982) "*Fundamental of Coaching Basketball*" Wm.C.Brown Company

- Fred Winter (1960) "*Triple Post Offense*" Prentice-Hall
- Hal Wissel (1994) "*Basketball：Steps to Success*" Human Kinetics
- John Wooden (1988) "*Practical Modern Basketball 2nd edition*" Macmillan
- John Wooden (2006) "*John Wooden's UCLA Offense*" Human Kinetics
- Ernie Woods (2007) "*Advance Basketball Defense：Skills & Techniques*" Hoop Tactics
- Morgan Wooten (1992) "*Coaching Basketball Successfully*" Leisure Press
- Hooptactics by Ernie Woods, Bob Kloppenburg & Tom Newell 〈http://www.hooptactics.com〉

さくいん

欧文

- 1-1-3ゾーン……231
- 1-2-2ゾーン……231
- 1-4オフェンス……202
- 1-4ハイ……202
- 1-4ベースライン……202
- 2-1-2ゾーン……229
- 2-3ゾーン……230
- 2メン……238
- 3-2ゾーン……231
- 3-2ドロップゾーン……232
- 3アウト2イン……181, 186
- 3メン……238
- 4アウト1イン……181, 189
- 5アウト……183, 192
- Iカット……100
- Lカット……100
- NSCA（日本ストレングス＆コンディショニング協会）……319
- UCLAオフェンス……200
- UCLAカット……134, 203
- Vカット……99, 183
- Xムーブ……218

あ行

- アームバー……80, 149, 157
- アーリーオフェンス……178, 245
- アイソキネティック（トレーニング）……317, 319
- アイソメトリック（トレーニング）……317
- アウターマッスル……308
- アウトサイドフット（ターン）……103
- アウトナンバー……215, 242, 254
- アウトレット（パス）……85, 237
- アップ＆アンダー……114
- アップガード……232
- アップテンポ……176
- アラインメント（下肢）……36, 318
- アラインメント（プレイヤーの配置）……128, 180
- アンダーハンドレイアップ（ショット）……12, 241
- イメージトレーニング……321
- イメージ練習……321
- イヤー＝チェスト……149, 150
- インサイドアウト（ドリブル）……66
- インサイドアウト（プレイ）……125, 131
- インサイドアタック……217
- インサイドフット（ターン）……100, 103, 108, 315
- インターバルトレーニング……315, 318
- インナーマッスル……308
- インバウンズ（パス）……75, 236, 266, 268
- インバウンズプレイ……256
- インバウンダー……258, 265, 292
- ウォークスルー……301
- ウォーミングアップ……283
- エキセントリック（トレーニング）……317, 319
- オーバーシフト……68, 70
- オーバーナンバー……242, 254
- オーバーハンドレイアップ……12
- オーバーヘッド（パス）……43, 86, 237
- オーバーロード……215
- オーバーロードの原理……306, 318
- オープンスキル……2
- オープンスタンス……150, 152
- オープンポスト……183
- オフボール……46
- オフボールスクリーン……164, 169, 246
- オペレーショナルゾーン……99
- オルタネイティング・ポゼション・ルール……278
- オンボールスクリーン……124, 164, 191, 219, 246

か行

- ガードアラウンド……119, 135, 193
- カウンターアタック……86
- カッティング……156, 216
- カバーダウン……162, 183
- 危険地帯……60, 154
- 奇数フロント・ゾーン……212, 230
- キックアウト……43, 66
- ギブ＆ゴー……118, 136
- 基本姿勢……36, 42, 82, 309
- 基本動作……309
- ギャップ……212, 227
- ギャロップ（ドリブル）……60, 64
- 偶数フロント・ゾーン……212, 229
- クリアアウト……118, 129
- クローズアウト……150
- クローズドスキル……2
- クローズドスタンス……149
- クロスオーバー（ステップ）……20, 22, 105, 114
- クロスオーバー（ドリブル）……59, 66
- クロスコートパス……43, 213
- クロススクリーン……140, 142, 171, 219
- ゲームデータ……296
- コーディネーショントレーニング……35, 58, 305
- コートビジョン……64
- ゴールライン……146

コミュニケーション（トーク）	103, 147, 228
コンセントリックトレーニング	318
コンティニュイティーオフェンス	221
コンビネーションディフェンス	292

さ 行

サーキットトレーニング	316
サークルカット	101
サイドキック	18, 89, 100
サイドステップ	108
サイド・トライアングル（オフェンス）	193, 204
サイド・ピック＆ロール	169, 191
サイドライン・トライアングル	132
サイドライン・ファストブレイク	241
サギングディフェンス	288
シール	42
シザース	132, 135
シザースカット	205
ジッパー	202
視野	42, 45, 83, 146, 216, 227, 258
シャッフル（オフェンス）	194
ジャブステップ	105, 125
ジャム	166, 170
ジャム＆ゴー・アンダー	166, 170
シャロウカット	129
ジャンプ・トゥ・ザ・ボール	157
ジャンプフック	15, 113
ジャンプボール	278
シューティングライン	82
シュートスタンス	21
シュートセレクション	178
シュートチャート	298, 300
シュートレンジ	178
ショー（ヘッジ）＆リカバー	164, 171
ショートコーナー	85, 110, 116, 154, 217
ショットクロック	178, 193, 257
ショルダーフェイク	114
シングルスタック	201
シングルポスト	181
スイッチ	166, 169, 171, 173, 289
スイッチハンドレイアップ	16
スイムムーブ	89, 110, 159
スイング	142, 186, 222
スイングスルー	106, 113
スカウティング	282, 295
スキップパス（クロスコートパス）	213, 227
スキャモンの発育曲線	3
スクウェアアップ	103
スクウェアスタンス	147
スクリーン＆ゴーカット	137
スクリーン＆ポップ	125
スクリーン＆ロール（プレイ）	124, 127, 189
スクリーン・フォー・ザ・スクリナー（ピック・ザ・ピッカー）	142, 202, 259
スタッガードスクリーン	141, 190, 196, 203, 248, 261
スタック（オフェンス）	130, 200, 259, 261, 263
スタッター（ステップ）	150
スタッターステップ（ドリブル）	60
スタビライゼーション	317
スティック	149
ステップアウト	127, 185, 191
ステップオーバー	170
ステップ－ステップ	148
ステップ－スライド	148
ステップスルー	18
ステップバック	76, 89
ステップバック（ショット）	21, 113
ストレート（パス）	43, 48
ストレートカット	88
スナップパス	43, 48
スピンムーブ	89
スピンムーブ（ショット）	116
スピンレイアップ	17
スプリット・ザ・ポスト	131
スプリントバック（ハリーバック）	253
スペーシング	99, 176, 183, 213
スライドステップ	148
スライドスルー	166, 170
スリップ（スクリーン）	125, 164
スローダウン	176, 272, 288
セーフティ	78, 84, 117, 252, 279
セカンダリーブレイク	245
セットオフェンス	178, 180, 200, 221
ゾーンオフェンス	210
ゾーンディフェンス	144, 226, 267, 293

た 行

ターゲットハンド	41, 45, 101, 103, 109
ターンアラウンド	18
ターンオーバー	58, 103, 144, 237, 282
ダイアゴナルスクリーン	170
体幹	308
タイムアウト	256, 284
ダイヤモンド	259, 262, 264
ダウンスクリーン	129, 136, 141, 196, 219, 289
ダッキング	68

ダックイン	108, 206
タップ（シュート）	90
タップ（パス）	49, 278
タップアウト	85
ダブルクラッチ	16
ダブルスクリーン	196, 201
ダブルスタック	201, 259
ダブルチーム	162, 167, 176, 233, 272, 292
ダミー（ディフェンス）	4, 259
チェック＆ゴー	80, 84
チェンジ・オブ・ペース	64
チェンジングディフェンス	274
超回復	307
チン	78
ディナイ（への対応）	99, 102, 110, 130, 288
ディナイ（ポジション）	146, 149, 160
ディフェンスローテーション	155, 168
ディレクション	152, 154
デコイ	216
トライアングル＆ツー	292
トライアングルオーバーロード	215
ドライブ	12, 90, 140, 155, 179, 214
ドライブ＆キック	46, 122
トラップ（ダブルチーム）	167, 266, 274, 291
トランジション	236
トランジションオフェンス	236
トランジションディフェンス	236, 252
トリプルスタック	201
ドリブルエントリー	129, 223, 248
ドリブルスクリーン	124
ドリブル・ドライブ・モーション	179
ドリブルペネトレーション	46, 228
トレースハンド	147
トレーラー	237, 245, 248
ドローイン	308
ドロップステップ	106, 112

な 行

内的イメージ	322
ナンバードブレイク	226, 246
ノーズ＝チェスト	147
ノーポスト	183
ノールックパス	42, 242

は 行

ハーフタイム	285, 301
ハイ・ロープレイ	139
バウンス（パス）	44
パスアウト	90
パターンオフェンス	179, 193, 204
バックガード	232
バックスクリーン	130, 137, 171, 196, 219, 224, 289
バックドアカット	102, 119, 130, 136, 158, 288
バックライン	211, 230
パッシングレーン	42, 213, 269
パワースライド	117
パワードリブル	70
パワープレイ	178, 226
パワーポジション	310
パワーレイアップ	14, 20, 113
ハンズアップ	77, 88, 101, 228
ハンドオフ（パス）	119, 239, 246
ハンドオフプレイ	189
ハンドワーク	147
バンプ	83, 149, 157, 159, 164, 169, 171
ピークパフォーマンス	321
ヒール・トゥ・トゥ	147
ビジョン	146, 153, 216, 227
ピストルスタンス	83, 146
ピック＆ロール→スクリーン＆ロール	124, 164
ピック・ザ・ピッカー（→スクリーン・フォー・ザ・スクリナー）	142, 259
ビッグマン	83, 179, 181, 272
ビトウィーン・ザ・レッグ（ドリブル）	59, 62, 64, 68, 107
ビハインド・ザ・バック（ドリブル）	59, 60, 62, 64, 68
ピンダウン	170
ピンチポスト	135, 204
ファイトオーバー	164, 169
ファウルゲーム	295
ファウルライン	239
ファストブレイク（速攻）	211, 238
フィジカル	64, 298
フィジカルトレーニング	306, 309
フィニッシュ	17, 107, 257
フェイク＆ゴー	88
フェイド	130
フェイド・アウェイ	20, 114
フックレイアップ	14
プライオメトリックトレーニング	319
フラッシュ（カット）	22, 139, 159, 213, 224, 242, 268
フリーランスオフェンス	179
フリーランス・パッシングゲーム	179, 181
プルアップ・ジャンパー	107
プルバック	106, 113
フレアースクリーン	137, 187, 219
プレイ・バイ・プレイ	298

プレイダイアグラム……296
プレスアタック……291
プレスオフェンス……268
プレスディフェンス……237, 268, 291, 295
フレックス（オフェンス）……196, 259
プレッシャー……145
フロアバランス……176
フローター……16
ブロック……109, 159
ブロックアウト……74, 80, 151
ブロックショット……82, 151
フロントターン……80, 105, 114, 125, 313
フロントディフェンス……160
フロントライン……211, 221, 229
ベースラインスクリーン……141
ベースラインドライブ……72, 276
ペネトレーション……179
ペリメター……52, 66, 83
ヘルプ＆リカバー……155, 213
ヘルプサイド……153, 162
ホイールオフェンス……196
ポイント・パー・ポゼション（PPP）……302
ホークオフェンス……204
ボールアドバンス……59
ボールサイド……153
ボールの保有（権）……58, 78, 236, 258, 286, 302
ボールライン……153, 162
ホーンズオフェンス……205
ポジショニング……76, 88, 99, 177, 183, 213
ポジションチェンジ……183
ポストアップ……108, 111, 218
ポストマン……83, 159
ボックス……259
ボックスアウト（ブロックアウト）……74, 80, 229
ボックス＆ワン……292
ボックスオーバーロード……215
ボックスオフェンス……201
ボックススコア……298
ホップ……23, 311
ポップアウト……99, 110, 125, 131, 138, 201
ポンプフェイク……18, 113

ま 行

ミート……22, 263
ミッド・トライアングルオフェンス……198
ミッド・ピック＆ロール……168
ミドルドライブ……25, 72
ミドルレーン……154, 238, 271

メンタルトレーニング……320
メンバーチェンジ……259, 283
モーションオフェンス……178, 181

や 行

約束練習……24
ユーロステップ……18

ら 行

ラーニングエイジ……11
ライブ練習……24
ライン……259, 262
ラップアラウンド（パス）……44
ラテラル（パス）……48
リードパス……45
リカバー……155, 164
リズムチェンジレイアップ……13, 14
リップ＆クロスオーバー……105
リップ＆ゴー……105
リップ＆プルバック……105
リップスルー……105
リバースアクション……193
リバースターン……80, 100, 105, 108, 125
リバースターン（ドリブル）……59, 64
リバースレイアップ……14
リバウンド（リバウンディング）……74
リバウンドトライアングル……229
ループ……248
レギュラー・モーションオフェンス……181
レジスタンストレーニング……316
レッグオーバー……100
レペティショントレーニング……315
ロブ（パス）……43, 110, 140, 162, 191

わ 行

ワンアーム……150
ワンショットプレイ……275
ワンステップレイアップ……15
ワンハンドプッシュ（パス）……42
ワンパス速攻……236, 252
ワンマン速攻……237

スカウティングシート　①シュートチャート

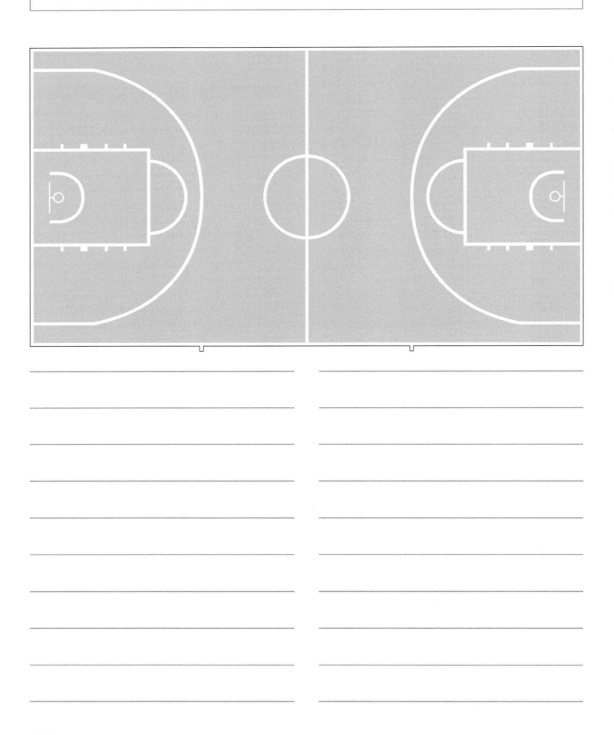

スカウティングシート ②トラジション／フルコートプレス

スカウティングシート ③ハーフコート・オフェンス

スカウティングシート　④ハーフコート・ディフェンス

あとがき

　本書上巻が出版されたのは，2014年8月です。2020年東京オリンピック・パラリンピックの開催が決定して1年ほど経過し，オリンピック出場への機運が高まっていた頃でした。しかし，そのわずか3カ月後に，当協会は国際バスケットボール連盟から資格停止処分を受けました。その後1年半の時を経て，新体制が発足し本格的な改革がスタートしました。本書はその新しいスタートと同時に出版されることになりました。日本のバスケットボールコーチが共通の認識と理解を図るために，上巻と合わせて欠かせないものとなるでしょう。

　東京オリンピックに向けた日本代表の強化と，それ以降に世界で活躍する若い世代の選手の育成のためには，代表の強化とユースの育成ばかりではなく，何よりも指導者の養成が重要な鍵を握っています。少しでも多くの方にコーチとしての基礎的な知識や技能を獲得していただきたい，すべてのプレイヤーのパフォーマンスの向上と豊かなライフスタイルの実現をサポートしていただきたい，そして，豊かな社会の実現に向けてその責務を果たしていただきたいと強く願っています。

　上巻は育成年代の指導を中心に編纂されました。下巻は，バスケットボールのスキルを「どのような場面でどのように発揮するのか」に焦点を当て，世界標準をめざして体系的・網羅的に構成しました。2002年に本書の前身が出版されてから16年の時を経て，バスケットボールの技術も戦術も飛躍的に発展しています。参考文献をご覧になっていただいてもおわかりのように，海外のコーチが共有している技術や戦術を満載し，できるだけわかりやすい言葉で解説しました。また，各項目の終わりには関連するドリルをその目的，手順・方法，ポイントに整理して掲載しています。また，専門的な用語については，初出の際にその簡単な解説をしてあります。

　図書離れが叫ばれて久しくなり，多くの動画がパソコンやスマートフォンで閲覧できるようになりました。バスケットボールの技術や戦術の解説も日々，アップロードされています。世界中の試合がインターネットを介して閲覧できるようになり，さらに各国のチームやプレイヤーがどのような特徴のあるプレイをするのかが，データとともに分析され，解説されるようになっています。しかし，情報量が多くなればなるほど，その情報の渦に巻き込まれ，本質を見失ってしまうことがあります。本書は，日々発展していくバスケットボールの技術や戦術の本質的な部分を確認するのに，必ずお役に立つことができるでしょう。枝葉ではなく幹をつくりましょう。また，日本のバスケットボールの発展のためにコーチはもとより，審判の方も本書を参考に情報を共有しましょう。

　下巻の編纂については組織改革の影響が否めませんでしたが，加藤敏弘氏（茨城大学教育学部），加藤大仁氏（慶應義塾大学体育研究所）ほかの献身的な編集作業と，大修館書店の粟谷修氏，酒井志百里氏による的確な校正作業により出版されました。心より感謝申し上げます。

　　平成28年7月

　　　　　　　　　　　　　　　　　　公益財団法人日本バスケットボール協会理事
　　　　　　　　　　　　　　　　　　　　　　技術委員会委員長　東野　智弥

■バスケットボール指導教本編集委員会委員

委員長	加藤 敏弘	公益財団法人日本バスケットボール協会技術委員会委員・指導者養成部会部会長
副委員長	倉石 平	公益財団法人日本バスケットボール協会技術委員会委員・指導者養成グループ長
副委員長	加藤 大仁	公益財団法人日本バスケットボール協会指導者育成委員会委員
	鈴木 淳	公益財団法人日本バスケットボール協会技術委員会指導者養成部会副部会長
	佐藤 光壱	公益財団法人日本バスケットボール協会指導者育成委員会委員
	松中 敦子	公益財団法人日本バスケットボール協会技術委員会指導者養成部会部会員

■執筆者（50音順）

岡嶋 昭人	公益財団法人日本バスケットボール協会技術委員会指導者養成グループ委員
加藤 敏弘	公益財団法人日本バスケットボール協会技術委員会委員・指導者養成部会部会長
加藤 大仁	公益財団法人日本バスケットボール協会指導者育成委員会委員
倉石 平	公益財団法人日本バスケットボール協会技術委員会委員・指導者養成グループ長
坂井 和明	公益財団法人日本バスケットボール協会技術委員会指導者養成部会WG
栄田 直宏	公益財団法人日本バスケットボール協会技術委員会指導者養成部会WG
佐々木 直基	公益財団法人日本バスケットボール協会技術委員会指導者養成グループWG
佐藤 光壱	公益財団法人日本バスケットボール協会指導者育成委員会委員
柴田 雅貴	公益財団法人日本バスケットボール協会技術委員会指導者養成部会WG
鈴木 淳	公益財団法人日本バスケットボール協会技術委員会指導者養成部会副部会長
日高 哲朗	公益財団法人日本バスケットボール協会テクニカル委員会委員
村上 佳司	公益財団法人日本バスケットボール協会技術委員会ユース育成部会部会員
守屋 志保	公益財団法人日本バスケットボール協会技術委員会指導者養成部会WG
森山 恭行	公益財団法人日本バスケットボール協会技術委員会指導者養成部会WG
山本 明	公益財団法人日本バスケットボール協会技術委員会副委員長・ユース育成部会部会長
公益財団法人日本バスケットボール協会　審判委員会	
公益財団法人日本バスケットボール協会　スポーツ医科学委員会	

■編集作業協力者（50音順）

岡村 幸恵	公益財団法人日本バスケットボール協会技術委員会指導者養成部会WG
木下 佳子	公益財団法人日本バスケットボール協会技術委員会指導者養成部会WG
鈴木 良和	公益財団法人日本バスケットボール協会技術委員会指導者養成部会部会員
塚本 鋼平	公益財団法人日本バスケットボール協会技術委員会指導者養成部会WG
西垂水 栄作	公益財団法人日本バスケットボール協会技術委員会指導者養成部会部会員

（役職名は執筆・編集当時）

バスケットボール指導教本 改訂版 [下巻]
©Japan Basketball Association 2016　　NDC783／xiv, 337p／24cm

初版第1刷	2002年4月1日
改訂版[下巻]第1刷	2016年9月20日
改訂版[下巻]第5刷	2024年2月1日

編　者————公益財団法人 日本バスケットボール協会
発行者————鈴木一行
発行所————株式会社 大修館書店
　　　　　　〒113-8541 東京都文京区湯島2-1-1
　　　　　　電話03-3868-2651（販売部）　03-3868-2299（編集部）
　　　　　　振替00190-7-40504
　　　　　　[出版情報] https://www.taishukan.co.jp

装丁・本文デザイン————井之上聖子
イラスト————落合恵子
組　版————明昌堂
印　刷————三松堂
製　本————難波製本

ISBN978-4-469-26802-7　　Printed in Japan
Ⓡ本書のコピー，スキャン，デジタル化等の無断複製は著作権法上での例外を除き禁じられています。本書を代行業者等の第三者に依頼してスキャンやデジタル化することは，たとえ個人や家庭内での利用であっても著作権法上認められておりません。